张勋 万广华 郭峰 著

数字金融
中国经济发展的新引擎

DIGITAL FINANCE

THE NEW ENGINE OF
CHINESE ECONOMIC DEVELOPMENT

社会科学文献出版社
SOCIAL SCIENCES ACADEMIC PRESS (CHINA)

推 荐 语

数字金融是一场伟大的普惠金融创新,也是一个十分重要的"中国故事"。张勋、万广华和郭峰三位教授在这个领域做了许多高质量、创新性的研究,他们的新作《数字金融》仔细度量了中国数字普惠金融发展的格局,深入评估了对经济与收入增长的影响,同时还分析了潜在的涓滴效应,是一本十分难得的了解学术与实践的好书。

——黄益平,北京大学国家发展研究院金光经济学讲席教授、副院长和北京大学数字金融研究中心主任

数字金融的产生与发展是金融领域的一场重大变革,是信息革命的一个重要组成部分。由张勋、万广华和郭峰撰写的新书《数字金融》,从普惠性、便利性和涓滴效应等方面探讨了数字金融发展对居民的收入、消费和就业/创业决策等方面的影响,有重要的理论价值和现实意义,值得一读。

——王小鲁,国民经济研究所副所长、研究员

北京大学数字金融研究中心
新金融书系简介

北京大学数字金融研究中心是由北京大学中国社会科学调查中心、上海新金融研究院和蚂蚁金服集团共同发起的研究机构,目前挂靠北京大学国家发展研究院。

自成立以来,中心研究人员独立或联合开发、发布了北京大学数字金融系列指数,并开展了关于数字金融支持实体经济发展、数字技术推动普惠金融实践、个人征信体系建设、商业银行应对互联网金融转型策略、个体网络借贷平台的风险、大数据金融等多项课题研究,发表学术论文数十篇。此外,中心分别与《China Economic Journal》、《经济学(季刊)》、《金融研究》、《China & World Economy》以及《管理世界》合作并出版了数字金融研究专刊。

中心创设的"北京大学数字金融研究中心新金融书系",专注于数字金融、普惠金融和金融改革等领域,力图打造兼具理论、实践、政策价值的权威书系品牌。

"新金融书系"源于中国金融四十人论坛旗下的上海新金融研究院(SFI),论坛旗下的北方新金融研究院(NFI)和北京大学数字金融研究中心也相继创设新金融书系,丰富了"新金融书系"的品牌内涵。

关注北京大学数字金融研究中心

前　言

改革开放40年来，中国经济年均增速达到9.4%[①]，被称为经济奇迹。然而，该奇迹在相当程度上与高投资相关，其中由政府主导的基础设施投资格外引人注目。改革开放初期的1978年，基础设施投资仅占国内生产总值（GDP）的5.4%，这一比例在2015年高达19.1%，尽管2019年回落到了15.2%，40年内曾增长了近3倍。需要指出的是，这段时间内中国的实际GDP翻了五番，所以，按照GDP平减指数来计算的基础设施投资实际值的变化达到了惊人的110倍。

毋庸置疑，基础设施建设促进了市场整合，增加了就业，降低了交易成本，并带来了民生的改善和城市化的推进。以交通基础设施为例，从早期普通铁路的"三横五纵"，到目前高速铁路"八横八纵"的宏伟规划，中国正通过交通基础设施建设将全国连接成一个大交通圈，这显然有助于要素的自由流动和资源的优化配置。

进入21世纪的第三个10年，传统基础设施建设在部分地区尤其是人口流出地区可能已经过剩，至少对经济发展的边际作用发生了下降。尤其是随着国际局势的急剧变化和百年一遇的新冠肺炎疫情的冲击，中国经济发展的模式悄然发生了转变，进入了"新基建"时代。作为新型基础设施建设的简称，新基建主要包括5G基站建设、特高压、城际高速铁路和城市轨道交通、新能源汽车充电桩、大数据中心、人工智能、工业互联网七大领域。它涉及诸多产业链，以新发展理念为引领，以技术创新为驱动，以信息网络为

[①] 数据来自国家统计局发布的报告，并经过笔者计算。

基础，旨在构建面向高质量发展，提供数字转型、智能升级、融合创新等服务的基础设施体系。2020年3月，中共中央政治局常务委员会召开会议，要求加快5G网络、数据中心等新型基础设施建设进度。2020年5月22日，国务院总理李克强在《政府工作报告》中提出，重点支持"两新一重"（新型基础设施建设，新型城镇化建设，交通、水利等重大工程建设）。短期来看，新基建既能稳定经济，又能避免投资回报率的下降。长期来看，新基建助力经济转型，为产业数字化升级提供基础，能够更好地推动中国经济的持续发展。

在新基建的内容中，5G、大数据、人工智能等新兴产业将有助于发展互联网经济、数字经济和数字金融等。这其中，数字金融虽然是一种新事物，却与老百姓的生活息息相关。跟互联网金融、金融科技等概念类似，数字金融具有广义和狭义之分：广义上讲，银行及其他传统金融机构以及互联网企业利用数字技术开展的金融业务，都可以称为数字金融；而狭义上的数字金融一般指互联网企业开展的新型金融模式。简单来说，数字金融就是"数字+金融"，即用数字技术"武装"金融业务。这些金融业务涵盖了支付、信贷、投资、征信等各个方面。

在过去的10年间，数字金融已经深入人们生活的方方面面。从传统金融服务的覆盖区域看，由于机构网点成本较高，传统金融难以渗透经济相对落后的地区，而数字技术与金融服务的跨界融合克服了这种弊端，一些地区即便没有银行网点、ATM等硬件设施，客户仍能通过电脑、手机等终端设备享受相关金融服务。从覆盖的社会群体来看，数字金融的产品创新降低了客户准入门槛，使得金融服务更加平民化。在当今中国，如果你还手持现金和信用卡去超市购物，即使没有被视为"怪物"，可能也没有那么受欢迎，因为大多数人只需要掏出手机进行二维码支付，这一变革发生在短短不到5年的时间内，不能不说是奇迹。展望未来，数字金融的发展将持续改变我们的生活，不断提高经济活动效率。我们认为，数字金融影响了生产生活的方方面面，成为中国实体经济发展的新引擎。

有鉴于此，本书对中国数字金融发展的起源、历程、效果和挑战进行全面的阐述和评估，试图系统地回顾近 10 年来数字金融发展所带来的变化。具体而言，我们将介绍中国数字金融发展的现状，如何度量数字金融发展的速度及地区差异，数字金融发展对居民的收入、消费和经济活动的影响，在面临互联网（数字）鸿沟时，数字金融发展又会产生什么作用等一系列问题。

当然，数字金融在发展过程中也面临许多挑战。最典型的例子有两个。第一个是 P2P 在中国的兴衰。2000 年以来计算机技术的进步、移动终端的普及和居民旺盛的理财需求为 P2P 在中国的发展做好了外部环境的准备。随着 2007 年拍拍贷上线，2014 年互联网金融被写入《政府工作报告》，2015 年多地出台鼓励政策，P2P 在中国经历了快速发展。不过，将 P2P 界定为完全信息中介而在监管方面的空白导致了 P2P 业务不顾风控地快速扩张，最终引发了平台爆雷。2019 年 10 月以来全国多地取缔网贷业务，P2P 在中国遭遇了重大挫折。第二个是中国数字金融巨头——蚂蚁金服集团的 IPO 被紧急叫停。根据 H2 Ventures 和毕马威联合发布的 2019 年全球金融科技 100 强，蚂蚁金服冠全球之首。2020 年 7 月 20 日，蚂蚁金服也官宣 A + H 股的同步上市计划。然而在 11 月 2 日中国人民银行、中国银保监会、中国证监会、国家外汇管理局对蚂蚁集团的相关负责人进行了约谈，随后暂停了蚂蚁集团的上市计划。从公开的约谈文件来看，数字金融企业在正当竞争、个人数据隐私、金融监管、公司治理以及合规开展证券基金业务五个方面需要进行整改。以上两个例子说明，数字金融的发展并不是一帆风顺的，仍有不少问题需要解决，需要经过政府、市场和个人共同探索，在合规和风险可控的基础上实现可持续发展。

本书分为四大部分，共十四章，其内容简要介绍如下。

本书的第一部分对数字金融的发展状况进行科学和系统的介绍。数字金融行业的兴起依托于智能算法、大数据和云计算等创新技术的成熟及互联网的发展。它拓展了金融的触达能力和服务深度，推动了普惠金融的进程。为了科学准确地刻画中国数字金融的发展现状，也同时为了能够给相关领域的研究提供工具性的基础数据，我们利用中国一家代表性数字金融机构数以亿

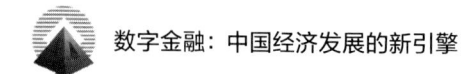

计的微观数据，编制了一套2011~2018年覆盖中国内地31个省（自治区、直辖市），337个地级以上城市和约2800个县域的中国数字普惠金融指数，用以刻画中国不同地区数字普惠金融的发展趋势。结果显示数字金融的确推动了普惠金融的发展。我们还从中国巨大的人口规模所形成的大国效应出发开展研究，发现人口规模的确有利于数字金融的快速发展，而数字金融的发展则有助于居民收入和消费的提升，从而有助于地区经济增长。综合来看，大国效应降低了互联网的边际成本，推动了数字金融的发展，进而带动了经济增长，这解释了中国数字金融在全球范围内独占鳌头的现象。此外，中国国内金融抑制和对包容性的重视，也是中国数字金融获得跨越式发展的重要原因。

本书的第二部分包括三个章节，从居民收入和居民消费两个大的视角来研究数字金融对经济增长的影响，并试图揭示数字金融发展影响居民收入和居民消费的内在机制，从经济增长的视角窥探数字金融如何改变人们的生活。在本部分的前两章中，我们从包容性增长的视角探究了数字金融对收入和收入分配的影响及相关传导机制。研究发现，数字金融的发展提升了家庭收入，并且农村低收入群体的受益更为显著。因此，数字金融促进了中国的包容性增长。进一步讲，数字金融的发展更加有助于农村居民而不是城镇居民创业，也有助于提升农村低收入家庭和低社会资本家庭的创业概率，进而帮助改善农村内部的收入分配状况，再次证实了互联网革命下数字金融的普惠性及其包容性影响。在第三个章节中，我们从消费的视角探索数字金融如何改变人们的生活。我们发现，数字金融主要通过提升支付的便利性来促进居民消费。此外，数字金融的发展尽管更多地提升了农村居民收入，却无助于促进农村居民消费，这一方面表明预防性储蓄并不是数字金融促进居民消费的内在机制，另一方面也说明了破除城乡分割的紧迫性。从这个角度上看，数字金融发展还需要其他政策的配合，才能获得更有效的经济增长。

然而，数字金融在经济发展中的角色可能远比预期的还要复杂。一方面，数字金融深刻改变了金融的触达能力和便捷性，具备更加包容的特性。然而另一方面，数字金融能够改变人们生活的前提，是接触和使用互联网。

在存在数字鸿沟的情况下，部分群体接触不到互联网，这时数字金融发展所带来的益处就难以共享。在现实中，收入较低、人力资本缺乏的群体往往无法接触到互联网，从而无法享受数字金融发展的益处，这使得数字金融的包容性大打折扣。那么，如何缓解数字鸿沟的负面影响呢？这里存在两种途径，一种是依赖公共财政直接缩小数字鸿沟；另一种则利用市场力量来决定资源分配和经济活动，只需要保证这样的经济活动能够溢出到那些原来无法接触到互联网的群体。这就好比扶贫中的涓滴效应一样，贫困能够通过经济发展来解决，而不一定依靠收入再分配。

在本书的第三部分中，我们建议利用数字金融发展来缓解数字鸿沟的负面作用，并将其称为数字金融发展的涓滴效应。我们的研究证实了一定程度上的涓滴效应。数字金融发展所带动的区域经济增长带来了两方面的效果：第一，提供了更多的农产品销售渠道，提升了农村居民的收入水平；第二，提供了更多的非农就业机会，促进了农业劳动力向非农部门的转移，推动经济结构转型。这些作用，不需要居民接触互联网便可以实现，从而可以被视为涓滴效应。当然，数字金融发展所具备的涓滴效应并不是万能的，它具有一定的局限性。当数字金融面对的群体是处于深度贫困且当地在一定范围内没有使用互联网进行经济活动的家庭，数字金融的作用显然会受到限制，这些人既无法享受互联网的直接红利，又很难有足够的物质资本和人力资本去应对数字金融浪潮，拥抱数字金融的涓滴红利，甚至于他们原本拥有的发展如就业机会也可能会被剥夺。因此，数字金融并不是中国经济发展的全部动力，我们还需要多种政策的配合，打出漂亮的组合拳，才能合力推进中国经济的发展。

本书的最后一个部分综述了数字金融研究的主要结论和政策意涵，重点讨论了数字金融发展面临的挑战，特别是对中国目前数字金融发展过程中面临的暂时性挫折进行回顾，并对未来进行展望。总的来说，数字金融发展依托于大数据技术，能够从根本上改变传统金融的面貌，克服传统金融业务可能面临的困难。然而，数字金融发展过程中，将面临风控、数据隐私、垄断等新的议题，我们需要直面并解决这些问题，但不能因噎废食。我们认为，

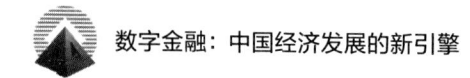

数字金融发展的前路可能是曲折的，但未来是可以期待的。

这本书稿是在北京大学数字金融研究中心的支持下完成的，也是国家社科基金重大项目"数字普惠金融的创新、风险与监管研究"（项目编号：18ZDA091）的成果之一。本书的大部分章节都得到了中心的数据支持和研究项目资助，并在中心举办的各项学术论坛中进行了汇报和讨论。我们也要感谢作者所在单位（北京师范大学统计学院、复旦大学世界经济研究所和上海财经大学公共经济与管理学院）的支持和帮助。本书的主题及整体构思由张勋提出并负责统稿；第一、二章由张勋执笔；第三章由郭峰和王靖一等执笔；第四章由谭莹执笔；第五、六章由张佳佳执笔；第七章由杨桐执笔；第八章由万广华和张琰执笔；第九章由胡宗辉执笔；第十章由张勋和万广华执笔；第十一章由何宗樾执笔；最后一部分由张勋执笔。本书在研究过程中，还得到了以下师友和同学的支持：黄益平、欧阳峣、沈艳、龚强、宋旭光、赵楠、易行健、张海洋、李昕、徐建国、黄卓、汪晨、陈瑾、张欣、张睿、王雅婷、马伊嵩、刘亚如、杨紫和章雨馨等。此外还有许多师友为本书的出版提供了无私的帮助，此处难免挂一漏万，在本书搁笔之际，谨向所有帮助和支持我们的人表示最衷心的感谢。

本书在编辑和出版过程中，得到了社会科学文献出版社的大力支持，在此致以感谢！并对参与本课题研究、讨论和调查的所有相关人员表示感谢！

张　勋　万广华　郭　峰

二〇二〇年十二月

目　录

第一部分　第三次科技革命与数字金融发展

第一章　数字金融发展：起源与中国成就 …………………………… 003
第二章　数字金融发展的相关研究综述 ………………………………… 009
第三章　测度中国数字金融发展：现状和趋势 ………………………… 016
第四章　从大国视角解析中国数字金融发展 …………………………… 038

第二部分　中国数字金融发展的经济增长效应

第五章　数字金融发展与居民收入的包容性增长 ……………………… 055
第六章　数字金融促进创业
　　　　——收入增长的内在机制 …………………………………… 070
第七章　数字金融发展与居民消费增长：理论与中国实践 …………… 095

第三部分　中国数字金融发展的涓滴效应

第八章　互联网发展与数字鸿沟 ………………………………………… 137
第九章　从城市化谈数字金融的涓滴效应 ……………………………… 165

第十章　再谈数字金融的涓滴效应：居民消费的视角……………… 187
第十一章　涓滴效应的潜在局限：家庭贫困的视角………………… 217

第四部分　中国数字金融发展：走过荆棘，未来可期

第十二章　数字金融研究的主要结论和政策意涵……………………… 249
第十三章　数字金融的研究展望：新发展格局的视角………………… 253
第十四章　数字金融发展的挑战与展望………………………………… 259

参考文献…………………………………………………………………… 267

第一部分
第三次科技革命与数字金融发展

作为本书的开篇，我们对数字金融行业的发展状况进行科学和系统的介绍。众所周知，传统金融发展通常带有某些偏向，例如城市偏向，尤其在中国。因此，尽管普惠金融的概念已经出现很长一段时间，传统金融机构也在加大普惠金融实践，但实现普惠金融的道路依旧艰辛而漫长。依托于智能算法、大数据和云计算等创新技术以及互联网，数字金融行业应运而生，进一步拓展了金融的触达能力和服务深度，推动了普惠金融的发展。本书的第一章节介绍数字金融发展的相关背景，以及中国数字金融发展的一些实践，第二章回顾关于数字金融发展的相关学术思潮。

为准确刻画中国数字金融的发展进程，同时提供工具性的基础数据，笔者（张勋和郭峰）所在的北京大学数字金融研究中心的研究团队，利用中国一家代表性数字金融机构数以亿计的微观数据，编制了一套2011~2018年覆盖中国内地31个省（自治区、直辖市）337个地级以上城市和约2800个县域的中国数字普惠金融指数，用以刻画中国不同地区数字普惠金融的发展趋势。从主要结果来看，中国数字普惠金融总体上表现出了很强的地区收敛特征，为数字金融推动普惠金融发展的预期提供了相关证据。

最后，为了理解中国数字金融发展的逻辑，本部分从中国巨大的人口规模所形成的大国效应出发展开研究。从研究结论看，人口规模的扩大的确有利于数字金融的发展，而数字金融的发展有助于居民收入和消费的提升，从而促进地区经济增长。综合来看，大国效应使得互联网发展的边际成本降低，推动了数字金融的发展，进而带动了经济增长，这解释了中国数字金融发展在全球范围内独占鳌头的现象。

第一章
数字金融发展：起源与中国成就

一 从第三次工业革命说起

数字金融的发展离不开互联网，互联网的发展起源于第三次工业/科技革命，后者是人类文明史上继蒸汽技术革命和电力技术革命之后科技领域里的又一次重大飞跃。第三次工业革命以原子能、电子计算机、空间技术和生物工程的发明和应用为主要标志，涉及信息技术、新能源技术、新材料技术、生物技术、空间技术和海洋技术等诸多领域。这其中，电子计算机技术的利用和发展是一个重大突破，从20世纪40年代的第一代计算机，到70年代的第四代大规模集成电路，再到后来的智能计算机和生物计算机等[1]，运算速度在不断加快，这为后期互联网发展和互联网的商业化提供了技术保障。

以计算机的发明和发展为依托，互联网于1969年开始出现。互联网，顾名思义，就是将计算机网络互相联结在一起，即"网络互联"，在此基础上发展出覆盖全世界的全球性互联网络，即互相联结一起的网络结构。互联网推出之后广受欢迎，根本原因在于互联网的使用成本很低。具体来说，互

---

[1] 20世纪40年代后期的电子管计算机为第一代计算机。1959年发明了晶体管计算机，运算速度每秒在100万次以上。到了20世纪60年代中期，出现许多电子元件和电子线路集中在很小面积或体积上的集成电路，每秒运算达千万次，它适应一般数据处理和工业控制的需要，使用方便。70年代发展为第四代大规模集成电路，1978年的计算机每秒可运算1.5亿次。80年代发展为智能计算机。90年代出现光子计算机、生物计算机等。大体上每隔5~8年，运算速度提高10倍，体积缩小9/10，成本也降低9/10。

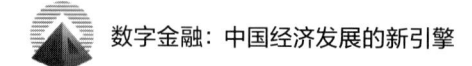

联网能够不受空间限制地进行信息交换，且信息的更新速度很快。人与人之间也不只是被动接收信息，互联网赋予了信息交换的互动性，使得人与人之间、人与信息之间可以低成本地互动交流。随着计算机和互联网的进一步发展，有价值的信息会被重新整合，并可以多种形式进行储存，使信息的获取更加高效且趋向于个性化。

互联网的以上特性，使得互联网的使用者日益增多，在规模效益的作用之下，互联网的使用成本被进一步降低，形成了良性循环。进入20世纪90年代，以互联网为代表的新兴信息通信技术出现了爆炸式的增长，特别是互联网商业化之后。美国、欧盟和日本纷纷提出了加速互联网普及的国家战略：1998年2月26日，美国总统克林顿发表了被称为"网络新政"的重要演说；1999年12月，欧盟委员会提出了建立"网络欧洲"的政治倡议；2000年，日本首相森喜朗进一步提出"日本式IT社会"的构想，将互联网视为21世纪强化国家竞争力的关键因素。在技术力量、市场力量和全球化力量的推动下，互联网以前所未有的速度在全球范围内迅速扩张，仅仅用了4年时间，其用户数量就已经达到了5000万，而达到同样数量的用户，电话用了75年，无线电用了38年，PC用了16年，电视用了13年（胡鞍钢和周绍杰，2002）。可以看出，世界各国均将互联网发展作为国家战略的重要组成部分，互联网发展仍将在未来很长一段时间影响全球的经济和社会秩序。

二 数字金融行业的兴起

随着互联网大众化和大数据技术的推进，数字金融行业应运而生。数字金融，顾名思义，即数字产业和金融产业的结合。那么，为什么金融产业需要结合数字产业呢？这需要从金融的本质功能说起。众所周知，金融的主要功能是资金的融通，包括以银行为中心的间接融资和以市场为中心的直接融资。金融首先能够引导资金向高回报的领域流动，实现资金的优化配置；金融还能通过实现资金期限、风险与规模的转换来降低交易成本，使得劳动分

第一章 数字金融发展：起源与中国成就

工成为可能，从而推动经济发展。

如果市场信息是完备的，那么传统金融行业就能够实现资金的完美配置。然而，现实世界存在信息不对称，尤其在金融领域。一个显而易见的例子是在信贷市场上，银行如何甄别优质企业并给予其贷款呢？如果企业有担保品，那么银行可以根据抵押品的价值来给予贷款，但现实中往往有大量具有创造力和生命力，但没有担保品的中小企业同样需要贷款，此时银行往往缺乏有效的信息来判断不同企业的还贷能力，这就产生了信息不对称，那些不能满足贷款条件的企业就有动力进行伪装以获得信贷资金，可往往会因经营不善而无力还贷，使得资金无法得到最有效的配置。再如在交易或支付市场上，买家如何从网络上安全地购买到中意的商品呢？不同于现实中"一手交钱，一手交货"的简易做法，在网络上，买家和卖家通常无法碰面，如果不存在第三方平台，买家通常需要将资金先支付给卖家，但在无法确定卖家诚信状况的情况下，买家通常不会轻易将资金交出，这就造成交易前逆向选择的问题。而一旦买家将资金交付，卖家也会有动机侵吞资金而不发货，造成交易后的道德风险问题。这些问题经过演化，可能会进一步引发金融风险甚至金融危机。

为了缓解信息不对称，通常需要金融机构采取内部风险控制的方法，数字技术在此时便能派上用场。在前面的例子当中，一旦金融机构能够掌握资金需求方（中小企业和卖家）的过往经营状况和交易状况，就能够通过大数据、云计算等数字技术来甄别其风险水平，做出交易决策。从中国的具体现实观察来看，征信是居民进行资金借贷的基础，信用卡使用则是完善个人征信从而便利借贷的重要手段。然而，根据中国银行业统计协会（2016）的统计，截至2015年，中国的信用卡发行量为5.3亿张，即便按照人均1张来计算，也还有一大半以上的人口没有信用卡，从而无法通过信用卡消费获得征信记录，也就无法从传统金融中获得金融资源。但中国目前的数字金融巨头，如微信支付、支付宝，均通过自身的大数据技术为每一位用户提供了数字征信，这些数字征信可以通过缴费、购物等金融交易行为获得，大大补充了多数居民由于不使用信用卡而无法累计传统金融征信的缺陷，从而能够缓解信息不对称的影响。从这个角度讲，金融技术和金融监管方面的许多安排都是为了通过缓解信息不对称的程度来控制金融风险。

综合来看，数字金融是指利用包括大科技平台、大数据、云计算等数字技术来创新金融产品、商业模式、技术应用和业务流程。数字金融涵盖数字基础设施、支付清算、融资众筹、投资管理和保险业务等众多领域。但归根结底，数字金融既包括新型科技企业为金融交易提供科技解决方案，也包括传统金融机构借助技术手段来改善金融服务。

从本质上看，数字金融相比传统金融的优势显然在于数字技术的优势。首先，大科技平台具有长尾效应，可以连接数以亿计的用户，而边际上多连接一个用户的成本几乎为零，因此，用户越多，大科技平台越能发挥出成本低的优势；其次，数字金融平台可以通过大数据连续地记录关于客户财务状况、社会关系及行为方式的数字足迹，用于甄别客户的偏好和信用状况，以便更好地进行金融决策；最后，数字金融平台还可以发挥云计算巨大的储存能力与极快速的计算与分析能力，为降低信息不对称程度提供了可能的解决方案。

数字金融发展事实上有助于推动普惠金融（Financial Inclusion，也译为包容性金融）。普惠金融是可以有效和全方位地为社会所有阶层和群体提供服务的金融体系（焦瑾璞等，2015），其初衷意在强调通过金融基础设施的不断完善，提高金融服务的可得性，实现以较低成本向社会各界人士，尤其是欠发达地区和社会低收入者提供较为便捷的金融服务。这一概念最初被联合国用于"2005年国际小额信贷年"的宣传中，后被联合国和世界银行大力推广。到2014年，世界银行已在全球70多个国家和地区与公私合作伙伴联手开展普惠金融项目，全世界50多个国家和地区设立了改善普惠金融的目标（世界银行，2015）。普惠金融的概念、理论和实践经历了一个逐步深化的过程：从最初重点关注银行物理网点和信贷服务的可获得性，到广泛覆盖支付、存款、贷款、保险、信用服务和证券等多种业务领域。

数字金融发展如何推动普惠金融呢？从覆盖的区域来看，由于传统金融业务需要通过设置机构网点来提高覆盖面，但机构网点的高成本导致传统金融业务难以渗透经济相对落后的地区。而数字技术与金融服务的跨界融合克服了这种弊端，一些地区即便没有银行网点、ATM 等硬件设施，客户仍能通过电脑、手机等终端设备获得所需的金融服务。与传统金融机构将主要资源分布于人口、商业集中地区的状况相比，数字金融使得金融服务更直接，客户覆盖面更广泛。从覆盖的社会群体来看，数字金融的产品创新降低了客户准入门槛，使得金融服务平民化趋势更加显现。与传统金融机构的排他性对比，数字金融可以满足那些通常难以享受到金融服务的中小微企业和低收入人群的需求，从而体现了普惠金融的应有之义。

三　中国的数字金融发展领先全球

目前来看，中国数字金融发展在全球处于相对领先的地位。根据 H2 Ventures 和毕马威联合发布的 2019 年全球金融科技 100 强榜单，中国的蚂蚁金服、京东数科、度小满金融和陆金所在前 12 强里占到了 4 个席位。在英国 Z/Yen 和中国深圳综合开发研究院发布的 2019 年全球金融中心指数报告里，北京、上海、广州、深圳和香港也占据了全球十大金融科技中心的半壁江山。中国的移动支付及其生态圈、互联网银行以及大科技公司全方位的金融服务成为具有全球影响力的数字金融业务。

中国的数字金融发展也推动了普惠金融。2005 年，普惠金融的概念引入中国，并得到中国政府的认可，2013 年 11 月，中共十八届三中全会通过《中共中央关于全面深化改革若干重大问题的决定》，正式提出发展普惠金融。2015 年底，国务院发布《推进普惠金融发展规划（2016－2020）》，对普惠金融事业进行了更具体的部署，并在其中明确了普惠金融的定义："普惠金融是指立足机会平等要求和商业可持续原则，通过加大政策引导扶持、加强金融体系建设、健全金融基础设施，以可负担的成本为有金融服务需求的社会各阶层和群体提供适当的、有效的金融服务。"在实践层面，中国普惠金融实践已经从最初的公益性小额信贷逐步扩展为支付、信贷等多业务的综合金融服务，并由于网络和移动通信等技术的广泛应用而得到长足发展。当前，中国普惠金融的实践与创新型数字金融显示出很强的关联性，以互联

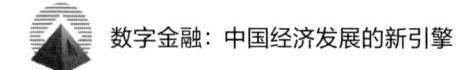

网科技企业提供金融服务为代表的新型数字金融业务，通过信息化技术及产品创新、降低金融服务产品的成本、扩大金融服务的覆盖范围，已经成为普惠金融发展的重要动力和增长点。

在本书的第三章中，我们将介绍笔者所在的团队所构建的北京大学数字普惠金融指数，用以刻画中国数字金融发展速度和区域差异。这一指数显示，从2011年到2018年，中国数字金融发展程度大幅跃升。此外，中国经济相对落后地区的数字金融服务水平正在快速提高，不断缩小与经济发达地区的差距。而代表移动支付覆盖率的分指数更是跨越传统的"胡焕庸线"[①]，突破传统金融服务"痛点"，让我国西部地区也能均等化地享受现代金融服务（黄益平，2020）。在数字金融大幅推进的同时，推动普惠金融的发展。中国的数字金融发展也受到国际货币基金组织（IMF）的高度重视，IMF连续三年邀请北大数字金融研究中心在其华盛顿总部举行数字金融闭门研讨会，这在IMF的历史上是前所未有的。这充分说明了中国数字金融的一些实践已经走在了国际前列，而且可能对其他国家具有重要的借鉴意义。

中国数字金融发展较快的原因很多，学术界认可的原因主要有以下三个方面。第一，如前文所说，大科技平台具有长尾效应，这在中国这样的人口大国优势更加巨大。相关数据显示，微众银行、网商银行和新网银行每年均发放1000万笔左右的小微企业经营者或者个人贷款，平均不良率可控制在1%左右，显示出健康的数字金融生态。在本书的第四章中，我们将从大国视角探讨数字金融的发展，从实证分析的角度给出数字金融发展在中国实现突破的一种解释。第二，中国的传统金融存在金融抑制现象，金融供给不足，金融供需矛盾十分突出。比如，在英国有大概一半的中小企业可以从银行获得贷款，而这个比例在中国一度甚至只有五分之一，这使得中国的数字金融发展具有广阔的市场需求。第三，中国的金融监管环境相对宽松，这也在一定程度上促进了金融创新。

[①] "胡焕庸线"，是指中国地理学家胡焕庸1935年提出的划分我国人口密度的对比线，这条线从黑龙江爱珲（现为黑河）到云南腾冲，大致为倾斜45度基本直线。

第二章
数字金融发展的相关研究综述

对于数字金融发展的经济效应的研究,主要分为四个阶段。第一阶段是在20世纪90年代第三次产业革命和互联网兴起之后,对互联网发展经济效应的相关研究;第二阶段是对互联网所产生的数字鸿沟对经济产生的负面影响,尤其是不均等加剧的相关研究;第三阶段是随着互联网所推动的数字经济和数字金融时代的兴起,对测度数字经济和数字金融发展程度的相关研究;第四阶段是对数字金融发展进行准确测度之后,对评估数字金融发展经济效应的相关研究。本章分三节,对这四个阶段的相关研究进行综述,以使读者更加清楚相关研究的脉络和未来走向。

一 互联网发展的相关研究:经济效应和数字鸿沟

以互联网为代表的信息技术源于第三次工业革命,被看作世界经济第五次康德拉季耶夫周期(Kondratieff Cycle)的标志(Yushkova,2014)。互联网作为一种通用技术,对社会各领域、各个社会层次均产生了广泛影响(Harris,1998)。一般而言,通常认为互联网可以降低经济成本,包括生产和交易成本,促进知识、信息和观念的产生与传播,提升企业内、企业间、企业与消费者之间、企业与生产要素之间、国家间的资源配置效率,最终对生产效率、经济增长、就业与国际贸易均产生积极影响。Jorgenson等(2008)、Oliner等(2008)、Van Ark等(2008)讨论了以互联网为代表的信息技术对生产效率的影响,Roller和Waverman(2001)、Choi和Yi(2009)、Czernich等(2011)讨论了互联网与经济增长的关系,Levin

（2011）研究了互联网与产品销售的关系，Stevenson（2008）探讨了互联网与就业的关系。此外，还有大量的研究分析了互联网对国际贸易的影响，见Rauch（1996；1999）、Bakos（1997）、Venables（2001）、Anderson 和Wincoop（2004）、Fink 等（2005）以及Blum 和Goldfarb（2006）等，主要结论是互联网可以通过降低成本渠道促进国际贸易发生，提升国际贸易规模。可以看出，互联网的发展影响了全球经济社会的方方面面，并持续推动经济发展。

然而，互联网爆发式的普及是一种极不平衡的扩张，国际互联网用户数量在富国和穷国分布的差距比全球富国与穷国人均收入差距的悬殊程度还要严重（胡鞍钢和周绍杰，2002）。目前，全球收入最高国家中的1/5人口拥有全球生产总值的86%，并占国际互联网用户的93%，而收入最低的1/5人口只拥有全球生产总值的1%，并只占国际互联网用户的0.2%，这表明以互联网为代表的新兴信息通信技术在各个国家的普及是极不平衡的，一方面少数国家和地区在迅速地信息化或网络化，而另一方面大多数国家和地区则被边缘化或隔离化。

互联网的这种不平衡发展导致了数字鸿沟的出现。数字鸿沟的概念最先由美国通信和信息管理局（NTIA）在1995年发布的《被互联网遗忘的角落：一项关于美国城乡信息穷人的调查报告》中所提出。根据相关研究（许竹青等，2013；金文朝等，2005；Martin，2003；Ho and Tseng，2006），一级数字鸿沟是指信息的可接入性，通常用是否能接触到互联网来度量；二级数字鸿沟则指对互联网信息的利用、欣赏和鉴别能力。关于数字鸿沟，Kiiski 和Pohjola（2002）和Quibria et al.（2003）等基于跨国数据探讨了经济发展、国家知识发展能力、对外开放程度，以及通信技术引进对数字鸿沟的影响（胡鞍钢和周绍杰，2002）。数字鸿沟带来了新的机会不平等，使得居民之间无法均等地享受互联网行业高速发展所带来的红利（Hoffman et al.，2001），并可能进一步导致贫富差距的扩大和贫困发生率的上升。比如，Dijk 和Hacker（2003）指出，信息通信技术在所有权、技能以及应用方面的差异所产生的数字鸿沟会恶化收入分配，这是因为信息通信技术具有技能偏向特征，使那些具有信息处理优势的阶层获得经济收益，进而扩大阶层间的收入差距（Bonfadelli，2001；Clark and Gorski，2002）。就中国而言，由于数字技术的地区差异，东南沿海等相对发达地区能够更多地从数字红利中获益，进而导致区域发展不平衡的加剧（邱泽奇等，2016）。此外，尽管理论上数字经济的发展可能有助于穷人摆脱贫困，但以商业为导向的数字化发展与普惠、包容、减贫的政策目标存在偏差，致使数字经济的减贫效应不显著（Balkenhol，2007；Hermes and Lensink，2011；Roodman and Morduch，2014）。尤其是获得知识和信息能力的匮乏使穷人无法分享数字经济发展带来的益处，进而形成被知识社会与信息社会"边缘化"的群体和地区，这严重抑制了贫困群体的有效需求（Atkinson and Messy，2013）。

从上面的综述可以看出，互联网改变了人类的生活，但也因为数字鸿沟的存在而加剧了不平衡。那么，互联网所推动的数字金融的兴起，能否改变这一局面呢？这是本书将要重点回答的一个问题。

二 数字金融发展的测度研究

数字金融是伴随着互联网而产生的新兴行业。从理论上讲，数字金融是一个多维概念，度量数字金融涉及不同维度的多个指标，因此构建一套科学的数字金融指标体系非常重要。

传统普惠金融指标体系的设计提供了很好的借鉴。2008年金融危机之后，普惠金融或包容性金融的概念在全球范围内引起广泛关注，包括英国、印度和肯尼亚等在内的许多国家以及包括世界银行在内的众多机构开始对如何更好地了解和改善各国普惠金融状况进行了相关研究。比如，金融包容联盟（Association of Financial Inclusion，AFI）提出的包容性金融统计指标体系主要包含了金融可获得性和使用正规金融服务的情况两个维度，共有5个指标。其中，对于可获得性指标，AFI指标体系的数据多取自金融机构；对于使用情况方面的指标则主要来自对需求方的调查或从金融机构获取。2013年在G20圣彼得堡峰会上成立的金融包容全球合作伙伴组织（Global

Parternship for Financial Inclusion，GPFI）所构建的普惠金融指标体系则包含了可得性、使用情况和金融服务等三个维度，共计 19 个指标（GPFI，2013）。与上述指标体系相比，2012 年，世界银行与比尔和梅琳达·盖茨基金会合作的全球普惠金融数据库（Global Financial Inclusion Database，也称 Global Findex，以下简称 Findex 数据库）作为一个国际可比、可持续监测的普惠金融公共指标数据库，对普惠金融研究提供了极大的便利（Demirguc-Kunt and Klapper，2012）。无论从包含的维度，还是数据的丰富程度，Findex 数据库都十分突出。在统计思路上，Findex 数据库的指标更侧重反映用户方金融服务实际使用情况，而非单纯从金融供给角度分析金融覆盖。在指标设计上，该指标体系分为账户普及使用、储蓄行为、借贷行为、保险行为等四大类，并按照性别、年龄、文化程度、收入、城乡等人群特点分解为众多维度。从数据来源上，Findex 数据库全部基于第三方机构对全球 15 万名成年人开展的抽样调查获得，数据相对客观。在中国，为贯彻落实国务院《推进普惠金融发展规划（2016－2020 年）》和 2016 年 G20 杭州峰会通过的《G20 数字普惠金融高级原则》等普惠金融成果文件要求，2016 年底中国人民银行也建立了一套官方版本的中国普惠金融指标体系及填报制度。目前，该指标体系共包含使用情况、可得性、质量等三个维度，共 21 类 51 项指标（中国人民银行金融消费权益保护局，2018）。

　　对上述研究普惠金融指标体系的梳理可以发现，在构建此类指标时，主要是尽可能地收集金融服务的相关数据。基于此，测度数字金融的发展也应该从这个角度出发展开研究。上述大多数相关研究所包含的金融服务比较单一，多以反映银行服务为主，如陈银娥等（2015）的研究无法体现其他金融机构对普惠金融的贡献。相比之下，焦瑾璞等（2015）的研究虽然包含了部分非银行金融服务，但对创新型数字金融的覆盖仍然不足。近年来，随着通信技术和电子商务的快速发展和监管的相对滞后，中国数字金融快速发展（李继尊，2015；黄益平和黄卓，2018），这为测度数字金融发展的程度奠定了坚实的基础。这种创新型的数字金融，可以克服传统金融对物理网点的依赖，具有更大的地理穿透力和低成本优势。因此，数字金融的研究也已经成为目前金融学、经济学和其他相关学科的一大热点（黄益平和黄卓，2018）。但受限于数据的可得性，除网络借贷领域因为微观数据的存在可以进行实证研究外（如张皓星和黄益平，2018；张海洋和蔡航，2018；朱家祥等，2018；王靖一和黄益平，2018；彭红枫和林川，2018；吴雨等，2018），对数字金融整体性的考察往往局限于理论阐述和政策分析上，对数字金融价值和影响等很难进行更深入的实证分析，这自然呼唤对数字金融发展程度进行测度的相关研究的出现。

值得注意的是，在测度数字金融发展程度时，不能离开普惠金融的指标体系。事实上，移动互联网的快速发展为提高广大欠发达地区的普惠金融服务水平创造了条件（焦瑾璞，2014；焦瑾璞等，2015）；而数字货币在增加金融服务覆盖面、降低金融服务成本及提高金融服务水平方面，也可以发挥重要作用。可以说，数字金融已经渗透我们生活的方方面面（Chen，2016）。

当然，现有普惠金融指标体系的维度不够全面，通常缺少对服务便利性和服务成本的考量，在创新型数字金融时期，数字化、移动化的金融服务极大地提高了金融服务的触达能力，也有效降低了金融服务的成本，这些也应体现在普惠金融指数当中。2016年9月在中国杭州召开的G20会议上，正式通过了《G20数字普惠金融高级原则》，数字技术在促进普惠金融上可以发挥的独特作用得到业界越来越多的肯定。但由于数据受限，现有的普惠金融指数往往只能对日益重要的新型数字金融服务视而不见，或者虽然注意到了传统金融机构之外的数字普惠金融业务，但关注度仍然不够，新型数字普惠金融在普惠金融指数中的指标比例过低（中国人民银行金融消费权益保护局，2018）。因此，亟须重新设计数字金融发展的指标体系，以同时反映数字技术在金融服务中的应用，以及数字金融在推进普惠金融方面的作用。

三　数字金融发展的经济效应研究

如前文所言，数字金融即数字产业和金融产业的结合。探讨数字金融的

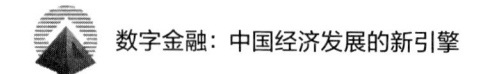

经济效应，除了探讨数字产业即计算机、互联网的经济效应之外，还需要对有关金融发展经济效应的文献进行分析。

关于金融发展的经济效应的文献有一个基本的共识是，金融发展有助于经济增长（King and Levine，1993；Rajan and Zingales，1998）。金融最核心的功能在于实现资源的优化配置，并同时尽可能地降低风险。相关的实证发现也表明，金融发展有助于平滑消费、管理风险、降低居民约束以及便利化交易等（Goldsmith，1969；McKinnon，1973；Levine，2005）。在Levine（2005）的经典论文中，作者从理论和实证两个方面证实了更加发达的金融系统能够缓解企业的外部融资约束，而根据Bernanke et al.（1999）的金融加速器原理，融资约束是经济加速增长或下滑的决定机制。

作为数字产业和金融产业的结合体，数字金融自然也具有金融特性。早期研究数字金融的文献很少，多数人是从普惠金融的角度加以研究，间接提及了数字金融的概念。李继尊（2015）认为，近年来由电子商务和通信技术快速发展所推动的中国互联网金融，可以降低传统金融对物理网点的依赖，具有更强的地理穿透性和低成本优势，因此可以推动普惠金融。焦瑾璞（2014；焦瑾璞等，2015）指出，移动互联网的普及为在广大欠发达地区提供金融服务创造了条件，尤其是数字货币在增加金融服务覆盖面、降低服务成本等方面发挥了重要作用，从而有助于优化金融资产配置，改善中小企业的融资状况，在促进金融稳定的同时实现整体盈利水平的提高（王颖和陆磊，2012）。

近年来有一系列文献评估数字金融发展的经济效应。Kapoor（2013）发现数字金融可以促进经济增长；宋晓玲（2017）利用中国数字普惠金融指数，发现数字金融的发展有助于缩小城乡收入差距；谢绚丽等（2018）同样利用该指数，结合区域层面的企业创新数据，证实了数字金融的发展促进了企业创新；黄益平和黄卓（2018）系统地回顾了中国数字金融的发展历程，并对数字金融的未来进行了展望。但是，这些论文使用的是宏观数据，只是从宏观层面讨论数字金融与经济发展、区域不平等和企业创新创业的关系，难以识别数字金融的经济效应的微观机制。唯一的例外是易行健和周丽

（2018），他们发现数字金融的发展通过提升支付便利性和缓解流动性约束这两个方面促进了居民消费。显然，关于数字金融经济效应的微观机制研究还有待加强。本书的大部分实证分析，都从微观机制的角度去探究数字金融对经济发展的影响。

第三章
测度中国数字金融发展：现状和趋势*

为了探究数字金融发展对经济的影响，我们首先需要量化数字金融发展，并将之与经济发展的相关指标加以配合，最终能够估算其经济效应。本章介绍一种测度中国数字金融发展的方法，用以揭示中国数字金融发展的现状和趋势。基于这种方法，我们构建了中国数字普惠金融指数。这套数字普惠金融指数专注于从创新性数字金融的角度衡量数字普惠金融的发展，对现有聚焦传统普惠金融的相关指标体系和指数计算进行补充。此外，就数字普惠金融指数所涵括的维度而言，数字普惠金融同时关注了数字金融服务所覆盖的广度、其被利用的深度以及客户真正被惠及和便利的程度，因此我们编制的数字普惠金融指数主要包含数字金融覆盖广度、数字金融使用深度和普惠金融数字化程度等三个维度，而这三个维度之下又各自包含了多个具体指标。

一 指标体系与指数计算方法

（一）数字普惠金融指标体系

普惠金融指数科学构建的前提是设计一个完整、准确的普惠金融指标体系。参考上文提及的传统普惠金融指标体系的设计，我们在数字普惠金融指标体系的构建过程中遵循了以下原则。第一，同时考虑数字金融服务的广度和深度。数字普惠金融指标体系应该是基于对数字金融内涵、特征的综合概

---

* 本章内容主要来自郭峰、王靖一、王芳、孔涛、张勋、程志云，2020，《测度中国数字普惠金融发展：指数编制与空间特征》，《经济学》第19卷第4期，第1401～1418页。

括,其所包括的每一个指标和每一个维度都应反映数字普惠金融这一总体的某一个视角。而且不仅要考虑到数字金融覆盖的人群和地域,还要考虑到其被使用的深度,只有这样才能真正刻画出数字金融的普惠价值。第二,兼顾纵向和横向可比性。作为一个动态过程,数字普惠金融的发展随着经济社会和金融体系的发展而不断变化,同一地区在不同年份的数字普惠金融状况会有所变化。此外,不同地区在同一年份由于禀赋、经济发展水平与结构、政策和制度的不同,在数字普惠金融表现上也会存在差异,也需要在数字普惠金融指数上得到体现。因此所编制的数字普惠金融指数最好应该可以同时进行横向(地区维度)比较和纵向(时间维度)的比较。第三,体现数字金融服务的多层次性和多元化。现有关于普惠金融的相关研究,主要是从传统银行业务角度来考虑的,随着金融服务的不断创新发展,金融服务已呈现多层次和多元化发展的特征。因此,对数字普惠金融的全面刻画要求所构建的指标体系中不仅要包括银行服务(主要是信贷),还要包括支付、投资、保险、货币基金、信用服务等业态,以求更加全面地刻画数字普惠金融的发展水平。

按照以上所述的指标体系构建原则,在现有文献和国际组织提出的传统普惠金融指标基础上,结合数字金融服务新形势新特征,以及数据的可得性和可靠性,我们从数字金融覆盖广度、数字金融使用深度和普惠金融数字化程度等三个维度来构建数字普惠金融指标体系。具体而言,目前数字普惠金融指标体系一共包含上述三个维度,共计33项具体指标。具体指标体系如表3-1所示,而数字普惠金融指标体系框架图则如图3-1所示。

表3-1 数字普惠金融指标体系

一级维度	二级维度	具体指标
覆盖广度	账户覆盖率	每万人拥有支付宝账号数量
		支付宝绑卡用户比例
		平均每个支付宝账号绑定银行卡数
使用深度	支付业务	人均支付笔数
		人均支付金额
		高频度(年活跃50次及以上)活跃用户数占年活跃1次及以上比

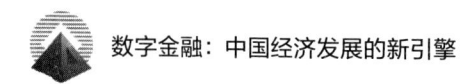

续表

一级维度	二级维度		具体指标
使用深度	货币基金业务		人均购买余额宝笔数
			人均购买余额宝金额
			每万支付宝用户购买余额宝的人数
	信贷业务	个人消费贷	每万支付宝成年用户中有互联网消费贷的用户数
			人均贷款笔数
			人均贷款金额
		小微企业经营者	每万支付宝成年用户中有互联网小微企业经营者的用户数
			小微企业经营者户均贷款笔数
			小微企业经营者平均贷款金额
	保险业务		每万支付宝用户中被保险用户数
			人均保险笔数
			人均保险金额
	投资业务		每万人支付宝用户中参与互联网投资理财人数
			人均投资笔数
			人均投资金额
	信用业务		自然人信用人均调用次数
			每万支付宝用户中使用基于信用的服务用户数(包括金融、住宿、出行、社交等)
数字化程度	移动化		移动支付笔数占比
			移动支付金额占比
	实惠化		小微企业经营者平均贷款利率
			个人平均贷款利率
	信用化		花呗支付笔数占比
			花呗支付金额占比
			芝麻信用免押笔数占比(较全部需要押金情形)
			芝麻信用免押金额占比(较全部需要押金情形)
	便利化		用户二维码支付的笔数占比
			用户二维码支付的金额占比

资料来源：笔者自制，以下均如此，不再标注。

在数字金融覆盖广度方面，不同于传统金融机构触达用户的直接体现为"金融机构网点数"和"金融服务人员数"，在基于互联网的数字金融模式下，而互联网天然不受地域限制，数字金融服务供给能在多大程度上保证用户得到相应服务是通过电子账户数体现的。此外，根据金融监管部门的规定，第三方支付的账户如果不绑定银行卡，就只具备小额转账的功能，其价值将大大受限。绑定银行卡的第三方支付账户，才是真正有效的第三方支付账户，即实现了对这个用户真正的覆盖。特别是随着第三方支付的功能越来越丰富，第三方支付已经成为重要的理财、融资通道，因此绑定的银行卡数量越多，其理财、转账的覆盖面就越广，对这个账户所有人的金融服务覆盖面就越广，因此一个账户绑定多少银行卡数量也成为数字金融覆盖广度的一个子指标（图3-1）。

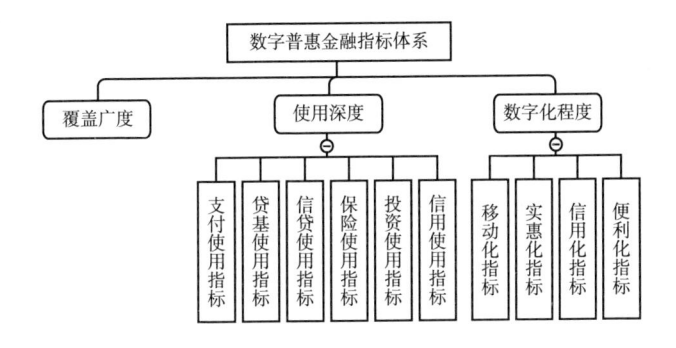

图3-1　数字普惠金融指标体系框架

在数字金融使用深度方面，我们主要从实际使用数字金融服务的情况来衡量。就金融服务类型而言，则包括支付服务、货币基金服务、信贷服务、保险服务、投资服务和信用服务。从使用情况来看，既包括实际使用总量指标（每万支付宝用户数中使用这些服务的人数），也包括使用活跃度指标（人均交易笔数、人均交易金额）。

在普惠金融数字化程度方面，便利性、低成本和信用化等都是影响用户使用数字金融服务的主要因素，这切实体现了数字金融服务的低成本和低门槛优势，因此普惠金融数字化程度也成为数字普惠金融指标体系的重要组成部分。具体而言，数字金融服务越便利（例如移动支付笔数占总支付笔数的比例高）、成本越低（例如消费贷和小微企业贷利率低）、信用化程度越高（例如免押金支付笔数占总支付笔数比例高），则意味着数字普惠金融的价值越能得到更好体现。

（二）指标无量纲化方法

数字普惠金融不同维度的指标虽然都包含了数字普惠金融某些方面的有用信息，但如果单独使用某一个指标或者某一维度指标，又可能会导致对数字普惠金融现状的片面解读，因此，可以参考传统普惠金融指数编制的方法，将数字普惠金融的多个指标合成一个数字普惠金融指数。不少机构和学者都在编制普惠金融指数方面进行了诸多努力和尝试，为我们提供了非常好的借鉴（Sarma，2012；王伟等，2011；伍旭川和肖翔，2014；焦瑾璞等，2015；陈银娥等，2015）。

在指数合成之前，首先必须先将性质和计量单位不同的指标进行无量纲化处理。无量纲化函数的选取，一般要求严格单调、取值区间明确、结果直观、意义明确、不受指标正向或逆向形式的影响。现有文献一般都采用功效函数的方法。在功效函数多指标综合评价体系中，常见的功效函数很多，有线性功效函数法（或称传统功效函数法）、指数型功效函数法、对数型功效函数法、幂函数型功效函数法等（彭非等，2007）。目前学术界关于普惠金融指标的无量纲化方法主要有线性功效函数法和指数型功效函数法（Sama，2012；焦瑾璞等，2015；伍旭川和肖翔，2014）。我们结合数字金融快速扩张的特点，为缓解极端值的影响，保持指数的平稳性，采取对数型功效函数法。具体而言，对数功效函数的公式如（3.1）所示：

$$d = \frac{lnx - lnx^l}{lnx^h - lnx^l} \times 100 \tag{3.1}$$

关于功效函数公式中阈值的确定，如果取各指标不同年份的最大值、最小值作为上下限，当最大值或最小值为极端值或异常值时，容易扭曲指数值，导致地区指数异常。另外，如果各指标的上下限都是基于每年指标情况来设定，会导致不同年份各地区间的指标比较基准发生变化，从而纵向不可比。因此，为了便于今后对各地区数字普惠金融发展水平同时进行横向和纵向比较，我们做了如下处理：(1) 对于正向指标，取固定 2011 年各地区指标数据实际值的 95% 分位数为上限 x^h，5% 分位数为下限 x^l；(2) 对于逆向指标，取固定 2011 年各地区指标数据实际值的 5% 分位数为 x^h，95% 分位数为 x^l；(3) 为了平滑指数，避免种种原因导致的极端值的出现，我们对超过指标上限的地区进行"缩尾"处理，如当某地区基准年（2011年）的指标值超过该指标的上限 x^h 时，则令该地区 2011 年指标值为上限值 x^h，当某地区 2011 年的指标值小于其下限 x^l 时，则令该地区 2011 年指标值为其下限值 x^l。

根据上述方法，我们就可以计算出某年某地区某指标无量纲化后的数值，在基准年（省级和地市级基准年为 2011 年，县域则以 2014 年为基准年），每个相应指标的无量纲化数值得分区间为 0~100，得分越高的地区，相应指标的发展水平就越高。基准年之后年份的数据，指标的功效分值有可能小于 0 或大于 100。

（三）层次分析法

指标无量纲化之后的任务就是确定不同指标合成时的权重。确定权重的方法有很多，根据计算权重时原始数据的来源不同，大体上可分为主观赋权法和客观赋权法两大类。主观赋权法主要由专家根据经验主观判断而得到，如 Delphi 法、层次分析法（Analytic Hierarchy Process）等；客观赋权法主要是依据各指标的具体数值计算而得到，它不依赖于人的主观判断，因此客观性较强，但不能反映决策者的主观要求，常见方法包括主成分分析法、变异系数法等。主观赋权法和客观赋权法各有优劣，我们采用了主观赋权与客观赋权相结合的方法来确定权重。具体而言，先利用变异系数法求各具体指标对上一层准则层的权重，再通过层次分析法求各准则层指标对上层目标的权重，最后求得总指数。

变异系数法定权重的基本思路是根据各个指标在所有评价对象上观测值的变异程度大小，对其进行赋权，如果一项指标的变异系数较大，那么说明这个指标在衡量该对象的差异上具有较大的解释力，则这个指标就应该赋予较大的权重。变异系数法的具体步骤这里就不展开叙述了。而层次分析法是一种系统分析与决策的综合评价方法，它较合理地解决了定性问题定量化的处理问题。层次分析法的主要特点是通过建立递阶层次结构，把人们的判断转化为若干因素进行两两之间的重要性比较，从而把难于量化的定性判断转化为可操作的定量判断。对于数字普惠金融体系层面下的三个维度,我们认为,数字金融覆盖广度是前提条件,使用深度代表实际使用情况,而数字化程度可以被看作潜在条件。这里,前两者是"普"的体现,后者是"惠"的体现。因此,根据这三者的相对重要性,我们构建了如表3–2所示的判断矩阵。

表3–2 数字普惠金融体系判断矩阵

维度	覆盖广度	使用深度	数字化程度
覆盖广度	1	2	3
使用深度	1/2	1	2
数字化程度	1/3	1/2	1

对于"使用深度"层面下的六个金融业务维度,我们则按照金融服务的门槛(复杂性和风险性)和普及程度作为判断标准,普及程度越高、门槛越低的业务权重越低,相反则越高。据此,得到如表3–3所示的判断矩阵。

表3–3 数字普惠金融体系使用深度判断矩阵

维度	支付	货基	信用	保险	投资	信贷
支付	1	1/2	1/3	1/4	1/5	1/6
货基	2	1	1/2	1/3	1/4	1/5
信用	3	2	1	1/2	1/3	1/4
保险	4	3	2	1	1/2	1/3
投资	5	4	3	2	1	1/2
信贷	6	5	4	3	2	1

对于"数字化程度"层面下的四个维度,我们按照其对实际生活影响的重要性和业务成熟程度作为判断标准,业务越不成熟、对实际生活影响越小的业务权重越低,相反则越高。据此,得到如表3–4所示的判断矩阵。

表3–4 数字普惠金融体系数字化程度判断矩阵

维度	信用化	便利化	实惠化	移动化
信用化	1	1/2	1/3	1/4
便利化	2	1	1/2	1/3

续表

维度	信用化	便利化	实惠化	移动化
实惠化	3	2	1	1/2
移动化	4	3	2	1

在运用判断矩阵确定各指标权重时，实际上是构造判断矩阵的特征向量。通过解正互反矩阵的最大特征值，可求得相应的特征向量，经归一化后即为权重向量。最后通过一致性检验的判断矩阵最大特征值所对应的特征向量进行归一化即可得到该层各因素对上层因素的权重大小。三个判断矩阵对应的权重向量如表3-5、表3-6和表3-7所示。

表3-5 数字普惠金融体系下三个维度权重向量

维度	覆盖广度	使用深度	数字化程度
权重	54.0%	29.7%	16.3%

表3-6 使用深度下六个业务维度权重向量

业务维度	支付	货基	信用	保险	投资	信贷
权重	4.3%	6.4%	10.0%	16.0%	25.0%	38.3%

表3-7 数字化程度下四个维度的权重向量

业务维度	信用化	便利化	实惠化	移动化
权重	9.5%	16.0%	24.8%	49.7%

（四）指数合成方法

在完成指标无量纲化处理和确定指标权重后，就可以进行指数合成了。可用于合成的数学方法很多，常见的合成模型有加权算术平均合成模型、加权几何平均合成模型，或者加权算术平均与加权几何平均联合使用的混合合成模型。在综合比较了三种合成方法之后，我们选用了加权算术平均合成模型，其中主要考虑到该方法的如下特点：在根据对数功效函数计算各指标得分时，各年都以2011年相应指标值的上下限为比较基准，因此指标无量纲得分有可能为0或负数，为避免最终加权汇总指数值为0，应采取加权算术平均法。加权算术平均合成模型的公式如（3.2）所示：

$$d = \sum_{i=1}^{n} w_i d_i \tag{3.2}$$

其中，d 为综合指数，w_i 为各评价指标归一化后的权重，d_i 为单个指标的评价得分，n 为评价指标的个数。

具体指数合成时，是由下往上逐层汇总而成，先计算各层分组指数，然后由各层分组指数加权汇总得到综合指数。其中，在计算数字金融的使用深度指数时，由于六块金融业务开始产生的时间不一致，需要逐步纳入指数中，为保证指数的稳定性，此时通过权重归一化使得各块业务之间的相对权重保持一致。例如，2012年只有支付、信贷和保险三项业务，三项业务的权重分别为：

支付权重 = 4%/(4% + 16% + 38%) = 7.3%

保险权重 = 16%/(4% + 16% + 38%) = 27.3%

信贷权重 = 38%/(4% + 16% + 38%) = 65.4%

当2013年开始有互联网货币基金业务时，则相对权重就调整为支付、信贷、保险和货基四项业务权重归一化。其他新出现的业务依此类推。通过逐层加权算数平均合成模型即可计算出最终的数字普惠金融指数。

二 中国数字金融的发展现状和趋势

根据上文阐述的数字普惠金融指数的指标体系和指数编制方法，我们编制了中国内地31个省（自治区、直辖市）（以下简称"省"），337个地级以上城市（地区、自治州、盟等）（以下简称"城市"），以及约2800个县（县级市、旗、市辖区等）（以下简称"县域"）三个层级的数字普惠金融指数[1]，

---

[1] 这套指数全称为"北京大学数字普惠金融指数"（The Peking University Digital Financial Inclusion Index of China，PKU-DFIIC），更详细的指数编制说明和数据概览可参阅北京大学数字金融研究中心官方网站（http://idf.pku.edu.cn）上的原始报告。

其中，省和城市指数时间跨度为2011～2018年，县域指数时间跨度为2014～2018年。① 这套指数是北京大学数字金融研究中心和蚂蚁金服研究院研究人员合作编制完成的，中心研究人员参与了指标体系设计、程序编写、指数校验、报告撰写等诸多环节，蚂蚁金服研究院研究人员则负责底层数据的整理和指数具体计算等工作，出于保护商业机密和消费者个人隐私的原因，蚂蚁金服研究人员没有向北京大学数字金融研究中心输出底层数据。在总指数基础上，我们还编制了数字金融覆盖广度指数、数字金融使用深度指数和普惠金融数字化程度指数，以及数字金融使用深度指数下属的支付、保险、货币基金、信用服务、投资、信贷等分类指数。本部分我们主要利用一些尽可能简化、直观又不失严谨性的统计方法针对这套指数反映出的中国数字金融的发展现状、原因和趋势进行阐述。

（一）中国数字普惠金融发展现状和趋势

2011～2018年中国内地31个省的数字普惠金融指数如表3-8所示，而各省指数逐年均值和中位值如图3-2所示。从表3-8和图3-2当中可以看出，中国的数字普惠金融业务在2011～2018年实现了跨越式发展，2011年各省数字普惠金融指数的中位值为33.6，到2018年则增长到294.3，指数平均每年增长36.4%②，中国数字金融快速增长的趋势由此可见一斑。

表3-8 2011～2018年省级数字普惠金融指数

省份	2011	2012	2013	2014	2015	2016	2017	2018
北京市	79.41	150.65	215.62	235.36	276.38	286.37	329.94	368.54
天津市	60.58	122.96	175.26	200.16	237.53	245.84	284.03	316.88
河北省	32.42	89.32	144.98	160.76	199.53	214.36	258.17	282.77
山西省	33.41	92.98	144.22	167.66	206.3	224.81	259.95	283.65
内蒙古自治区	28.89	91.68	146.59	172.56	214.55	229.93	258.50	271.57

---

① 市辖区数据在2014～2015年不可得。
② 这里需要说明的是，这个36.4%的数字并不能理解为中国数字金融业务规模的年均增速，其中最主要的原因是在指数编制过程中，对原始业务指标进行无量纲化处理时，课题组对原始业务指标进行了取对数处理，因此原始业务规模增速应高于此数值。

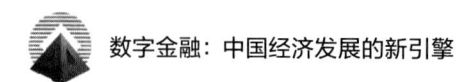

续表

省份	2011	2012	2013	2014	2015	2016	2017	2018
辽宁省	43.29	103.53	160.07	187.61	226.4	231.41	267.18	290.95
吉林省	24.51	87.23	138.36	165.62	208.2	217.07	254.76	276.08
黑龙江省	33.58	87.91	141.4	167.8	209.93	221.89	256.78	274.73
上海市	80.19	150.77	222.14	239.53	278.11	282.22	336.65	377.73
江苏省	62.08	122.03	180.98	204.16	244.01	253.75	297.69	334.02
浙江省	77.39	146.35	205.77	224.45	264.85	268.10	318.05	357.45
安徽省	33.07	96.63	150.83	180.59	211.28	228.78	271.60	303.83
福建省	61.76	123.21	183.1	202.59	245.21	252.67	299.28	334.44
江西省	29.74	91.93	146.13	175.69	208.35	223.76	267.17	296.23
山东省	38.55	100.35	159.3	181.88	220.66	232.57	272.74	301.13
河南省	28.4	83.68	142.08	166.65	205.34	223.12	266.92	295.76
湖北省	39.82	101.42	164.76	190.14	226.75	239.86	285.28	319.48
湖南省	32.68	93.71	147.71	167.27	206.38	217.69	261.12	286.81
广东省	69.48	127.06	184.78	201.53	240.95	248.00	296.17	331.92
广西壮族自治区	33.89	89.35	141.46	166.12	207.23	223.32	261.94	289.25
海南省	45.56	102.94	158.26	179.62	230.33	231.56	275.64	309.72
重庆市	41.89	100.02	159.86	184.71	221.84	233.89	276.31	301.53
四川省	40.16	100.13	153.04	173.82	215.48	225.41	267.80	294.30
贵州省	18.47	75.87	121.22	154.62	193.29	209.45	251.46	276.91
云南省	24.91	84.43	137.9	164.05	203.76	217.34	256.27	285.79
西藏自治区	16.22	68.53	115.1	143.91	186.38	204.73	245.57	274.33
陕西省	40.96	98.24	148.37	178.73	216.12	229.37	266.85	295.95
甘肃省	18.84	76.29	128.39	159.76	199.78	204.11	243.78	266.82
青海省	18.33	61.47	118.01	145.93	195.15	200.38	240.20	263.12
宁夏回族自治区	31.31	87.13	136.74	165.26	214.7	212.36	255.59	272.92
新疆维吾尔自治区	20.34	82.45	143.4	163.67	205.49	208.72	248.69	271.84

上述数字普惠金融指数的总体增速掩盖了中国数字普惠金融不同维度之间的不同发展趋势。从分指数来看，在2011～2018年，普惠金融数字化程度指数增长最快，数字金融覆盖广度指数次之（但非常接近），数字金融使用深度指数增速最慢[①]。而且不同年份各分类指数增速也不尽相同，如图

---

① 数字金融使用深度增速较低的一个原因是其口径在不断调整，逐步纳入新业务；当然即便剔除这一因素，单看支付业务，使用深度指数的增速依然是相对较慢的。

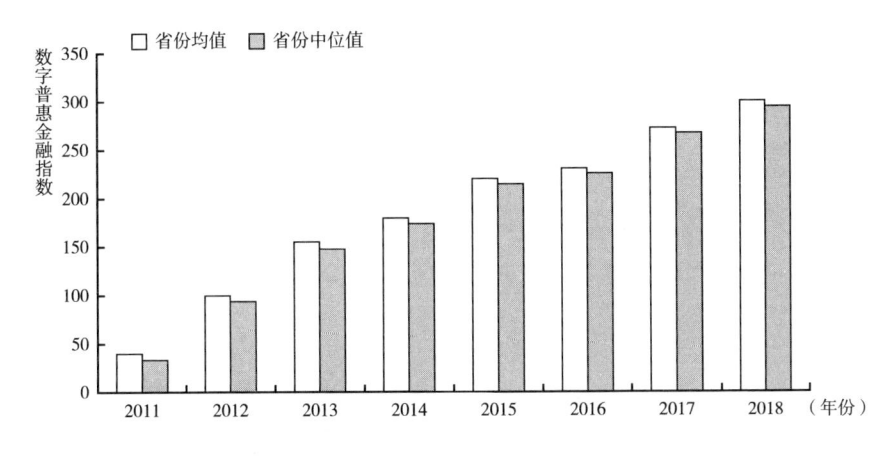

图 3-2　2011~2018年省级数字普惠金融指数的均值和中位值

3-3所示，在2014~2017年，使用深度指数增速是非常快的，这也成为数字普惠金融指数增长的重要驱动力。这一点其实非常容易理解，随着数字金融的覆盖广度和数字化程度达到一定程度，数字金融的使用深度将越来越成为各地指数增长的重要驱动。不过，对比2018年的最新数据可以发现，2018年的数字金融使用深度较2017年有小幅下降，细究原因，这主要是在政策限制等因素影响下，货币基金指数和投资指数有所下降，其他几个业务指标实际上依然保持增长趋势。

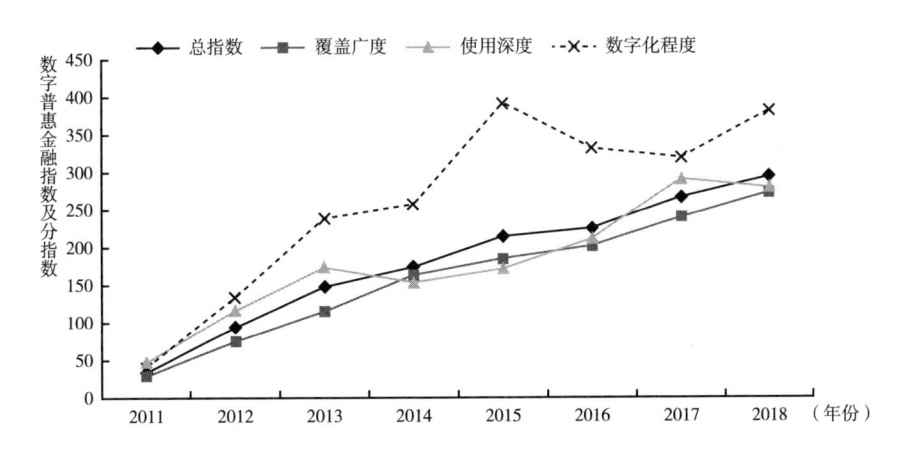

图 3-3　2011~2018年数字普惠金融指数及其一级分指数

（二）中国数字普惠金融发展的地区收敛性

当然，在数字普惠金融快速增长的同时，与中国大多数经济特征一样，中国的数字普惠金融发展程度在地区间仍然存在一定的差异。如图3-4所示，2018年数字普惠金融指数得分最高的上海市是得分最低的青海省的1.4倍。在焦瑾璞等（2015）提供的2013年的传统普惠金融指数中，得分最高的上海市是得分最低的西藏自治区的2.8倍（2013年的数字普惠金融指数最高和最低倍数为1.9倍）。而根据社会融资规模计算得到的2017年最高的上海人均社会融资规模增量是最低的吉林的8.4倍。这些对比都说明相对于传统金融，数字金融具有更好的地理穿透性，形成了更广泛的普惠金融覆盖度。

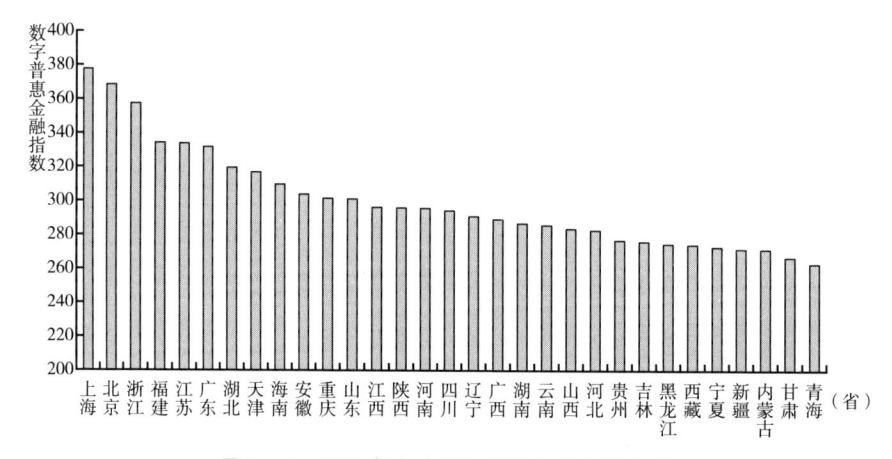

图3-4 2018年各省数字普惠金融指数分布

而且，我们认为重要的不是数字普惠金融地区间差距比传统金融小，更重要的是数字普惠金融地区间的差距能否随着时间而进一步缩小。若数字普惠金融在地区间差异能逐步缩小，则即便落后地区在期初相对落后，后面也有追赶上的可能，不至于"输在起跑线上"，而这也是数字普惠金融的应有之义。为了更严谨地论证地区数字普惠金融发展差距的时间趋势，我们借助经济学中关于地区经济收敛性的论证方法进行讨论（Barro and Sala-i-Martin, 1992; Sala-i-Martin, 1996）。相关文献中，经济收敛的主要验证方法是 σ 收敛模型和 β 收敛模型。下面我们运用这两类模型来探讨数字金融发展的经济收敛性。

1. σ 收敛模型

σ 收敛是针对存量水平的刻画，反映的是地区数字普惠金融偏离整体平均水平的差异以及这种差异的动态过程，即如果这种差异越来越小，则可以认为地区数字普惠金融存在收敛性。具体而言，σ 收敛模型可以用公式（3.3）表达：

$$\sigma_t = \sqrt{\frac{1}{n}\sum_{i=1}^{n}\left[ln(index_{it}) - \frac{1}{n}\sum_{i=1}^{n}ln(index_{it})\right]^2} \quad (3.3)$$

其中，i 代表地区（省、地市和县域等），n 代表地区数量，t 代表年份，$index_{it}$ 代表 t 年 i 地区的数字普惠金融指数值，σ_t 代表 t 年时数字普惠金融指数的 σ 收敛检验系数。如果 $\sigma_{t+1} < \sigma_t$，则可以认为 $t+1$ 年的数字普惠金融较 t 年更趋收敛。

在图 3-5 当中，我们分别汇报了 2011~2018 年省级和城市级数字普惠金融指数的逐年 σ 收敛系数，从中可以看出，中国地区数字普惠金融的确有非常明显的收敛趋势。具体来看，中国省级和城市级数字普惠金融指数的 σ 收敛系数分别从 2011 年的 0.44 和 0.34 下降到 2017 年的 0.08 和 0.09，但 2018 年略有反弹（分别为 0.09 和 0.10）。从分类指数来看，2018 年数字普惠金融地区收敛性反弹的主要原因出在使用深度指数和数字化程度指数上，数字金融覆盖广度指数收敛系数则继续下降。

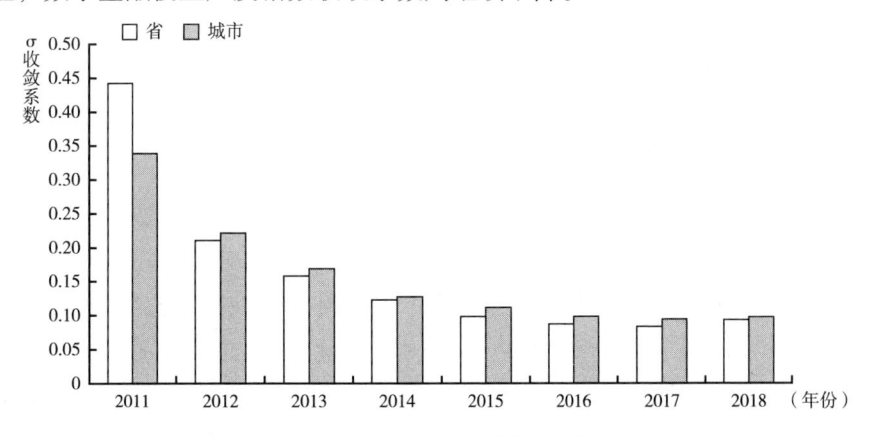

图 3-5 2011~2018 年省级和城市级数字普惠金融 σ 收敛系数

2. β 收敛模型

β 收敛是根据经济趋同理论提出的，指期初数字普惠金融发展水平低的地区，相比数字普惠金融发展程度高的地区，会出现相对更快的增长速度，即地区数字普惠金融发展速度与其期初水平负相关，从而使得不同地区的数字普惠金融发展水平出现趋同。根据是否考虑收敛条件 β，收敛又可以分为绝对 β 收敛和条件 β 收敛。数字普惠金融指数的绝对 β 收敛是指即使不控制外在影响因素，随着时间推移，不同地区的数字普惠金融发展水平也会最终收敛到相同的稳态水平。用公式（3.4）表达的绝对 β 收敛模型为：

$$[ln(index_{it}) - ln(index_{i0})]/t = \alpha + \beta ln(index_{i0}) + \varepsilon_{it} \tag{3.4}$$

其中，$index_{i0}$ 代表地区期初（2011 年）的数字普惠金融指数值；$[ln(index_{it}) - ln(index_{i0})]/t$ 代表 i 地区在 t 年内数字普惠金融指数年均增长率；α 和 ε 是常数项和误差项；β 是收敛系数。如果 β 显著小于 0，则地区数字普惠金融趋向收敛，即存在绝对 β 收敛，反之则认为数字普惠金融趋向分散。

所谓条件 β 收敛是指在控制了一些外在影响因素之后，不同地区的数字普惠金融最终会收敛到各自的稳态水平。用方程式（3.5）表示则为：

$$[ln(index_{it}) - ln(index_{i0})]/t = \alpha + \beta ln(index_{i0}) + \gamma X_{it} + \varepsilon_{it} \tag{3.5}$$

其中，X 表述外在影响因素变量矩阵。此外，现有文献中关于条件 β 收敛模型，还有一种控制不同地区的固定效应及其随时间变化的趋势，但舍弃控制变量的估计方法（Miller and Upadhyay，2002）。如果 β 显著小于 0，则地区数字普惠金融趋向收敛，即存在条件 β 收敛。

基于上述模型的城市一级回归结果如表 3 - 9 所示，从中可以看出，无论是采取哪种检验方法，中国地区数字普惠金融都表现出很强的地区收敛性：在不同的情形下，收敛系数均在 1% 的水平上显著为负。

数字普惠金融的上述地区收敛性具有非常重要的现实意义。这说明数字金融的发展可能会对缓解我国现阶段发展不充分和不平衡的矛盾起到非常重要的作用。虽然严格论证这一点超出了本研究的框架，但多篇使用我们第一期数据的学术论文对此问题进行了更详细、更严谨的分析。例如，谢绚丽

表 3-9　数字普惠金融发展的 β 收敛检验

	（1）	（2）	（3）	（4）	（5）	（6）
回归方法	OLS	OLS	OLS	FE	FE	FE
回归系数	-0.108*** (0.002)	-0.122*** (0.002)	-0.354*** (0.004)	-0.368*** (0.004)	-0.426*** (0.007)	-0.629*** (0.016)
控制变量	不含	含	不含	不含	含	含
时间效应	不含	不含	不含	不含	不含	含
N	336	254	2352	2352	1923	1923
R^2	0.960	0.975	0.855	0.871	0.913	0.974

注：第（1）（2）列分析的是2018年的指数较基期2011年的收敛性，第（3）~（6）列是逐年数据的回归；控制变量为滞后一期的实际人均GDP、人口密度、财政支出/GDP、银行信贷余额/GDP、第三产业比重和互联网普及率（数据有缺失）；括号内数值为异方差稳健标准误；***表示1%的显著性水平。

等（2018）、张勋等（2019）发现中国的数字普惠金融显著促进了创新创业，而且这一促进作用在中西部落后地区比东部发达地区更加显著。再比如，易行健和周利（2018）的研究则发现数字普惠金融的发展显著促进了居民消费，且这一促进效应在农村地区、中西部地区以及中低收入阶层家庭更为明显。

（三）中国数字普惠金融发展的空间集聚性

在讨论完中国数字普惠金融总体上的地区收敛性之后，我们接着讨论其空间集聚性。就数字金融发展的空间特征而言，至少存在两种相互对立的假说。一方面，数字金融从理论上可以突破传统地理空间上的局限，在遥远的地区实现低成本、便捷的金融资源配置。因此某地区数字金融的发展与该地区的地理位置以及与周边地区的数字金融发展水平应该没有显著的相关性。然而，从另一个角度而言，数字金融作为金融的一种新的业态，仍然要遵循金融发展的基本规律。数字金融并不是凭空出现和发展的，其发展仍要依赖于实体经济和传统金融（Guo et al., 2016；姚耀军和施丹燕，2017；郭峰和王瑶佩，2019）。而且，数字金融很多业务的推广也有赖于地理因素。因此，另一个合理的假说是数字金融的发展仍然会显示出很强的空间集聚性。结合以上两方面考虑，地区数字普惠金融发展在总体上呈现收敛性之外，其

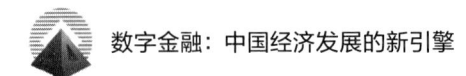

空间集聚性是如何展现和演化的，就成为一个有价值的研究问题。

为了检验数字普惠金融的空间集聚性，可以运用空间自相关指数 Moran's I，其计算公式（3.6）为：

$$Moran = \sum_{i=1}^{n}\sum_{j}^{n} W_{ij}(Y_i - \bar{Y})(Y_j - \bar{Y}) / S^2 \sum_{i=1}^{n}\sum_{j}^{n} W_{ij} \tag{3.6}$$

其中，

$$S^2 = \frac{1}{n}\sum_{i=1}^{n} W_i (Y_i - \bar{Y})^2$$

Y_i 表示第 i 个地区的观测值，即数字普惠金融指数；n 为地区总数；W_{ij} 为空间权重矩阵，我们主要选取地理距离矩阵，即空间权重矩阵的元素为两地区距离平方的倒数。[①]

Moran 指数取值范围介于 -1~1：若其数值大于0，则说明地区数字普惠金融存在空间正自相关，即相邻区域之间数字普惠金融发展具有相似属性，数字普惠金融发展水平高的城市集聚在一起，发展水平低的城市集聚在一起，数值越大说明空间分布的正自相关性越强，集聚的强度也越强。而且，为了在空间自相关性之外，进一步考察具体地区的空间依赖性，可以使用局域 Moran 指数。局域 Moran 指数分析可以提供各地区与相邻地区间的空间关系。在局域 Moran 指数分析中，一般是通过图形来展示不同地区的空间关系模式。具体而言，通过在二维平面上绘制局域 Moran 指数散点图，将各区域数字普惠金融发展指数分为4个象限的集群模式，用以清晰识别一个地区与邻近地区的空间关系。

图3-6~图3-8当中给出了城市数字普惠金融指数和数字金融覆盖广度、使用深度的局域 Moran 指数散点图。总体而言，无论是数字普惠金融总指数还是覆盖广度和使用深度指数，绝大多数城市都落在第1象限或者第3

[①] 除地理距离矩阵外，在相关文献中，还有利用两个地区经济发展水平差距计算得到的"经济距离矩阵"。在分析互联网金融空间效应时，郭峰等（2016）详细讨论了地理距离矩阵和经济距离矩阵对结论的影响。

象限，即要么是高-高组合，要么是低-低组合；只有少数一些城市落在了第2象限和第4象限。落在第1象限的大部分都是东部沿海城市，城市本身数字普惠金融发展水平高，周边城市数字普惠金融发展水平也高；落在第3象限的城市则恰恰相反，基本上属于中西部地区，城市本身和周边城市数字普惠金融发展水平都低。这一结论表明虽然数字金融理论上可以具有某种超地理特征，但在现实中往往并不能真正完全摆脱地理限制。郭峰等（2016）基于空间计量模型和包含更多控制变量的回归结果表明，某地数字金融发展水平跟其周边地区以及其所处的地理位置等都有密切的关系，因此我们这里就不再进一步展开讨论了。

而从纵向对比来看，数字普惠金融指数空间自相关性还有进一步加强的趋势。而横向对比使用深度和覆盖广度指数则可以看出，空间集聚性在使用深度上表现得更加明显，不同区域内的城市，要么都是数字金融使用深度较高的城市，要么都是使用深度较低的城市，甚少出现本城市数字金融使用深度高，而周边城市使用深度低的组合，反之亦然。这两种组合在数字金融覆盖广度指数上倒是还有一些体现，这背后反映了数字金融覆盖广度和使用深度在空间拓展和发展上的不同之处，这一点在下一小节当中还可以更加直观地看到。

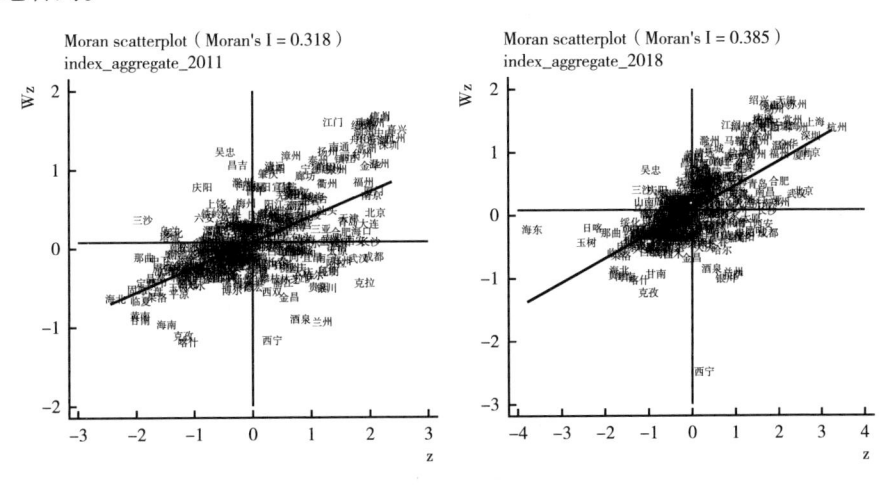

图3-6 2011年和2018年城市数字普惠金融指数局部Moran's I散点图

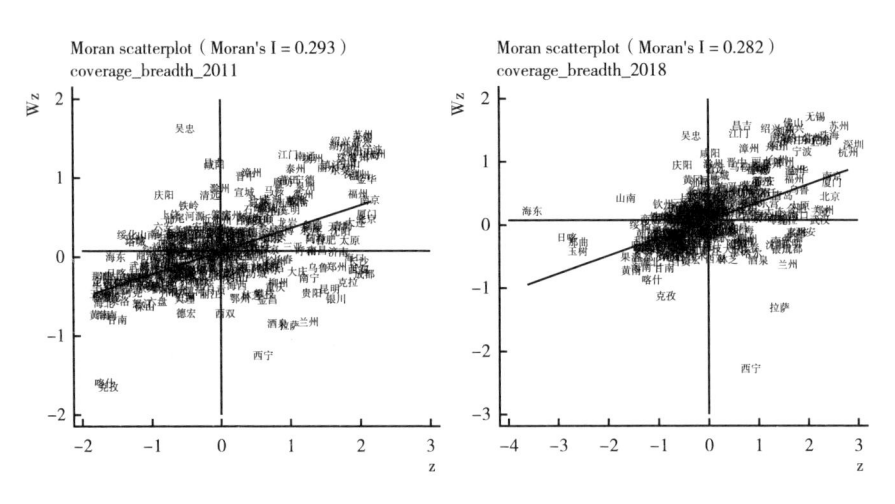

图 3-7　2011 年和 2018 年城市数字金融覆盖广度指数局部 Moran's I 散点图

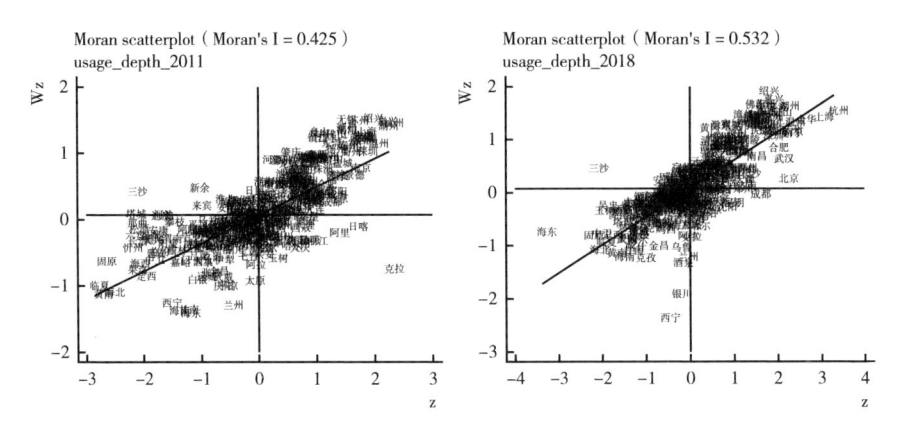

图 3-8　2011 年和 2018 年城市数字金融使用深度指数局部 Moran's I 散点图

（四）中国数字普惠金融发展的空间异质性

在上文的分析中，我们看到中国数字普惠金融发展在地区之间存在明显的收敛性特征，也存在很强的空间集聚性，有的区域数字普惠金融发展较好，有的区域则在数字普惠金融发展上整体"陷落"。若通过地图的形式可以更加直观地看到中国数字普惠金融发展表现出的空间异质性。

具体而言，若分析 2011 年和 2018 年城市数字普惠金融指数数值的梯队：2011年和2018年的梯队分类标准都以当年指数最高的城市指数值为基准，将排序在基准值80%范围内的城市列为第一梯队；70%~80%范围内列为第二梯队；60%~70%列为第三梯队；60%之后的城市列为第四梯队。我们可以发现，在2011年，城市之间发展存在较大的差距，第一梯队集中在长三角、珠三角以及其他个别大城市，且二、三梯队十分单薄，大部分地区处于第四梯队；而到2018年，绝大部分城市处于一、二梯队，即绝大多数城市的数字普惠金融指数都在70%以内，地区之间的差距大幅缩小，这一结论与上文的收敛性结论非常契合。

但数字金融覆盖广度和使用深度梯队就展示了不一样的情形。数字金融覆盖广度指数与数字普惠金融总指数在2011年和2018年的梯队上，表现都非常接近，但数字金融使用深度指数的趋势就不太一样，在2011年，除极个别地区之外，数字金融使用深度指数呈现明显的自东南沿海向内陆的阶梯性。到2018年，各地区的数字金融使用深度相对于该年最高值，差距大幅缩小，确实也表现出了某种整体收敛性，但通过对比地理经济学当中著名的"胡焕庸线"，我们依然可以发现，2018年数字金融使用深度指数第一、第二梯队基本处于"胡焕庸线"以东，而"胡焕庸线"以西区域仍然有较大的发展空间。在数字金融覆盖广度指数梯队中，"胡焕庸线"的特征并不明显，2018年，"胡焕庸线"以西的很多城市，数字金融覆盖广度也挤入第一梯队或第二梯队。数字金融在触达性和地理穿透性上的优势展现无遗，但也显示中西部地区的数字普惠金融在向纵深拓展上还有很大的发展空间。

三 小结

参考现有文献，特别是传统普惠金融指数编制的文献，在考虑数字普惠金融特征的基础上，我们编制了2011~2018年中国内地31个省、337个地级以上城市，以及约2800个县域三个层级的数字普惠金融指数。在总指数基础上，我们还从不同维度编制了数字金融覆盖广度指数、数字金融使用深度指数和普惠金融数字化程度指数，以及数字金融使用深度指数下属的支

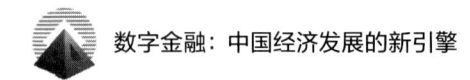

付、保险、货币基金、信用、投资、信贷等分类指数。

通过这一套数字普惠金融指数，我们简要讨论了中国数字普惠金融的发展趋势和空间特征。由此，我们得到了如下几个结论。第一，中国数字普惠金融从2011年到2018年实现了跨越式发展，而且数字金融使用深度的增长开始逐步成为数字普惠金融指数增长的重要驱动力，中国的数字普惠金融已经走过粗放式的"圈地"时代，进入了深度拓展的新阶段、新时代。第二，中国数字普惠金融的发展表现出很强的地区收敛性，不同地区数字普惠金融发展差距总体上在大幅缩小，数字普惠金融为经济落后地区实现普惠金融赶超提供了可能，并为广大中低收入者和弱势群体获得覆盖面更广、使用深度更大的金融服务奠定了基础，进而有助于缓解中国经济发展中存在的不平衡问题。第三，虽然在理论上数字金融具有超地理的特征，但数字普惠金融指数依然表现出很强的空间集聚性，有的区域数字普惠金融发展普遍较好，有的区域数字普惠金融发展则整体相对落后。第四，中西部地区在数字金融覆盖广度上与东部沿海地区差距大幅缩小，但在数字金融使用深度上则尚有一定的追赶空间。

数字金融是近年来中国社会各界广泛关注的领域，但基础数据的缺失极大地限制了相关领域的实证研究。这套指数提供了一套反映数字普惠金融发展现状和演变趋势的基础数据。在本章中，我们通过一些尽可能简化的方法，揭示出这套指数背后所能展现的丰富结论，我们相信在与家户、企业、地区特征等其他经济社会指标匹配之后，从这套指数当中还可以得到更多、更严谨的结论。当然，尽管我们对数字普惠金融的指标体系和指数编制方法进行了反复推敲，但其中存在的固有缺陷仍然难以避免。例如，限于数据的可获得性和不同机构数据的可匹配性等障碍，依然只能仅以一家代表性的数字金融机构为数据来源，因此不能反映数字普惠金融发展的完整图景。[①] 但如

---

① 基于数据保密的原因，很难将不同机构的原始底层数据合并到一起编制指数，因此验证这套指数是否可靠的一个理想情形是另外一家（或多家）数字金融机构基于其底层数据和类似的指数编制方法，编制一个平行的新指数，通过两个指数的交叉验证，来提升指数的可信度。但遗憾的是，现在还没有看到有其他机构编制过类似的数字（普惠）金融指数。目前能找到的类似指数是不同机构编制的所谓"数字经济指数"。经分析，我们的数字普惠金融指数与这些数字经济指数在地区差异上有非常显著的正相关关系。

果将研究的问题仅限定于发展趋势、地区差距等方面,那么这套指数还是有一定代表性的。特别是在缺乏度量地区间数字普惠金融发展现状的情况下,本指数的发布可以提供一个各地数字普惠金融发展程度的粗略度量,供关注该领域的各界人士参考。

第四章
从大国视角解析中国数字金融发展[*]

在对中国数字金融发展现状和趋势进行测度和探讨之后,显而易见的问题是,为何数字金融产业在中国实现了快速发展?什么样的独特性使得中国通过数字金融实现了经济发展弯道超车的可能?在本章中,我们以大国效应为例,对此加以解析。

一 大国效应和数字金融发展

所谓大国,即大规模的国家,它拥有两个初始特征:较大的人口规模和国土面积(欧阳峣等,2016),这意味着潜在的巨大市场规模和资源禀赋,进而有利于国家经济快速增长,形成"大国效应"。早在16世纪的古典贸易理论中就提到,各个国家由于各自发展基础与能力的异质性,必然具备不同的经济发展优势。Adam Smith 的绝对优势理论、Friedrich List 的落后优势原理、Paul Krugman 的国际竞争增长模式理论等均从不同视角对国家经济增长优势及其趋同性进行了研究。基于前人理论研究基础,许多学者关注到大国与小国在经济发展过程中的差异,开始对大国进行界定并研究大国特征对经济增长的影响。Kuznets(1971)将人口规模作为大国的初始特征,并将人口数量达到 5000 万人以上的国家称为"真正的大国";钱纳里和塞尔昆同样以人口规模界定标准不同的国家,并分析了人口数量对经济增长的影响。国内学者对大国经济的研究更多集中在以中国为代表的发展中大国经济

---

[*] 本章内容主要来自张勋、谭莹《数字经济背景下大国的经济增长机制研究》,《湖南师范大学社会科学学报》2019年第6期,第27~36页。

问题上。

在对大国内涵界定以及大国经济增长效应验证的基础上,国内有少许研究结合我国经济发展特色,从不同视角探究大国经济增长效应的形成条件与背后机制。例如,李由(2000)通过分析市场结构、资源禀赋、区域经济、产业政策等宏观环境与国家规模的关系,揭示了国家规模约束下的经济发展特征和方式,并提出大国经济发展的自主性优势特征。李君华和欧阳峣(2016)在考虑交易成本的条件下,发现市场交易成本、经济结构差异以及国家间的开放程度均可能减弱或逆转大国效应,可见,大国效应的形成需要一定的条件。张勋和王旭(2017)从基础设施的角度理解大国经济优势的来源,认为基础设施水平的提高有利于促进市场融合,实现企业和国家的市场规模扩张,有利于大国效应的发挥。

20世纪80年代以来,中国、印度、俄罗斯、巴西等新兴市场大国的经济几乎同时崛起,对大国经济发展问题的讨论逐渐成为学术研究的热点,普遍认为大国具有某些相似的经济发展特征与优势。欧阳峣等(2016)以人口数量、国土面积、国民收入以及人类发展指数等指标作为界定发展中大国的标准,遴选出中国、印度、俄罗斯、巴西等13个发展中大国;利用中国1979~2015年数据验证了资源要素投入规模与经济增长的关系,并认为大国经济发展与小国相比,存在显著优势(李坚飞和欧阳峣,2018)。作为人口众多、幅员辽阔的发展中大国,中国正在迈向高质量发展的新阶段,研究如何持续释放中国的大国优势与潜力及其背后作用机制尤为必要。

本章试图说明,大国效应是中国数字金融快速发展的主要条件。从理论上讲,首先,在大数据、云计算等创新技术相继崛起并得到广泛应用的背景下,随着"互联网+"战略的不断深化,中国的数字经济也经历了前所未有的高速发展时期,数字金融行业应运而生。同时,中国数量众多且规模庞大的企业所形成的技术市场,可以降低技术研发成本进而带动产业创新,形成引致创新的强大驱动力。其次,大国巨大的人口规模所形成的市场需求,将提高技术研发的预期盈利水平,激励企业从事技术研发活动。在传统金融方式不足以满足居民对金融服务的需求时,数字金融这一金融服务的创新产品将得到快速且广泛的使用。

大国效应所带动的数字金融发展是重要的。2019年3月，李克强总理在第十三届全国人民代表大会第二次会议上所做的政府工作报告中指出，促进并形成强大的国内市场，持续释放内需潜力，充分发挥消费的基础性作用，为新一年经济平稳运行提供有力支撑是2019年政府工作的重要任务之一。中国是拥有14亿人口的大国，一旦推动更大的消费需求以及收入的增长，我国的"大国效应"必然凸显。与以往提高劳动收入份额、社会保障水平等传统的拉动消费需求方式不同，我国数字金融的迅速发展，特别是在过去的5~10年里，已经为居民消费增长提供了新的动力。自2014年政府首次提出鼓励"互联网金融发展"的指导方针以来，支付宝、微信等移动支付服务相继发展壮大，一方面，更加便捷、高效的金融服务有利于提升消费的便利性，降低其边际成本，从而促进消费需求的增长；另一方面，数字金融服务的准入门槛低于传统的金融服务，使得原有被排除在传统金融服务之外的居民能够享受到新型数字金融带来的福利，进一步扩大了国内消费市场。从这个视角来看，大国效应推动的数字经济和数字金融快速发展与普及或将拉动居民消费增长，进而释放我国的内需潜力，促进经济增长。

从数字金融发展的角度理解大国的经济效应也是独特的。以往对大国经济效应背后机制的探讨，仅有欧阳峣和汤凌霄（2017）从技术进步和技术创新的角度展开。欧阳峣和汤凌霄（2017）通过总结我国技术进步经验，从经济学角度解释大国的技术创新优势，分析我国创新道路的选择与特点，认为在互联网等技术迅速发展背景下研究大国效应具有重要意义，这对本研究具有启发性意义。不过，欧阳峣和汤凌霄（2017）更多集中于理论研究，缺乏从经验证据上探讨大国经济效应的背后机制。如前所述，数字金融发展可能是大国经济效应的重要机制。欧阳峣和汤凌霄（2017）已指出大国具有技术创新优势，而数字金融作为一种新兴技术，自然也包括在大国优势当中。

本章在现有研究的基础上，从数字金融的角度对大国经济效应的内在机制做较为全面的探讨，力图在以下几个方面有所创新。

第一,在互联网革命的背景下,本研究试图通过大国特征与数字金融发展的关系研究,理解数字金融在我国得以快速发展的原因,并通过对数字金融和居民消费关系的研究,揭示人口规模这一大国初始特征对经济增长拉动作用的内在机制。

第二,本研究利用由北京大学数字金融研究中心和蚂蚁金服研究院共同编制的中国数字普惠金融指数,结合我国地级市经济数据与CFPS微观数据,首次在微观层面探究大国经济增长效应的内在机制。

第三,本研究结合了我国人口规模、数字金融、消费需求和经济增长各方面的情况,这有助于理解发展中大国市场规模形成的原因,进一步丰富大国效应的理论研究,为推动我国经济结构转型与优化,持续释放发展中大国的人口优势、消费需求提供政策依据。

二 大国的经济增长效应

为了探究大国经济效应的数字金融机制,本章分三步展开分析。首先,我们将验证大国经济效应,即经济体规模与经济增长的相关性;其次,我们将探讨经济规模是否与数字金融发展程度正相关,即大国是否更有助于数字金融发展;最后,我们将验证数字金融的经济增长效应。以下我们首先探讨大国的经济增长效应。

(一)模型设定和数据

为了分析大国的经济增长效应,我们首先建立大国特征变量与经济增长两者之间的实证模型,从而验证大国效应的存在。用 Y_{it} 表示第 t 年 i 地区的经济增长水平,第 t 年 i 地区的大国特征用 P_{it} 表示。经济增长水平与大国特征变量均取对数纠偏,可得到如下实证模型(4.1):

$$ln(Y_{it}) = \theta_0 + \theta_1 \ln(P_{it}) + \theta'_2 X_{it} + \phi_i + u_{it} \qquad (4.1)$$

在模型(4.1)中,X_{it} 表示第 t 年 i 地区的控制变量,ϕ_i 表示地区固定效应,

u_{it} 为随机扰动项。θ_1 衡量了大国特征变量对经济发展水平的总体影响，若 $\theta_1 > 0$，则表明大国独具的特征优势会为增加国内总产出形成积极效应，从而大国的经济发展优势得以证明。

关于模型的控制变量。我们选取第二、三产业占地区生产总值比重来衡量各地区产业结构特征，选取外商直接投资占 GDP 比重衡量各地区市场开放程度，选取公共财政支出占 GDP 比重衡量各地区财政支出规模，选取年末金融机构贷款余额占 GDP 比重衡量各地区金融发展程度。这些都是影响经济增长的经典变量。进一步，为控制 2008 年金融危机对经济增长的影响，我们引入时间虚拟变量作为控制变量，2008 年以前该变量设定为 0，2008 年以后该变量设定为 1。

为了估计模型（4.1），我们使用 2001~2016 年我国 289 个地级市的经济发展数据，数据均来自 2002~2017 年《中国城市统计年鉴》。由于 2001 年和 2002 年金融机构贷款余额数据的缺失，表 4-1 报告了 2003 年和 2016 年各相关变量的统计描述。

表 4-1 相关变量的统计描述

变量	2003 年 样本	2003 年 均值	2003 年 标准差	2016 年 样本	2016 年 均值	2016 年 标准差
经济增长水平（元，对数）	284	9.098	0.674	288	10.749	0.524
大国特征（万人，对数）	284	5.807	0.689	288	5.888	0.708
第二、三产业占比	284	0.815	0.101	288	0.853	0.433
外商直接投资占比	284	2.944	4.153	288	1.750	1.774
公共财政支出占比	284	0.105	0.047	288	0.214	0.106
年末金融机构贷款余额占比	284	0.885	0.443	288	1.067	0.618

1. 经济增长水平

一般而言，人均 GDP 是衡量区域经济增长水平的重要指标，故本研究利用地级市人均 GDP 水平代表该地区经济增长情况。从表 4-1 描述性统计结果可以看出，中国人均 GDP 水平（对数）的样本均值从 2003 年的 9.098 上升到 2016 年的 10.749，样本标准差从 2003 年的 0.674 下降至 2016 年的

0.524，人均GDP水平总体有所增长，地区间差距有所缩小。

2. 大国特征变量

人口规模这一大国的初始特征，通常作为分析大国经济规模和经济结构影响的关键变量。因此，我们利用人口规模代表大国的特征变量，以各地级市年末总人口指标衡量该市人口规模。从表4-1可以看出，2016年中国人口规模（对数）均值为5.888，较2003年中国人口规模均值5.807略有上升。

3. 其他变量

本研究使用的其他影响经济增长的变量均可通过《中国城市统计年鉴》中的各指标计算获得。其中，第二、三产业占GDP比重由1减去第一产业占GDP比重计算获得；外商直接投资占比、公共财政支出占比以及金融机构贷款余额占比均由其对应指标与GDP比值计算得到。表4-1显示，第二、三产业占比的样本均值由2003年的0.815上升至2016年的0.853；公共财政支出占比均值由2003年的0.105上升至2016年的0.214；金融机构贷款余额占比均值由2003年的0.885上升至2016年的1.067；而外商直接投资占比均值有所降低，由2003年的2.944下降至2016年的1.750。

（二）分析结果

首先，我们根据（4.1）式进行线性最小二乘（OLS）回归，并加入地区固定效应。同时，由于我们分析的是地区层面的人口规模与人均GDP水平的关系，我们将稳健标准误聚类（Cluster）到地区层面。表4-2报告了回归结果。

表4-2 大国的经济增长效应：基准分析

因变量人均GDP	(1)	(2)	(3)	(4)	(5)
人口规模	0.1998***	0.1975***	0.1929***	0.1475***	0.1405***
	(0.0495)	(0.0484)	(0.0476)	(0.0403)	(0.0404)
第二、三产业占比		0.3806	0.3586	0.2003	0.2026
		(0.4451)	(0.4260)	(0.2824)	(0.2842)

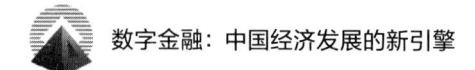

续表

因变量人均GDP	（1）	（2）	（3）	（4）	（5）
外商直接投资占比			0.0015 （0.0053）	-0.0094** （0.0046）	-0.0080* （0.0047）
公共财政支出占比				1.6469** （0.6540）	1.5273** （0.6289）
金融机构贷款余额占比					0.1041*** （0.0331）
时间虚拟变量	1.1188*** （0.0132）	1.1018*** （0.0252）	1.1071*** （0.0247）	0.8814*** （0.0450）	0.8766*** （0.0414）
地区固定效应	是	是	是	是	是
观测值数量	4552	4551	4352	3820	3820
R方	0.8576	0.8599	0.8652	0.8773	0.8787

注：括号内是城市层面的稳健标准误聚类，其中 *** $p<0.01$，** $p<0.05$，* $p<0.1$。

在表4-2的第（1）列中，我们只考虑了人口规模与人均GDP水平的单变量关系，在第（2）~（5）列，我们逐步控制了产业结构、市场开发程度、财政支出规模以及金融发展程度的地区经济特征。我们发现，在所有的回归中，人口规模的系数均是正向且显著的，表明从整体而言，人口规模的扩大有助于促进地区经济增长，从而大国效应得以验证。

考察其他控制变量的系数，我们发现第二、三产业占比的增长有利于提升人均GDP水平，但在统计意义上不显著。公共财政支出占比与人均GDP水平存在显著正向关系，财政支出规模越大，地区经济增长越快。金融机构贷款余额与人均GDP水平同样存在显著正向关系，金融发展程度越深，地区经济增长越快。以上结论均符合预期。

三 大国效应的机制分析：数字金融发展的视角

以上分析表明大国效应存在且显著。我们关心大国效应的背后机制。如前文所言，我国所具备的大国特点可以成为数字金融快速发展的助推剂，而数字金融又为经济增长注入新的力量。事实上，中国数字金融起步于公益性小额信贷，后来扩展为支付、信贷等多业务的综合金融服务，并由于网络和移动通信等技术的广泛应用而得到长足发展。中国数字金融的发展极大地提高了金融服务的可得性和便利性，特别是对于原先无法接触到金融的群体来说。尽管中国的传统金融也发展迅速，但由于数字金融的触达性更广，使得大部分拥有手机或接触互联网的居民都能享受到数字金融带来的便利，这推动了中国普惠金融的发展。

我们使用第三章所构造的中国数字普惠金融指数来描述中国数字金融的发展概况。该指数包括了覆盖广度、使用深度和数字支持服务程度三个方面。覆盖广度主要通过电子账户数（如互联网支付账号及其绑定的银行账户数）等来体现；使用深度依据实际使用互联网金融服务的情况来衡量，包括支付服务、信贷服务、保险服务、投资服务和征信服务，既用实际使用人数，也用人均交易笔数和人均交易金额来衡量使用情况；在数字服务支持方面，便利性和成本高低是影响用户使用金融服务的主要因素。

（一）大国效应与数字金融发展

在数字金融迅速发展的背景下，我们考察大国效应是否带来了数字金融的快速发展，即人口规模对数字金融发展的影响，从而有助于理解数字金融在我国得以迅速发展的形成原因、我国经济发展不同阶段对金融创新方式的合理选择以及大国的创新优势。因此，我们建立人口规模与数字金融发展的实证模型。第 t 年 i 地区的数字金融发展程度用 DF_{it} 表示，仍然使用 P_{it} 表示大国的特征变量，即人口规模。人口规模取对数纠偏，我们可以得到如下实证模型（4.2）：

$$DF_{it} = \delta_0 + \delta_1 \ln(P_{it}) + \delta'_2 X_{it} + \phi_i + u_{it} \qquad (4.2)$$

在模型（4.2）中，X_{it} 表示第 t 年 i 地区的控制变量，ϕ_i 表示地区固定效应，φ_t 表示年份固定效应，u_{it} 为随机扰动项。δ_1 衡量了人口规模这一大国初始特征对经济发展水平的总体影响，若 $\delta_1 > 0$，则表明较大的人口规模将形成数字金融发展的优势。

关于模型的控制变量。与前文控制变量选取标准一致，我们主要考虑各地区的经济状况，控制影响数字金融发展的重要宏观变量。与前文不同的是，由于数字普惠金融指数时间跨度为 2011~2018 年，并在 2012 年后得以迅速发展，我们在选取时间虚拟变量时，以 2012 年为转折点，2012 年以前该变量设定为 0，2012 年以后该变量设定为 1。

为了估计模型（4.2），我们使用两方面的数据。第一部分数据来自北京大学数字金融研究中心的中国数字普惠金融发展指数，样本区间为 2011~2018 年。第二部分数据来自 2012~2017 年《中国城市统计年鉴》，样本涵盖了 2011~2016 年我国 289 个地级市的经济发展数据。我们将上述两部分数据依据地市进行合并，最终获得的样本为 2011~2016 年的地级市数据。

首先，我们根据（4.2）式进行线性最小二乘（OLS）回归，并加入地区固定效应。另外，我们分析的是地区层面的人口规模与数字金融发展的关系，因此我们将稳健标准误聚类到地区层面。表 4-3 报告了回归结果。

表 4-3 人口规模与数字金融发展

因变量数字金融	（1）	（2）	（3）	（4）	（5）
人口规模	12.1106***	7.4065***	7.4697***	6.6387***	5.8025***
	(4.1145)	(1.9088)	(1.8746)	(1.6633)	(1.6714)
第二、三产业占比		-4.6650	-4.1071	-5.7096	-5.9795
		(3.7930)	(3.8975)	(4.2813)	(3.9991)
外商直接投资占比			-3.4808**	-3.2060**	-2.2022
			(1.6275)	(1.5737)	(1.3631)
公共财政支出占比				520.2138***	381.5235***
				(131.9703)	(121.6744)
金融机构贷款余额占比					32.8763***
					(10.9590)
时间虚拟变量	95.1334***	95.1786***	94.4622***	82.2757***	78.1558***
	(0.4163)	(0.4116)	(0.6126)	(2.8376)	(2.2402)
地区固定效应	是	是	是	是	是
观测值数量	1727	1726	1629	1629	1629
R 方	0.5891	0.5895	0.5997	0.6573	0.6960

注：括号内是城市层面的稳健标准误，其中 *** $p<0.01$，** $p<0.05$，* $p<0.1$。

在表 4-3 的第（1）列中，我们只考虑了数字金融发展与人口规模的单变量关系，在第（2）~（5）列，我们同样逐步控制了产业结构、市场开发程度、财政支出规模以及金融发展程度的地区经济特征。我们发现，在所有的回归中，人口规模的系数均是正向且显著的，表明从整体而言，人口规模的扩大有助于促进地区的数字金融发展。一方面，较大的人口规模所形成的人力资本市场有助于降低数字金融发展的边际成本，进而促进数字金融发展；另一方面，较大的人口规模对金融服务可得性和便利性的市场需求更大，进一步促进数字金融发展。考察其他控制变量的系数，我们发现公共财政支出占比与数字金融发展存在显著正向关系，财政支出规模越大，地区数字金融发展速度越快。金融机构贷款余额与人均 GDP 水平同样存在显著正向关系，金融发展程度的深化将促进地区数字金融的发展。以上结论均符合预期。

为检验上述结论的稳健性，我们对数字普惠金融指数取对数处理后，同样根据模型（4.2）进行线性最小二乘（OLS）回归，加入地区固定效应，并将稳健标准误聚类到地区层面。表 4-4 报告了回归结果，估计结果与表 4-3 一致，表明结论具有稳健性。

表 4-4　人口规模与数字金融发展：稳健性检验

因变量数字金融(对数)	（1）	（2）	（3）	（4）	（5）
人口规模	0.0939 ** (0.0447)	0.0401 *** (0.0129)	0.0412 *** (0.0128)	0.0348 *** (0.0128)	0.0286 ** (0.0144)
第二、三产业占比		-0.0170 (0.0329)	-0.0166 (0.0322)	-0.0290 (0.0351)	-0.0310 (0.0330)
外商直接投资占比			-0.0108 (0.0113)	-0.0087 (0.0107)	-0.0013 (0.0092)
公共财政支出占比				4.0300 *** (0.9832)	3.0059 *** (0.9128)
金融机构贷款余额占比					0.2428 *** (0.0808)
时间虚拟变量	1.0473 *** (0.0127)	1.0478 *** (0.0126)	1.0303 *** (0.0123)	0.9359 *** (0.0248)	0.9054 *** (0.0206)

续表

因变量数字金融(对数)	(1)	(2)	(3)	(4)	(5)
地区固定效应	是	是	是	是	是
观测值数量	1727	1726	1629	1629	1629
R方	0.7278	0.7285	0.7364	0.7749	0.7985

注：括号内是城市层面的稳健标准误，其中 *** $p<0.01$，** $p<0.05$，* $p<0.1$。

（二）数字金融发展与经济增长

以上分析表明，人口规模越大，数字金融的发展程度越高，从而表明数字金融发展可能是大国经济增长效应的一种背后机制。为了进一步证实这种可能性，我们考察数字金融发展与经济增长的关系。

数字金融之所以能带动经济增长，一种潜在的原因是提升了居民消费。从互联网购物到手机扫码支付，数字金融发展所带来的人们购物方式的转变带来了消费需求的上升，从而能够带来经济增长。为了考察这一点，我们建立数字金融发展与居民消费之间的实证模型。用 Con_{ijt} 表示第 t 年 j 市 i 家庭的消费，家庭所在地区的数字金融发展程度用 $DF_{j,t-1}$ 表示。居民消费取对数纠偏，我们可以得到如下实证模型（4.3）：

$$ln(Con_{ijt}) = \gamma_0 + \gamma_1 DF_{j,t-1} + \gamma'_2 X_{ijt} + \phi_i + \varphi_t + u_{ijt} \quad (4.3)$$

在模型（4.3）中，X_{ijt} 表示户主个人、家庭以及家庭所在地区的控制变量，ϕ_i 表示家庭固定效应，φ_t 表示年份固定效应，u_{ijt} 为随机扰动项。与前文分析大国效应不同，此处为了减弱反向因果的可能性，我们将数字金融发展滞后一期。此外，由于我们分析的是地区层面的数字金融发展与家庭消费的关系，为了避免地区内部家庭之间的相关性对模型估计结果的影响，我们将稳健标准误聚类到地区层面。这样一来，γ_1 衡量了数字金融的发展对家庭消费的总体影响。

接下来探讨模型的控制变量。户主层面的变量包括户主的性别、年龄、教育年限、政治面貌、婚姻状况和健康水平。这些都是影响居民消费的经典变量。不过，由于我们控制了家庭层面的固定效应，加上户主的性别、教育年限和政治面貌等变量的观察值几乎随时间不变，所以这些变量的系数难以估计。此外，由于户主的年龄可以表示为家庭固定效应和时间固定效应的线性组合，其系数也无法估计。为了缓解遗漏变量偏误，参考 Zhang 等（2017），我们在模型（4.3）中控制了年龄的平方项。

在家庭整体层面，我们控制了家庭收入、家庭存款规模、家庭人口规模、家庭中的少儿（16 岁以下）人数比例和老年（60 岁以上）人数比例。显然，家庭收入、家庭存款规模和家庭人口规模越高，居民消费水平越高；家庭中的少儿（16 岁以下）人数比例和老年（60 岁以上）人数比例是通常意义上的人口抚养比，人口抚养比越高，家庭负担越重，消费水平越低。地区层面上，所在的村、镇或社区的经济状况被纳入考虑，这是影响家庭消费的重要宏观变量。

为了估计模型（4.3），我们使用两方面的数据。第一部分数据来自北京大学数字金融研究中心的中国数字普惠金融发展指数（北京大学数字金融研究中心课题组，2019），样本区间为 2011~2018 年。第二部分数据来自北京大学中国社会科学调查中心的中国家庭追踪调查（China Family Panel Studies, CFPS）。具有全国代表性的 CFPS 开始于 2010 年，之后每两年进行一次，通过跟踪收集个体、家庭、社区三个层次的数据，反映中国社会经济和人口教育的变迁。CFPS 覆盖 25 个省/直辖市/自治区的 162 个县，目标样本规模为 16000 户，调查的对象包含了样本家庭中的全部成员。本研究使用三个层面的数据：(1) 基于成人问卷的个人信息，包括个人的性别、年龄、民族、婚姻状况、受教育年限、互联网和手机的使用等；(2) 基于家庭问卷和家庭关系问卷的家庭信息，包括家庭规模、抚养比、家庭纯收入等；(3) 基于社区问卷的村/社区信息，包括村/社区经济状况等。我们将上述两部分数据依据地市进行合并，最终获得的样本为 2012 年、2014 年和 2016 年的家庭数据，以及 2011 年、2013 年和 2015 年的数字普惠金融发展指数。

首先，我们根据模型（4.3）进行线性最小二乘（OLS）回归，并加入时间和家庭双重固定效应。同时，考虑到同一城市内的家庭之间有相关性，因此将模型的稳健标准误聚类到地市一级。表 4-5 报告了回归结果。

表 4-5 数字金融发展与居民消费增长

因变量居民消费	(1)	(2)	(3)	(4)
数字金融发展	0.0056** (0.0024)	0.0059** (0.0024)	0.0039* (0.0021)	0.0039* (0.0021)
户主特征	否	是	是	是
家庭特征	否	否	是	是
地区特征	否	否	否	是
家庭固定效应	是	是	是	是
年份固定效应	是	是	是	是
观测值数量	24165	24165	24165	24165
R 方	0.1735	0.2507	0.3655	0.3683

注：括号内是城市层面的稳健标准误，其中 *** $p<0.01$，** $p<0.05$，* $p<0.1$。

在表 4-5 的第（1）列中，我们只考虑了数字金融发展（滞后一期）与居民消费的单变量关系，在第（2）~（4）列，我们逐步控制了户主特征，家庭特征和所在地区的经济特征。我们发现，在所有的回归中，数字金融发展的系数均是正向且显著的，表明数字金融的发展的确有助于提升居民消费。初步证实了数字金融发展是大国经济效应的背后机制。

数字金融发展能够提升居民消费，进而可能带来经济增长。最后，我们直接考察数字金融发展与居民收入的关系，以直接验证数字金融的经济增长效应。我们依然采用北京大学数字普惠金融指数与 CFPS 数据。表 4-6 报告了回归结果。显然，在所有的回归中，数字金融发展的系数均是正向且显著的，从而证实了数字金融发展能够提升居民的收入水平，因此带来了经济增长。

表 4-6 数字金融发展与居民收入水平

因变量居民收入	(1)	(2)	(3)	(4)
数字金融发展	0.0096*** (0.0021)	0.0098*** (0.0021)	0.0098*** (0.0020)	0.0098*** (0.0020)
户主特征	否	是	是	是

续表

因变量居民收入	(1)	(2)	(3)	(4)
家庭特征	否	否	是	是
地区特征	否	否	否	是
家庭固定效应	是	是	是	是
年份固定效应	是	是	是	是
观测值数量	24165	24165	24165	24165
R方	0.1279	0.1708	0.2482	0.2492

注：括号内是城市层面的稳健标准误，其中 *** $p<0.01$，** $p<0.05$，* $p<0.1$。

四　小结

中国数字金融发展很快，在全球范围内独占鳌头。如何理解中国数字金融的高速发展成为学术界的重要议题。一种视角是从中国所具有的独特性出发。显然，中国巨大的人口规模所形成的大国效应成为重要的候选假说。遗憾的是，现有文献大多集中在大国经济发展的理论研究以及大国效应的验证上，并未能够结合互联网革命推动下我国当前经济发展特征，提供一个完整的实证框架来揭示大国效应、数字金融发展与经济增长间的关系。本研究试图弥补这一缺憾。本研究通过实证分析，首先证实了大国效应的存在，即人口规模的扩大有助于促进地区经济增长。其次，本研究通过将地级市数据与中国数字普惠金融发展指数相结合，证实了较大的人口规模有利于数字金融的快速发展，我国所具备的大国特征是数字金融得以迅速发展的助推剂。最后，本研究通过中国数字普惠金融发展指数和中国家庭追踪调查（CFPS）数据，探讨了数字金融发展与居民消费与居民收入水平的关系，结果显示，数字金融的发展将促进居民消费的增长以及收入水平的提升，进而推动经济增长。由此，我们证实了数字金融是大国效应的内在作用机制。从中国的经验来看，近年来数字金融的发展完全改变了居民的生活，提升了经济效率，而数字金融的发展的确有赖于大国规模效应的支撑。

从另一个方面来看，在我国经济减速调整阶段，如何持续释放大国优势

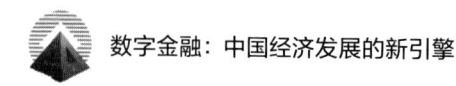

也成为政策界的关注点。依据经济学理论推测，当出口部门与工业部门的增加值到达峰值后，经济增长更加依赖于非贸易部门的扩张与国内需求。长远来看，释放大国优势的关键在于推动更大的国内需求，根据本项研究，随着互联网革命带来的数字金融发展，数字金融发展将成为促进居民消费、增加国内需求的新动力。

我们的研究，在全球范围内也有一定的启示意义。根据本研究，大国效应将带动数字金融的发展，这事实上需要两个前提：首先是人口规模大，科技平台可以发挥长尾效应的优势；其次是经济发展到一定程度，人们对金融的需求在提高，而现有的传统金融体系无法完全满足人们的需求。在以上两个条件下，应逐步推动数字金融的发展。作为另外一个人口大国，印度的数字金融发展也方兴未艾，我们可以预期，在大国效应的推动和印度经济增长的持续影响下，印度的数字金融发展也将经历跨越式发展。

就政策含义而言，首先，大国效应存在的事实意味着人口集聚可以释放更大的经济活力，因此应深化户籍制度改革，加强人口集聚程度，以进一步促进经济增长。其次，根据本研究的实证分析结果，数字金融有利于居民消费水平的提升，尤其为持续释放国内需求和大国优势提供条件，故我们建议持续推进数字金融的发展。最后，大国的人口规模特征为数字金融发展提供较大的市场规模，故在数字金融发展过程中，应进一步结合我国规模优势、后发优势，形成需求引致创新的大国效应，推动技术创新与产业创新，实现创新驱动战略。

第二部分
中国数字金融发展的经济增长效应

互联网革命以电子计算机的发明和应用为主要标志，涉及信息技术、新能源技术、新材料技术和空间技术等诸多领域，是人类文明史上继蒸汽技术革命和电力技术革命之后的又一次重大革命，给全球经济和人们的生活带来了全方位的冲击。这种冲击将对经济增长产生巨大影响。作为互联网革命的重要产物，数字金融的经济增长效应自然也是学术界关注的重点。

本部分由三个章节组成，从居民收入和居民消费两大视角考察数字金融发展对经济增长的影响，并试图揭示数字金融发展影响居民收入和居民消费的内在机制。在本部分的前两章中，我们从数字金融发展促进包容性增长的视角探究数字金融对收入和收入分配的影响及原因。研究发现，数字金融的发展提升了家庭收入，并且农村低收入群体的受益情况更为显著。因此，数字金融的发展有利于中国实现包容性增长。而且，数字金融的发展更加有助于农村居民创业而不是城镇居民创业，也有助于提升农村低收入家庭和社会资本缺乏的家庭的创业概率，进而帮助改善农村内部的收入分配状况，证实了互联网革命下数字金融的普惠性及其包容性。在第七章中，我们从消费的视角探索数字金融如何改变人们的生活。实证结果表明，数字金融主要通过改善支付便利性来促进居民消费。此外，数字金融的发展尽管更多地提升了农村居民收入，却无助于促进农村居民消费，这一方面表明预防性储蓄不是数字金融促进居民消费的内在机制，另一方面也说明了破除城乡分割的紧迫性。从这个角度上看，数字金融发展还需要其他政策的配合，才能更有效地促进经济增长。

当然，数字金融发展对经济增长的影响，远远不止反映在居民收入和居民消费方面。在本书的第三部分，我们将探讨数字金融发展的涓滴效应，届时我们还将看到，数字金融发展对城镇化和经济结构转型都起到一定甚至是关键性的作用，二者都是经济增长的源泉。

第五章
数字金融发展与居民收入的包容性增长[*]

作为解析数字金融发展经济效应的开端,我们关心数字金融发展能否影响居民收入,因为这是数字金融发展促进经济增长最直接的表现。从经济学的角度来看,数字金融发展对居民收入的影响,可以归结到效率或增长和公平或收入分配两大方面,即数字金融发展是否促进了居民收入增长,以及是否带来了居民收入分配状况的改善。需要将这两方面合起来看,即需要探讨数字金融发展能否带来居民收入的包容性增长。

一 数字金融发展与包容性增长

那么,什么叫作包容性增长呢?包容性增长(Inclusive Growth)是2016年在杭州举行的G20峰会上的4I个主题之一,将在一定程度上影响全球经济发展走向。从根本上说,包容性增长既关注效率,也关注公平,二者都是发展经济学的核心内容。简单地说,如果某种因素对收入的增长影响为正,同时相对贫穷的人从该因素获益更多,那么该因素就带来了包容性增长。现有文献关注了互联网对效率的影响,但对贫富差距的影响研究则有所不足,其对数字金融的影响研究就更少了,如今,贫富差距已经成为各国政府、国际社会和组织以及经济学界最为重视的问题之一。因此,我们关心数字金融发展能否带来居民收入的包容性增长。

---

[*] 本章内容主要来源于:Zhang X., J. Zhang, G. Wan, and Z. Luo, 2020. Fintech, Growth, and Inequality: Evidence from China's Household Survey Data, Singapore Economic Review, 65(S1), pp. 75–94。

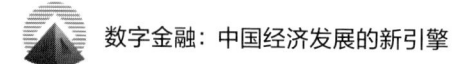

为什么我们需要关心数字金融与包容性增长的关系？这一问题的重要之处在哪里呢？我们知道，中国得益于互联网革命。在过去的5~10年，依托信息、大数据和云计算等创新技术，中国的数字经济（尤其是数字金融）经历了快速发展，例如支付宝、微信支付等，这大幅改善了金融服务的可得性和便利性，特别是对于原先无法接触到金融的群体而言，从而推动了中国的普惠金融（Financial Inclusion）发展。一个基于现实观察的例子是数字金融所提供的借贷服务。借贷是传统金融最基础的服务，信用卡使用则是完善个人征信从而便利借贷的重要手段。然而，根据中国银行业统计协会（2016）的统计，截至2015年，中国的信用卡发行量为5.3亿张，即便按照人均1张来计算，也还有一大半以上的人口没有信用卡，从而无法通过信用卡消费获得征信记录，也就无法从传统金融中获得金融资源，使得传统金融无法做到完全意义的普惠性。[①] 近年来数字金融的发展改变了这一格局：尽管大部分居民没有征信记录，但人们日常使用的微信、支付宝等支付功能，实时提供了信用记录。例如，居民缴纳水、电、燃气等生活费用，以及购物和用餐所进行的在线支付行为，均可以累积信用。这有助于在数字金融的平台中进行借贷申请，如蚂蚁借呗、微粒贷等。因此，互联网革命所带来的数字经济和数字金融的出现，可以惠及那些原来被传统金融、传统征信排除在外的群体，有助于缓解他们的借贷约束，并促进他们的投资和经营性活动。而这些缺乏信用记录和抵押的群体，收入往往偏低，所以说，基于互联网革命和数字经济的发展，通过信息和数据的创造和共享，以及数字金融产业的兴起，大大提高了金融的可得性和普惠性。因此，我们认为，数字经济和数字金融所带来的金融普惠效应，可以实现包容性增长。这也是数字金融的本质功能。

以往研究表明数字金融有助于实现普惠金融，从而推动经济增长，特别是在中国，这是实现包容性增长的前提条件。李继尊（2015）认为，近年

[①] 另外一方面的证据是，截至2019年4月24日，中国人民银行征信系统已采集到9.9亿人的信息，仍有4.6亿自然人没有信贷记录，详细报道见 http://finance.sina.com.cn/roll/2019-04-24/doc-ihvhiqax4733019.shtml。

来由电子商务和通信技术的快速发展所推动的中国互联网金融,可以降低传统金融对物理网点的依赖,具有更强的地理穿透性和低成本优势,因此可以推动普惠金融。焦瑾璞（2014；焦瑾璞2015）也指出,移动互联网的普及为向广大欠发达地区提供普惠金融服务创造了条件,尤其是数字货币在增加金融服务覆盖面、降低服务成本等方面发挥了重要作用,从而有助于优化金融资产配置,改善中小企业的融资状况,在促进金融稳定的同时实现整体盈利水平的提高（王颖和陆磊,2012）。在数据方面,本书第三章所介绍的由笔者所在的北京大学数字金融研究中心和蚂蚁金服研究院利用蚂蚁金服的交易账户数据,编制了2011~2018年多个行政层次的中国数字普惠金融发展指数,结果显示数字金融是实现低成本、广覆盖和可持续的包容性金融的重要模式,为经济落后地区实现经济赶超提供了可能。

尽管包容性增长很重要,遗憾的是,国内外皆缺乏关于包容性增长的实证研究（张勋和万广华,2016）,以往的研究几乎全部是描述性的,讨论的范围集中在包容性增长的理念、实施包容性增长的必要性以及实现包容性增长的政策建议方面,没有相关的实证研究,甚至简单的数据分析都少见,更不要说分析互联网革命所推动的数字经济和数字金融的发展对包容性增长的影响了。这显然是一大遗憾,因为在短短几年的时间里,数字金融已经走进中国的千家万户,与中国居民生活密切相关,考虑到中国当前经济下行压力较大,收入不均等状况也并不乐观,全面、客观地评估数字金融对包容性增长的影响就更为重要。Kapoor（2013）和宋晓玲（2017）分别发现数字金融的发展可以促进经济增长以及缩小城乡收入差距,这意味着数字金融发展的确有可能带来包容性增长。但他们的研究,一方面依赖于宏观数据,无法识别微观机制；另一方面,城乡收入差距也仅仅是收入分配的一个组成部分,而中国城乡内部的差距可能更大（Wan,2008a；2008b）。这自然呼唤在互联网革命背景下对数字金融与包容性增长关系做更为完整而全面的分析。

二 实证策略和数据

正如前文所言,中国数字金融起步于公益性小额信贷,后来扩展为支付、信贷等多业务的综合金融服务，并由于网络和移动通信等技术的广泛应用而得到长足发展。中国数字金融的发展极大地提高了金融服务的可得性和便利性，特别是对于原先无法接触到金融的群体来说。尽管中国的传统金融发展也较迅速，但由于数字金融的触达性更广，使得大部分拥有手机或接触互联网的居民都能享受到数字金融带来的便利，这推动了中国普惠金融的发展。我们进而分析数字金融发展与包容性增长的关系。

（一）实证策略

我们首先建立数字金融与居民收入之间的模型。用 Inc_{ijt} 表示第 t 年 j 市 i 家庭的收入，家庭所在地区的数字金融指数用 $DF_{j,t-1}$ 表示。居民个体收入取对数纠偏，估计实证模型（5.1）如下：

$$ln(Inc_{ijt}) = \gamma_0 + \gamma_1 DF_{j,t-1} + \gamma'_2 X_{ijt} + \phi_i + \varphi_t + u_{ijt} \tag{5.1}$$

在模型（5.1）中，X_{ijt} 表示户主个人、家庭以及家庭所在地区的控制变量，ϕ_i 表示家庭固定效应，φ_t 表示年份固定效应，u_{ijt} 为随机扰动项。为了减弱反向因果的可能性，我们将数字金融发展指数滞后一期。此外，由于我们分析的是地区层面的数字金融发展与家庭收入的关系，为了避免地区内部家庭之间的相关性对模型估计结果的影响，我们将稳健标准误聚类到地区层面。这样一来，γ_1 衡量了数字金融的发展对家庭收入的总体影响。

接下来探讨模型的控制变量。户主层面的变量包括户主的性别、年龄、教育年限、政治面貌、婚姻状况和健康水平。由于我们控制了家庭层面的固定效应，加上户主的性别、教育年限和政治面貌等变量的观察值在短期内几乎不变，所以这些变量的系数难以估计。此外，由于户主的年龄可以表示为家庭固定效应和时间固定效应的线性组合，其系数也无法估计。为了缓解遗漏变量偏误，参考 Zhang 等（2017），我们控制了年龄的平方项。在家庭整体层面，我们控制了家庭规模、家庭中的少儿（16 岁以下）人数比例和老年（60 岁以上）人数比例。地区层面上，所在的村、镇或社区的总人口和经济状况被纳入考虑。

互联网和数字经济的发展对家庭收入的影响不一定仅来自数字金融这个

渠道，因此，我们在家庭户主层面上控制了是否使用互联网和手机的虚拟变量，以避免遗漏变量偏误。为了进一步区分数字金融和传统金融对家庭收入的不同影响，我们还引入了家庭层面的银行贷款规模作为传统金融发展程度的代理变量。我们会依次加入家庭户主层面、家庭整体层面和地区层面的影响因素，以验证关键解释变量（数字金融的发展）估计值的稳定性。

模型（5.1）用于估计数字金融的发展对家庭收入的总体影响。为了进一步分析数字金融的发展是否促进了居民收入的包容性增长，我们需要在模型（5.1）的框架下进一步讨论数字金融的收入分配效应。参考张川川（2015）的做法，本研究采取了分样本和分位数回归相结合的方法来探讨数字金融发展在区域层面、城乡之间和城乡内部的收入分配效应，从而对数字金融与包容性增长的关系有更清晰的认识。

（二）数据

为了估计模型（5.1），我们使用两方面的数据。第一部分数据来自北京大学数字金融研究中心的中国数字普惠金融发展指数（北京大学数字金融研究中心课题组，2019），样本区间为2011~2018年。第二部分数据来自北京大学中国社会科学调查中心的中国家庭追踪调查（China Family Panel Studies，CFPS）。具有全国代表性的CFPS开始于2010年，之后每两年进行一次，通过跟踪收集个体、家庭、社区三个层次的数据，反映中国社会经济和人口教育的变迁。CFPS覆盖25个省/直辖市/自治区的162个县，目标样本规模为16000户，调查的对象包含了样本家庭中的全部成员。本研究使用三个层面的数据：（1）基于成人问卷的个人信息，包括个人的性别、年龄、民族、婚姻状况、受教育年限、互联网和手机的使用等；（2）基于家庭问卷和家庭关系问卷的家庭信息，包括家庭规模、抚养比、家庭纯收入等；（3）基于社区问卷的村/社区信息，包括村/社区总人口、村/社区经济状况等。将上述两部分数据依据城市进行合并，最终获得的样本为2012年、2014年和2016年的家庭数据，以及2011年、2013年和2015年的数字普惠金融发展指数。表5-1是相关变量的统计描述。

表 5-1 相关变量的统计描述

变量	2012 年 样本	2012 年 均值	2012 年 标准差	2016 年 样本	2016 年 均值	2016 年 标准差
家庭纯收入(元,对数)	8280	10.018	10.018	6848	10.214	1.354
数字金融发展	8280	53.248	17.013	6848	173.607	21.942
户主性别(男性=1)	8280	0.734	0.442	6848	0.745	0.436
户主年龄(岁)	8280	52.660	12.388	6848	56.028	12.354
户主教育年限(年)	8280	6.650	4.761	6848	6.522	4.698
政治面貌(党员=1)	8280	0.129	0.335	6848	0.133	0.340
婚姻状况(有配偶=1)	8280	0.876	0.329	6848	0.873	0.333
健康水平(健康=1)	8280	0.582	0.493	6848	0.597	0.490
互联网使用(使用=1)	8280	0.106	0.308	6848	0.249	0.432
手机使用(使用=1)	8280	0.746	0.435	6848	0.887	0.317
家庭规模(人)	8280	3.753	1.765	6848	3.801	1.873
少儿比例	8280	0.158	0.198	6848	0.154	0.195
老年人比例	8280	0.239	0.346	6848	0.299	0.370
银行贷款规模(元,对数)	8280	0.844	2.893	6848	1.366	3.680
村/社区总人口(人,对数)	8280	7.919	0.938	6848	7.876	0.922
村/社区经济状况(评分)	8280	4.378	1.143	6848	4.427	1.105

1. 家庭纯收入

家庭纯收入变量直接来自 CFPS 数据库中的家庭问卷,包括工资性收入,经营性收入,财产性收入,转移支付收入和其他收入。我们对家庭纯收入取对数纠偏。表 5-1 显示,2012~2016 年,家庭收入有一定提升。

2. 数字金融

数字金融的发展直接采用城市层面的中国数字普惠金融发展指数进行衡量。表 5-1 显示,数字普惠金融发展指数均值从 2012 年的 53.248 增加到 2016 年的 173.607,发展速度很快。

3. 其他变量

本研究使用的其他影响居民收入的变量可在以下三类问卷中找到。其中户主性别、年龄、受教育年限、政治面貌、婚姻状况、身体健康状况和是否使用互联网和手机的变量可在成人问卷中找到;家庭规模、少儿比例、老年人比例和银行贷款规模变量可在家庭问卷和家庭关系问卷中找到；村/社区总人口和村/社区经济状况可在社区问卷中找到。

三 数字金融发展与包容性增长：实证分析

接下来，我们将分析数字金融的发展与包容性增长的关系。在估算数字金融与家庭收入的基准模型后，我们将通过分析数字金融影响家庭收入的异质性来判断数字金融发展的包容性。

1. 数字金融发展与家庭收入增长

根据模型（5.1）进行线性最小二乘（OLS）回归，并加入时间和家庭双重固定效应。同时，考虑到同一城市内的家庭之间有相关性，将模型的稳健标准误聚类到市一级。表5-2报告了回归结果。

表5-2 数字金融发展与家庭收入：基准模型

因变量家庭纯收入	（1）	（2）	（3）	（4）
数字金融发展	0.0073** (0.0028)	0.0070** (0.0028)	0.0069** (0.0027)	0.0070*** (0.0026)
户主年龄^2		0.0003 (0.0004)	0.0006* (0.0003)	0.0006* (0.0003)
婚姻状况		0.2559** (0.1229)	0.1051 (0.1174)	0.1067 (0.1158)
健康水平		-0.0110 (0.0345)	-0.0126 (0.0345)	-0.0131 (0.0344)
互联网使用		0.1030 (0.0653)	0.1052 (0.0640)	0.1050 (0.0641)
手机使用		0.0070 (0.0505)	0.0194 (0.0489)	0.0189 (0.0490)
家庭规模			0.2259*** (0.0200)	0.2262*** (0.0200)
少儿比例			-0.4099*** (0.1244)	-0.4097*** (0.1246)
老年人比例			-0.2774** (0.1131)	-0.2775** (0.1132)

续表

因变量家庭纯收入	（1）	（2）	（3）	（4）
银行贷款规模			0.0026	0.0026
			（0.0051）	（0.0051）
村/社区总人口				-0.1017
				（0.1632）
村/社区经济状况				0.0194
				（0.0310）
家庭固定效应	是	是	是	是
年份固定效应	是	是	是	是
观测值数量	22019	22019	22019	22019
R方	0.7067	0.7072	0.7209	0.7209

注：括号内是稳健标准误，其中 *** $p<0.01$，** $p<0.05$，* $p<0.1$。

在表5-2的第（1）列中，我们只考虑了数字金融发展（滞后一期）与家庭收入的单变量关系，在第（2）～（4）列，我们逐步控制了家庭户主特征、家庭整体特征和所在地区的经济特征。我们发现，在所有的回归中，数字金融发展的系数均是正向且显著的，表明从整体而言，数字金融的发展有助于提升家庭收入。从经济显著性上看，每当数字金融发展指数提升一个标准差，家庭收入会提升11.9～15.4个百分点，提升幅度较为稳定。

考察其他控制变量的系数，我们发现家庭户主特征的变量系数基本不显著，可能是这些变量对于大部分家庭来说在短期内不会随时间变化或者变化很小[①]，因此其效应基本上被家庭固定效应吸收了。家庭整体特征的变量有助于解释家庭收入，其中，家庭规模与家庭收入呈正相关，但少儿抚养比和老年抚养比的提升倾向于降低家庭收入。值得注意的是，户主是否使用互联网和手机这两个变量均不显著，这表明数字金融是互联网和数字经济发展作用于家庭收入的主要载体。此外，作为传统金融的代理变量，家庭的银行贷款规模的系数不显著，表明数字金融的重要性不能被传统金融完全替代。这

---

① 我们计算了婚姻状况、健康水平、互联网使用和手机使用四个变量的组内标准差，并基于全样本计算组内标准差的均值，发现四个变量的组内标准差均值都不大。其中，婚姻状况的组内标准差均值为0.020，健康水平为0.243，互联网使用为0.106，手机使用为0.117。

些结果均与预期相符。最后，所在的村、镇或社区的总人口和经济状况这两个代表地区经济发展程度的变量也不显著，可能的原因是相比家庭收入，这两个变量是慢变量，短时间难以识别其估计效果。

（二）数字金融发展与包容性增长（或收入不均等）

以上所发现的收入增长效应并不意味着收入分配的改善，我们仍然需要评估数字金融的发展是否能够带来包容性增长，即在增加收入的同时改善收入分配，比如减少区域和城乡收入差距。考虑到中国的数字金融发展实质上带来了普惠金融，我们预期数字金融发展能够至少带来包容性的部分改善。

1. 数字金融发展与区域收入差距

我们首先考察不同区域的数字金融发展与家庭收入之间的关系。改革开放以来，中国的东部地区发展较快。中部崛起和西部大开发战略的实施在一定程度上让中西部地区的经济发展加快，但地区间的收入差距仍然较大。在这一背景下，作为金融基础设施的重要一环，数字金融的发展所推动的普惠金融，或许有助于缩小区域间收入差距，带来区域间的包容性增长。

表5-3中，我们根据模型（5.1），将样本划分为东中西三个地区进行数字金融发展与家庭收入之间的回归估计。我们同样将模型的稳健标准误聚类到市一级。此外，为了避免选择偏误，我们剔除了在样本期内进行了地区迁移的观察值，这使得样本量减少了11%左右。表5-3的第（1）（2）列为东部地区家庭的估计结果，第（3）（4）列和第（5）（6）列分别为中部地区和西部地区家庭的估计结果，发现如下：其一，数字金融发展对家庭收入的正向作用主要体现在中部地区，当数字金融发展指数提升一个标准差，中部地区的家庭收入将提升13.6~17.6个百分点；其二，东部地区的系数尽管为正，却不显著，可能的原因在于东部地区的居民大多已享有金融和信息服务，数字金融发展对收入的边际贡献有限，中部地区的居民则从数字金融的发展中获益更多；其三，西部地区数字金融发展的系数为负，但不显著，这似乎与前文所发现的西部地区的数字金融发展速度很快不相符，但可能也说明数字金融所带来的包容性增长是有条件的，例如充足的人力资本，见下

文讨论；其四，控制变量的系数方向基本上与表 5-2 相符，表明结果是稳健的。综合来看，尽管数字金融发展没有带来西部地区家庭收入的增加，但缩小了其与东部和中部地区之间的收入差距，从而有助于包容性增长的实现。

表 5-3 数字金融发展与区域收入差距

因变量 家庭纯收入	（1）	（2）	（3）	（4）	（5）	（6）
	东部地区		中部地区		西部地区	
数字金融发展	0.0063	0.0074	0.0086**	0.0080**	-0.0025	-0.0012
	(0.0058)	(0.0060)	(0.0039)	(0.0037)	(0.0064)	(0.0062)
户主年龄^2	0.0004	0.0006	-0.0005	-0.0001	0.0012	0.0014
	(0.0005)	(0.0005)	(0.0004)	(0.0004)	(0.0009)	(0.0009)
婚姻状况	0.2487	0.1556	0.1811	-0.0094	0.3815*	0.1938
	(0.1484)	(0.1580)	(0.2621)	(0.2364)	(0.1883)	(0.1648)
健康水平	-0.0403	-0.0355	0.0359	0.0330	-0.0280	-0.0428
	(0.0509)	(0.0498)	(0.0579)	(0.0589)	(0.0751)	(0.0796)
互联网使用	0.0592	0.0611	0.0599	0.0635	0.2590*	0.2621**
	(0.1009)	(0.0986)	(0.0988)	(0.0973)	(0.1306)	(0.1245)
手机使用	-0.0519	-0.0315	0.1006	0.1001	-0.0142	0.0021
	(0.0736)	(0.0731)	(0.0764)	(0.0768)	(0.1224)	(0.1106)
家庭规模		0.2051***		0.2393***		0.2352***
		(0.0303)		(0.0348)		(0.0407)
少儿比例		-0.1533		-0.3659*		-0.7528**
		(0.1812)		(0.2023)		(0.3590)
老年人比例		-0.2772		-0.2999		-0.2538
		(0.1787)		(0.1955)		(0.2024)
银行贷款规模		0.0029		-0.0014		0.0055
		(0.0076)		(0.0111)		(0.0088)
村/社区总人口		0.0227		-0.1747		-0.0138
		(0.3138)		(0.1551)		(0.2282)
村/社区经济状况		0.0314		0.0185		0.0018
		(0.0583)		(0.0346)		(0.0820)
家庭固定效应	是	是	是	是	是	是
年份固定效应	是	是	是	是	是	是
观测值数量	9807	9807	7149	7149	5063	5063
R 方	0.7501	0.7590	0.6666	0.6861	0.6623	0.6802

注：括号内是稳健标准误，其中 *** $p<0.01$，** $p<0.05$，* $p<0.1$。

2. 数字金融发展与城乡收入差距

我们重点关注数字金融发展与城乡差距的关系。由前文可以推断，中国目前的征信空白群体主要来自农村，大部分相对富裕的城镇居民已享有金融和信息服务。如果能够证实农村居民从数字金融发展中获益更多，即能说明其对收入增长的包容性影响。

表 5-4 报告了分别使用城镇和农村样本估算的模型（5.1）的结果。表 5-4 的第（1）~（3）列是基于农村居民的结果，第（4）~（6）列是基于城镇居民的结果。与预期相一致，数字金融的发展仅对农村居民的家庭收入有显著的正向影响，对城镇居民的影响并不显著。从经济显著性上看，根据第（3）列的回归结果，当数字金融发展指数提升一个标准差，家庭收入将提升 17.0~21.9 个百分点，提升幅度非常可观。考虑到城镇化率为 56.1%，这个幅度（对农村户均收入的影响）与上节的结果（对城乡户均收入的影响）也比较吻合。在表 5-4 的第（7）列中，我们采用了数字金融发展与家庭常住地交互的形式考察数字金融发展的异质性，发现交互项的系数显著为负，而数字金融发展本身（以农村样本为参照系）的系数则显著为正，进一步证实了数字金融发展使得农村居民获益更多。

表 5-4　数字金融发展对城乡家庭收入的影响

因变量家庭纯收入	（1）	（2）	（3）	（4）	（5）	（6）	（7）
	农村样本			城镇样本			全样本
数字金融发展	0.0094*	0.0093*	0.0100**	0.0044	0.0041	0.0036	0.0096**
	(0.0053)	(0.0053)	(0.0050)	(0.0038)	(0.0038)	(0.0035)	(0.0048)
数字金融发展×常住地（城镇=1）							-0.0059**
							(0.0027)
户主年龄^2		0.0003	0.0006		0.0002	0.0005	0.0005
		(0.0005)	(0.0005)		(0.0004)	(0.0004)	(0.0003)
婚姻状况		0.2711	0.1390		0.2305	0.0846	0.1111
		(0.2012)	(0.1838)		(0.1513)	(0.1540)	(0.1153)
健康水平		0.0005	0.0019		-0.0182	-0.0224	-0.0130
		(0.0522)	(0.0516)		(0.0437)	(0.0422)	(0.0342)

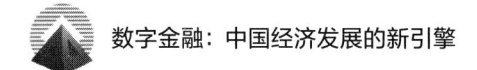

续表

因变量 家庭纯收入	（1）	（2）	（3）	（4）	（5）	（6）	（7）
	农村样本			城镇样本			全样本
互联网使用		0.1196 (0.0898)	0.1169 (0.0888)		0.0605 (0.0819)	0.0692 (0.0808)	0.0989 (0.0631)
手机使用		0.0056 (0.0613)	0.0291 (0.0603)		0.0365 (0.0755)	0.0276 (0.0730)	0.0264 (0.0499)
家庭规模			0.2143*** (0.0251)			0.2326*** (0.0297)	0.2252*** (0.0200)
少儿比例			-0.4278** (0.1635)			-0.4147** (0.1911)	-0.4094*** (0.1246)
老年人比例			-0.3602** (0.1564)			-0.1750 (0.1499)	-0.2811** (0.1140)
银行贷款规模			0.0010 (0.0068)			0.0059 (0.0072)	0.0024 (0.0051)
村/社区总人口			0.1134 (0.3037)			-0.1800 (0.1745)	-0.0956 (0.1562)
村/社区经济状况			0.0072 (0.0474)			0.0392 (0.0463)	0.0200 (0.0313)
家庭固定效应	有	有	有	有	有	有	有
年份固定效应	有	有	有	有	有	有	有
观测值数量	11832	11832	11832	10187	10187	10187	22019
R方	0.6762	0.6766	0.6921	0.7434	0.7438	0.7547	0.7212

注：括号内是稳健标准误，其中 *** $p<0.01$，** $p<0.05$，* $p<0.1$。

由于中国的城乡收入差距构成了中国收入不均等的 70%（Wan, 2007），而农村人均纯收入仅为城镇人均可支配收入的 1/3 左右，因此，数字金融对农村居民收入的提高有利于改善中国整体的收入分配状况。换句话说，若没有数字金融的发展，中国的城乡差距或收入分配状况可能更差。

3. 数字金融发展与农村内部收入差距

因为对城镇居民的收入影响不显著，我们使用分位数模型进一步考察数字金融对农村内部的分配影响。为此，我们将农村样本依据收入分为下四分位数、中位数和上四分位数。表 5-5 报告了回归结果，其中第（1）~（3）列仅考虑了时间固定效应，我们称为横截面分位数回归；第（4）~

(6)列考虑了家庭固定效应,我们称为面板分位数回归。不过,后者对数据较为敏感,估算结果往往不稳定(Powell,2010)。因此,为了考察结果的稳健性,我们同时估算了这两类回归。此外,在横截面分位数回归中,我们还纳入了基本不随时间变化的变量,包括户主的性别、年龄(一次项)、教育年限和政治面貌等,以期部分地控制家庭固定效应。

表5-5 数字金融发展与农村收入不均等:分位数回归

因变量 家庭纯收入	(1) Q25	(2) Q50	(3) Q75	(4) Q25	(5) Q50	(6) Q75
	横截面分位数回归			面板分位数回归		
数字金融发展	0.0109*** (0.0011)	0.0087*** (0.0006)	0.0070*** (0.0006)	5.2122* (2.7262)	-1.1089 (7.3954)	2.6311 (11.8840)
户主性别	-0.0701 (0.0487)	-0.1264*** (0.0279)	-0.0868*** (0.0232)			
户主年龄 (或平方)	0.0006 (0.0022)	0.0033** (0.0015)	0.0061*** (0.0012)			
户主教育年限	0.0278*** (0.0049)	0.0231*** (0.0029)	0.0201*** (0.0025)			
政治面貌	0.1132* (0.0627)	0.0596 (0.0376)	0.1269*** (0.0370)			
婚姻状况	0.3661*** (0.0688)	0.2926*** (0.0441)	0.2010*** (0.0444)	5.5642 (843.8831)	1.8303 (0.0000)	-1.6165 (80.2783)
健康水平	0.1282*** (0.0397)	0.1138*** (0.0226)	0.0888*** (0.0211)	-1.7965 (45.4171)	-5.6855 (217.8814)	-2.8500 (13.5979)
互联网使用	0.2742*** (0.0571)	0.1882*** (0.0345)	0.1364*** (0.0362)	-3.0622 (172.5589)	-1.2021 (367.6050)	-1.1642 (41.5022)
手机使用	0.2466*** (0.0505)	0.2350*** (0.0337)	0.1687*** (0.0300)	5.4785 (66.0073)	-2.6425 (96.9862)	-0.7143 (30.9272)
家庭规模	0.2495*** (0.0093)	0.2281*** (0.0075)	0.1840*** (0.0059)	-0.5284 (9.6541)	-3.4184 (23.9658)	-2.3207 (23.0397)
少儿比例	-0.8873*** (0.1065)	-0.8034*** (0.0756)	-0.5612*** (0.0661)	-0.9954 (67.3420)	-3.2606 (258.5242)	-1.5749 (294.0352)
老年人比例	-0.9144*** (0.0759)	-0.9744*** (0.0494)	-0.7749*** (0.0426)	-16.8544 (0.0000)	5.2483 (573.9267)	-0.9550 (152.5166)

续表

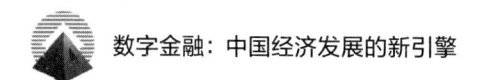

因变量 家庭纯收入	(1) Q25	(2) Q50	(3) Q75	(4) Q25	(5) Q50	(6) Q75
	横截面分位数回归			面板分位数回归		
银行贷款规模	-0.0077 (0.0053)	-0.0000 (0.0039)	0.0062* (0.0032)	-4.4751 (10.5927)	-0.3954 (26.3118)	-0.6593 (3.8217)
村/社区总人口	0.0551** (0.0230)	0.0838*** (0.0171)	0.0702*** (0.0139)	5.2802 (244.3678)	5.3293 (404.3102)	9.6207 (66.3482)
村/社区经济状况	0.0311* (0.0160)	0.0287*** (0.0090)	0.0273*** (0.0088)	5.2629 (31.9614)	4.0439 (64.6380)	7.2143 (49.7947)
家庭固定效应	无	无	无	有	有	有
年份固定效应	有	有	有	有	有	有
观测值数量	11832	11832	11832	11832	11832	11832

注：括号内是稳健标准误，其中 *** $p<0.01$，** $p<0.05$，* $p<0.1$。

横截面分位数回归结果显示，数字金融的发展对收入在下四分位数、中位数和上四分位数附近的家庭收入均有促进作用。更重要的是，这种促进作用对下四分位数的群体影响最大，而对上四分位群体的影响最小。此外，在统计上，下四分位数群体的收入提升作用比中位数和上四分位数的群体更显著（p值为0.00019）。第（4）～（6）列的结果进一步表明，数字金融仅对下四分位数附近的家庭有正向显著影响。这些都证实了，数字金融发展不但能够缩小城乡收入差距，而且还能帮助缩小农村内部收入不均等，从而促进中国的包容性增长。

四 小结

第三次技术革命带来了更大程度的资源共享，其对收入分配的影响逐渐凸显。其中，基于互联网的数字经济和数字金融，使金融服务的可得性和便利性得到大幅度改善，特别是对于原先被传统金融排除在外的群体，这显然为改善机会平等提供了条件。

本研究的主要贡献是构建了实证框架，并以此来评估互联网革命和数字经济所推动的中国数字金融的发展对包容性增长的影响，这是考虑到与数字经济和数字金融的收入分配效应研究严重滞后的现状。本研究将中国数字普惠金融发展指数和中国家庭追踪调查数据进行合并后，估算数字金融的发展对包容性增长的影响。研究发现，数字金融的发展提升了家庭收入，并且农村低收入群体的受益更为显著。因此，数字金融的发展有利于中国实现包容性增长。本研究的政策含义是非常明显的。考虑到数字金融服务对急需提升收入的农村居民具有重要的作用，因此应该持续推进数字金融的发展，强化其在增收和改善收入分配上的作用。

第六章
数字金融促进创业
——收入增长的内在机制*

上一章节探讨了数字金融发展与居民收入的关系,发现数字金融发展可以带来居民收入增长,同时改善收入分配状况。接下来的问题是,数字金融发展通过何种机制带来居民的收入增长,以及如何带来收入分配的均等化?本章节将从创业的角度展开探讨。

一 数字金融发展与居民创业

为什么数字金融发展能够通过创业的机制来影响居民收入和收入分配状况呢?在上一章中我们提到,尽管大部分居民没有征信记录,但人们日常使用的微信、支付宝等支付功能,实时提供了信用记录。这有助于在数字金融的平台中进行借贷申请,如蚂蚁借呗、微粒贷等。这些借贷行为,客观上促进了居民的投资和经营性活动,提升了居民创业的可能性,从而带来更多的增收机会。更重要的是,这种增收机会可能是倾向于更加公平的,因为互联网革命带来的数字经济和数字金融,可以惠及那些原来被传统金融、传统征信排除在外的群体,有助于缓解他们的借贷约束。这些缺乏信用记录和抵押的群体,收入往往偏低,而数字金融大大提高了金融的可得性和普惠性,促进了创业机会的均等化。

数字金融首先是一种金融服务。从文献上看,金融发展有助于经济增长,

---

* 本章内容主要来自张勋、万广华、张佳佳、何宗樾《数字经济、普惠金融与包容性增长》,《经济研究》2019年第8期,第71~86页。

这在文献中基本上已经形成共识（King and Levine，1993；Rajan and Zingales，1998）。金融最核心的功能在于实现资源的优化配置，并在此过程中尽可能地降低风险。相关的实证证据也表明，金融发展有助于平滑消费、管理风险、降低居民约束以及便利化交易等（Goldsmith，1969；McKinnon，1973；Levine，2005）。在 Levine（2005）的经典论文中，作者通过理论和实证两个方面证实了更加发达的金融系统能够缓解企业的外部融资约束，而根据 Bernanke 等（1999）的金融加速器原理，融资约束程度是促成经济加速增长或下滑的决定机制。因此，数字金融也能够通过缓解融资约束来促进创业。

本研究从家庭创业的角度寻找数字金融与包容性增长关系的微观机制。关于创业的文献相对丰富，创业的经济效应也得到了大量的研究。关于创业的经典研究都指出，创业不但可以促进创新和经济长期增长（Baumol，1968；King and Levine，1993；Samila and Sorenson，2011），还可以解决就业问题（De Mel et al.，2008）。以往对创业决定因素的探讨也非常丰富。综合来看，影响创业的微观因素包括创业者的性别（Rosenthal and Strange，2012），年龄（Rees and Shah，1986），人力资本水平（Lazear，2005），社会资本水平（胡金炎和张博，2014；周广肃等，2015），工作经历（Evan and Leighton，1989；王戴黎，2014；周广肃等，2017），风险偏好程度（Parker，1996），等等。影响创业的宏观因素则是创业者所处的政治经济文化以及社会环境（Djankov，2002；Glaeser and Kerr，2009；Ghani et al.，2014；吴晓瑜等，2014；周广肃等，2015）。

那么，数字金融能否促进家庭创业？尽管以往研究并没有涉及数字金融与创业的关系，但关于金融发展与创业关系的研究可以为本研究提供借鉴。经典文献认为，信贷约束会对创业产生负向影响（Evans and Jovanovic，1989；Nykvist，2008；Karaivanov，2012）。金融发展可以通过合理有效地分配资源、缓解潜在创业者的资金流动性约束来促进创业活动（Bianchi，2010）。可以预期，数字经济和数字金融依靠信息、大数据和云计算等创新技术，可以进一步拓展金融的服务范围和触达能力，降低金融的约束力，预期可以对家庭创业产生正向影响，从而带来家庭的收入增长。进而，如果数字金融能带来家

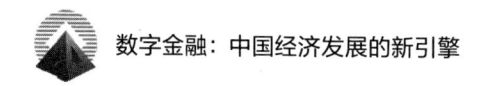

庭创业机会的均等化，那么也能够带来收入的均等化，从而实现包容性增长。从这个角度上看，本研究的逻辑植根于数字金融→家庭创业→收入增长，并进一步发展为数字金融→普惠金融→家庭创业机会的均等化→包容性增长。

二 实证策略和数据

以上分析指出，数字金融的普惠性使更多的人可以获得信贷支持，缓解信贷约束，有助于中小型和微型企业的创立（Evans and Jovanovic, 1989; Nykvist, 2008; Bianchi, 2010; Karaivanov, 2012），并可以带来就业，促进包容性增长。为证实这个传导机制，我们进行实证分析。首先介绍本研究的实证策略和数据。

（一）实证策略

我们首先建立一个二元选择模型，其中家庭创业为被解释变量。通常，家庭创业为虚拟变量，因此背后存在一个连续的潜在变量 $Entrepre_{ijt}^*$，这个潜在变量可以理解为创业带来的净福利或者效用，当潜在变量 $Entrepre_{ijt}^* > 0$，即创业的净福利或效用为正时，家庭选择创业；否则，家庭选择不创业。是否创业构成了这个潜在变量的观测变量 $Entrepre_{ijt}$。在本研究中，潜变量和实证模型（6.1）的表达为：

$$Entrepre_{ijt}^* = \beta_0 + \beta_1 DF_{j,t-1} + \beta_2 X_{ijt} + \theta_j + \delta_t + \mu_{ijt}$$
$$Prob(Entrepre_{ijt} = 1) = Prob(Entrepre_{ijt}^* > 0)$$
$$= \Phi(\beta_0 + \beta_1 DF_{j,t-1} + \beta_2 X_{ijt} + \theta_j + \delta_t) \tag{6.1}$$

其中，家庭所在地区的数字金融指数用 $DF_{j,t-1}$ 表示，X_{ijt} 为控制变量，θ_j 表示家庭所在地区的虚拟变量，δ_t 表示年份虚拟变量。系数 β_1 衡量数字金融发展对家庭创业的总体影响。

接下来探讨模型的控制变量。户主层面的变量包括户主的性别、年龄、教育年限、政治面貌、婚姻状况和健康水平。在家庭整体层面，我们控制了家庭收入、家庭规模、家庭中的少儿（16岁以下）人数比例和老年（60岁以上）人数比例。地区层面上，所在的村、镇或社区的总人口和经济状况被纳入考虑。互联网和数字经济的发展对创业的影响不一定仅仅来自数字金融这个渠道，因此，我们在家庭户主层面上控制了是否使用互联网和手机的虚拟变量，以避免遗漏变量偏误。为了区分数字金融和传统金融的不同影响，我们还引入了家庭层面的银行贷款规模作为传统金融发展程度的代理变量。我们会依次加入家庭户主层面、家庭整体层面和地区层面的影响因素，以验证关键解释变量（数字金融的发展）估计值的稳定性。

如果把（6.1）当作 Probit 模型来估计，由于只控制了地区层面的虚拟变量，有可能遭遇遗漏变量和内生性问题。比如，不同家庭对新事物/风险的接受程度往往有差别，这不但影响数字金融的发展，也影响创业行为，而且这类因素很难被度量。为了尽可能克服由第三方因素导致的内生性问题，我们还利用数据的家庭面板特征，构建线性概率模型和条件 logit 模型，控制那些不随时间变化的家庭层面的遗漏变量，减少对估计结果造成的影响。

反向因果也有可能存在，居民创业行为的增加，或许会使互联网朝着更便利与低成本的方向进步，进而促进数字金融的发展，因此，我们采用工具变量估计方法。我们所选取的工具变量为利用地理信息系统（GIS）所计算得到的距离类型的变量，分别是家庭所在地区与杭州的球面距离，以及家庭所在地区与省会的球面距离。这两类工具变量与本地区的数字金融发展程度显然具备相关性。众所周知，以支付宝为代表的数字金融的发展在杭州起源，因此杭州的数字金融发展应处于领先位置，可以预期，在地理上距离杭州越近，数字金融的发展程度应越好；此外，省会通常是一个省的经济中心，也应是数字金融发展中心，距离省会城市越近，数字金融的发展也应越好。因此，这两个指标与数字金融发展紧密相关。

另外，我们还必须说明这两个距离变量的外生性，即不会通过一些遗漏变量（Omitted Variables），特别是经济发展水平影响家庭消费，从而满足排他性约束（Exclusion Restriction）。首先，杭州仅仅是中国经济发展的重要城市之一[①]，因此，与杭州的距离越小并不意味着经济发展水平越高；其次，与省会距离较

---

① 根据 CEIC 数据库，2018 年杭州的 GDP 总量在全国排名第 10。

近的地区，一般也都是经济上比较发达的地区。对于这一问题，我们解决的办法是：利用家庭调查数据，控制所在的村、镇或社区的一些经济发展指标（见上面讨论），尽可能地减少遗漏变量，从而切断地理距离与居民消费水平可能产生的联系。我们认为，在控制了这些变量之后，地理距离变量更加外生。

（二）数据

为了估计模型（6.1），我们使用两方面的数据。第一部分数据来自北京大学数字金融研究中心的中国数字普惠金融发展指数（北京大学数字金融研究中心课题组，2019），样本区间为2011~2018年。第二部分数据来自北京大学中国社会科学调查中心的中国家庭追踪调查（China Family Panel Studies，CFPS）。将上述两部分数据依据城市进行合并，最终获得的样本为2012年、2014年和2016年的家庭数据，以及2011年、2013年和2015年的数字普惠金融发展指数。表6-1是相关变量的统计描述。

表6-1 相关变量的统计描述

变量	2012年 样本	2012年 均值	2012年 标准差	2016年 样本	2016年 均值	2016年 标准差
家庭纯收入(元,对数)	8280	10.018	10.018	6848	10.214	1.354
家庭创业状态(创业=1)	8280	0.0959	0.294	6848	0.0911	0.288
家庭是否创业	8280	0.0551	0.228	6848	0.0388	0.193
数字金融发展	8280	53.248	17.013	6848	173.607	21.942
户主性别(男性=1)	8280	0.734	0.442	6848	0.745	0.436
户主年龄(岁)	8280	52.660	12.388	6848	56.028	12.354
户主教育年限(年)	8280	6.650	4.761	6848	6.522	4.698
政治面貌(党员=1)	8280	0.129	0.335	6848	0.133	0.340
婚姻状况(有配偶=1)	8280	0.876	0.329	6848	0.873	0.333
健康水平(健康=1)	8280	0.582	0.493	6848	0.597	0.490
互联网使用(使用=1)	8280	0.106	0.308	6848	0.249	0.432
手机使用(使用=1)	8280	0.746	0.435	6848	0.887	0.317
家庭规模(人)	8280	3.753	1.765	6848	3.801	1.873
少儿比例	8280	0.158	0.198	6848	0.154	0.195
老年人比例	8280	0.239	0.346	6848	0.299	0.370
银行贷款规模(元,对数)	8280	0.844	2.893	6848	1.366	3.680
村/社区总人口(人,对数)	8280	7.919	0.938	6848	7.876	0.922
村/社区经济状况(评分)	8280	4.378	1.143	6848	4.427	1.105

1. 创业

考虑到家庭成员会参与个体的重要经济活动或职业选择决策,而且家庭的财务数据很难被细分到家庭的每一位成员,因此我们选择在家庭层面定义创业变量。家庭问卷中有关于"是否有家庭成员从事个体经营或开办私营企业"的变量。文献常见的方法是将其定义为虚拟变量,作为家庭创业的指标(周广肃等,2015;周广肃和李力行,2016;周广肃等,2017)。不过,该变量只能衡量家庭目前的创业状况,并不能衡量家庭的创业决策与数字金融发展之间的关系。为了从真正意义上研究中国数字金融的发展能否促进家庭创业行为,我们构造了家庭层面的创业变量。如果家庭成员在上一调查年份未从事创业,但本调查年份开办了个体或私营企业,对创业变量赋值为1,若家庭在两个年度之间的创业状态未改变,则将该变量赋值为0。对于退出创业的家庭,这一部分样本很少(仅占1%),我们暂不进行分析,将其样本进行剔除。可以看出,在构造2012年家庭层面的创业变量时,我们实际上也利用了2010年家庭创业状态的数据。

表6-1显示,样本中处于创业状态家庭的比例有所上升,尽管新创业家庭的比例有所下降。我们关心的是中国数字金融的发展对创业行为是否有显著影响。

2. 数字金融

数字金融的发展直接采用城市层面的中国数字普惠金融发展指数进行衡量。表6-1显示,数字普惠金融发展指数均值从2012年的53.248增加到2016年的173.607,发展速度很快。

3. 其他变量

本研究使用的其他影响创业的变量可在以下三类问卷中找到。其中户主性别、年龄、受教育年限、政治面貌、婚姻状况、身体健康状况和是否使用互联网和手机的变量可在成人问卷中找到;家庭规模、少儿比例、老年人比例和银行贷款规模变量可在家庭问卷和家庭关系问卷中找到;村/社区总人口和村/社区经济状况可在社区问卷中找到。

三　数字金融发展与家庭创业：实证分析

本节从创业的角度挖掘数字金融促进包容性增长的传导机制。在中国经济体量上升、增速下滑的背景下，要实现可持续发展，创业和创新至关重要，而金融资本是创业和创新最为重要的充分条件。以互联网经济带动的数字金融使得借贷更加便利，大大降低了创新创业者的借贷约束，特别是对那些原来被传统金融排除在外的群体而言，推动了普惠金融。据此可以假设数字金融通过影响创业这个中间环节，进而影响收入增长。进一步的推论是，数字金融有可能带来创业机会的均等化，实现收入均等化，从而带来包容性增长，即实现数字金融→普惠金融→家庭创业机会的均等化→包容性增长的逻辑链条。

（一）数字金融发展与家庭创业的基准分析

首先，我们将模型（6.1）作为 Probit 模型进行估算，以考察数字金融发展与家庭创业的关系，结果见表 6-2。由于 Probit 模型在固定家庭效应时往往有偏（Hsiao，2003），因此在所有的回归中，我们仅控制了地区和年份固定效应。不过，与上文横截面分位数回归一样，我们纳入了基本不随时间变化的变量，包括户主的性别、年龄（一次项）、教育年限和政治面貌等，以部分地控制家庭固定效应。

表 6-2　数字金融发展与家庭创业：基准分析

因变量 家庭是否创业	(1)	(2)	(3)	(4)
数字金融发展	0.0016 (0.0012)	0.0004 (0.0012)	0.0022* (0.0012)	0.0005 (0.0013)
户主性别		-0.0040 (0.0383)	-0.0260 (0.0395)	-0.0019 (0.0397)
户主年龄		-0.0063*** (0.0015)	0.0000 (0.0019)	-0.0008 (0.0020)

续表

因变量 家庭是否创业	（1）	（2）	（3）	（4）
户主教育年限		0.0113*** (0.0039)	0.0141*** (0.0041)	0.0111*** (0.0041)
政治面貌		-0.0448 (0.0491)	-0.0241 (0.0501)	-0.0287 (0.0505)
婚姻状况		0.0651 (0.0532)	-0.0328 (0.0562)	-0.0421 (0.0564)
健康水平		0.0873*** (0.0339)	0.0900*** (0.0346)	0.0875** (0.0347)
互联网使用		0.1478*** (0.0451)	0.2016*** (0.0463)	0.1641*** (0.0471)
手机使用		0.1001** (0.0503)	0.1059** (0.0517)	0.0910* (0.0517)
家庭规模			0.0970*** (0.0098)	0.1006*** (0.0098)
少儿比例			-0.0352 (0.0928)	-0.0350 (0.0936)
老年人比例			-0.3458*** (0.0704)	-0.3450*** (0.0709)
银行贷款规模			0.0331*** (0.0040)	0.0330*** (0.0040)
家庭纯收入			-0.0840*** (0.0125)	-0.0879*** (0.0124)
村/社区总人口				0.0971*** (0.0210)
村/社区经济状况				0.0358** (0.0148)
区域固定效应	是	是	是	是
年份固定效应	是	是	是	是
观测值数量	22019	22019	22019	22019
（拟）R方	0.0243	0.0409	0.0721	0.0765

注：括号内是稳健标准误，其中 *** $p<0.01$，** $p<0.05$，* $p<0.1$。

表6-2的第(1)列只考虑了数字金融发展程度指标;第(2)~(4)列逐步控制了家庭户主特征,家庭整体特征和所在地区的特征。我们发现,在所有的回归中,数字金融发展的系数基本上均不显著,表明从整体而言,中国的数字金融发展对居民创业行为的影响有限。不过,这并不说明数字金融的发展对所有居民的影响都不显著。一种可能是数字金融主要帮助创业家庭突破创业的资金门槛,而对于大部分城镇居民来说,他们享有广泛的金融服务和信息,早已经能够获取资金进行创业,所以数字金融对他们的影响不显著。农村居民则更可能从数字金融发展中获益。这种异质性使得表6-2的回归结果不显著。所以,下一小节我们将考察中国的数字金融发展是否对城乡居民的创业行为产生不同影响。

(二)数字金融发展影响家庭创业的城乡差异

表6-3报告了数字金融发展对居民创业行为影响的城乡异质性。表6-3的第(1)~(3)列是基于农村样本的结果,第(4)~(6)列是基于城镇样本的结果。与我们的预期一致,数字金融发展仅对农村居民的创业行为有显著的正向影响,对城镇居民的影响为负,但不显著。这也与前文中,数字金融发展提升了农村居民家庭收入,从而有助于实现包容性增长的发现遥相呼应。从经济显著性上看,根据第(3)列的回归结果,数字金融发展对农村居民创业的边际效应为0.00288。这意味着数字普惠金融发展指数每增加一个标准差,农村家庭创业的概率将会提高4.9~6.3个百分点,影响相当可观。在表6-3的第(7)列中,我们采用了数字金融发展与家庭常住地交互的形式考察数字金融发展与家庭创业的异质性,发现交互项的系数显著为负,而数字金融发展本身(以农村样本为参照系)的系数则显著为正,证实了数字金融发展更多地促进了农村居民的创业行为。

表6-3 数字金融发展影响家庭创业的城乡差异

因变量 家庭是否创业	(1)	(2)	(3)	(4)	(5)	(6)	(7)
	农村样本			城镇样本			全样本
数字金融发展	0.0042** (0.0021)	0.0041** (0.0021)	0.0037* (0.0022)	-0.0024 (0.0016)	-0.0026 (0.0017)	-0.0017 (0.0018)	0.0040* (0.0023)

续表

因变量 家庭是否创业	(1)	(2)	(3)	(4)	(5)	(6)	(7)
	农村样本			城镇样本			全样本
数字金融发展× 常住地(城镇=1)							-0.0020** (0.0009)
户主性别		-0.0767 (0.0586)	-0.0873 (0.0602)		0.0558 (0.0511)	0.0593 (0.0529)	-0.0030 (0.0398)
户主年龄		-0.0048** (0.0022)	-0.0009 (0.0028)		-0.0081*** (0.0021)	-0.0008 (0.0028)	-0.0008 (0.0020)
户主教育年限		0.0228*** (0.0058)	0.0235*** (0.0059)		0.0001 (0.0057)	0.0016 (0.0061)	0.0112*** (0.0041)
政治面貌		0.1024 (0.0696)	0.1184* (0.0711)		-0.1633** (0.0688)	-0.1373* (0.0713)	-0.0284 (0.0505)
婚姻状况		-0.0080 (0.0758)	-0.1470* (0.0802)		0.1208 (0.0751)	0.0365 (0.0794)	-0.0425 (0.0565)
健康水平		0.0721 (0.0471)	0.0704 (0.0482)		0.1073** (0.0487)	0.1069** (0.0500)	0.0874** (0.0347)
互联网使用		0.2016*** (0.0732)	0.2113*** (0.0754)		0.1294** (0.0589)	0.1773*** (0.0611)	0.1662*** (0.0473)
手机使用		0.0849 (0.0677)	0.0768 (0.0690)		0.1030 (0.0767)	0.0892 (0.0796)	0.0905* (0.0517)
家庭规模			0.0882*** (0.0128)			0.1171*** (0.0151)	0.1003*** (0.0098)
少儿比例			0.0886 (0.1104)			-0.1675 (0.1374)	-0.0357 (0.0936)
老年人比例			-0.2287** (0.1017)			-0.4318*** (0.0992)	-0.3459*** (0.0709)
银行贷款规模			0.0338*** (0.0058)			0.0341*** (0.0057)	0.0330*** (0.0040)
家庭纯收入			-0.0537*** (0.0182)			-0.1106*** (0.0171)	-0.0877*** (0.0124)
村/居总人口			0.1114*** (0.0382)			0.1151*** (0.0321)	0.1019*** (0.0223)
村/居经济状况			0.0573*** (0.0203)			0.0064 (0.0234)	0.0365** (0.0150)
区域固定效应	有	有	有	有	有	有	有

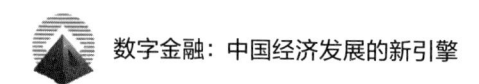

续表

因变量 家庭是否创业	（1）	（2）	（3）	（4）	（5）	（6）	（7）
	农村样本			城镇样本			全样本
年份固定效应	有	有	有	有	有	有	有
观测值数量	11832	11832	11832	10187	10187	10187	22019
（拟）R方	0.0225	0.0406	0.0737	0.0355	0.0549	0.0952	0.0766

注：括号内是稳健标准误，其中 *** $p<0.01$，** $p<0.05$，* $p<0.1$。

从控制变量来看，家庭户主特征、家庭整体特征以及地区经济特征对创业行为都有显著性的影响。首先，户主受教育年限以及对互联网的使用对创业行为有显著影响。与互联网有接触有助于提升创业的概率，可能是除了数字金融的融资作用，互联网还能为家庭提供与创业相关的信息，从而促进家庭创业。其次，从家庭层面来看，家庭规模对创业有显著的正向影响，但老年人比例对创业有显著的负向影响，这与家庭的经济负担及适龄劳动力人数较低有关。家庭纯收入会降低创业的概率，可能是因为家庭纯收入较高的家庭，选择有风险创业的可能性较低。最后，地区的总人口和经济水平也会对创业行为有显著正向影响，这可能跟市场规模有关：市场规模越大，创业潜在收益越大，创业的机会也越多。

（三）稳健性检验——模型设定、测量误差和内生性问题

为了保证基准分析的可信性，也为了验证数字金融与家庭创业之间的因果联系，本节进行模型设定、测量误差和内生性方面的稳健性检验。考虑到在前文的分析中，数字金融主要对农村家庭的创业行为产生影响，后文聚焦数字金融影响农村家庭创业的稳健性和传导机制。

1. 模型设定

首先，我们再次估计模型（6.1），但作为 logit 模型来设定，结果报告在表 6-4 的第（1）列和第（2）列。受篇幅所限，我们仅报告包含家庭户主特征以及包含全变量的回归结果。可以看出，数字金融发展仍然与农村家庭的创业行为显著正相关。

第六章 数字金融促进创业

接下来，如上文所说，采用二值回归方法对模型（6.1）进行估计，可能会存在遗漏变量问题。一种有效的检验和解决办法是利用数据的面板特征，引入家庭的固定效应来估计模型。在表6-4的第（3）列和第（4）列中，我们将家庭创业的二值变量直接视为连续变量，进行固定效应线性回归，这实际上等同于估计线性概率模型。需要指出的是，由于模型的核心解释变量是城市层面的数字金融发展，因此在进行固定效应回归时，需要将稳健标准误聚类到城市层面，以排除扰动项之间的相关性对稳健标准误估计结果的干扰。在表6-4的第（5）列和第（6）列中，我们采用了条件logit回归方法。条件logit方法的原理是仅计算在样本区间内二值变量出现变化的个体的条件概率，在此基础上进行极大似然估计，这可以有效地避免因时间较短所带来的固定效应的关联参数问题，使得模型的斜率项的估计仍然是一致的。不过，条件logit方法的缺陷在于不容易收敛到稳定的参数估计量。因此，在本研究中，我们仅用条件logit方法进行稳健性检验。可以看出，在所有的回归中，数字金融发展仍旧与农村家庭的创业行为显著正相关。这表明我们的分析结果是稳健的。

表6-4 稳健性检验：模型设定

因变量 家庭是否创业	(1)	(2)	(3)	(4)	(5)	(6)
	logit 回归		线性概率模型		条件 logit 回归	
数字金融发展	0.0094**	0.0078**	0.0013***	0.0013***	0.0093**	0.0086**
	(0.0047)	(0.0038)	(0.0003)	(0.0003)	(0.0045)	(0.0042)
户主性别	-0.1511	-0.1863				
	(0.1319)	(0.1345)				
户主年龄	-0.0116**	-0.0029				
	(0.0050)	(0.0061)				
户主年龄^2			-0.0000	-0.0000	-0.0006	-0.0005
			(0.0001)	(0.0001)	(0.0018)	(0.0018)
户主教育年限	0.0513***	0.0523***				
	(0.0133)	(0.0133)				
政治面貌	0.2384	0.2677*				
	(0.1503)	(0.1521)				
婚姻状况	-0.0063	-0.2858	-0.0273	-0.0309	-1.1259	-1.2167
	(0.1717)	(0.1784)	(0.0275)	(0.0272)	(0.8850)	(0.8003)

续表

因变量 家庭是否创业	（1）	（2）	（3）	（4）	（5）	（6）
	\multicolumn{2}{c}{logit 回归}	\multicolumn{2}{c}{线性概率模型}	\multicolumn{2}{c}{条件 logit 回归}
健康水平	0.1471 (0.1065)	0.1374 (0.1077)	0.0067 (0.0072)	0.0069 (0.0073)	0.2570 (0.2089)	0.2706 (0.2170)
互联网使用	0.4110*** (0.1558)	0.4209*** (0.1612)	0.0051 (0.0177)	0.0048 (0.0177)	0.0832 (0.2942)	0.0776 (0.2990)
手机使用	0.1855 (0.1574)	0.1624 (0.1577)	−0.0010 (0.0088)	−0.0010 (0.0089)	−0.0317 (0.2995)	−0.0903 (0.3071)
家庭规模		0.1791*** (0.0266)		0.0055* (0.0032)		0.1767** (0.0861)
少儿比例		0.1795 (0.2502)		0.0177 (0.0211)		0.9100 (0.6818)
老年人比例		−0.5559** (0.2306)		0.0034 (0.0223)		−0.0500 (0.6696)
银行贷款规模		0.0711*** (0.0120)		0.0004 (0.0014)		0.0054 (0.0204)
家庭纯收入		−0.1163*** (0.0392)		0.0022 (0.0033)		0.0560 (0.0646)
村/社区总人口 对数值		0.2297*** (0.0836)		−0.0094 (0.0296)		−0.4408 (1.4248)
村/社区经济状况		0.1283*** (0.0452)		0.0009 (0.0043)		0.0513 (0.1628)
区域固定效应	有	有	/	/	/	/
家庭固定效应	无	无	有	有	有	有
年份固定效应	有	有	有	有	有	有
观测值数量	11832	11832	11832	11832	780	780
（拟）R 方	0.0410	0.0731	0.5801	0.5806	0.0114	0.0251

注：括号内是稳健标准误，其中 ***p<0.01，**p<0.05，*p<0.1。

2. 测量误差

在前文的分析中，我们运用了中国数字普惠金融指数表征数字金融的发展程度，该指数由蚂蚁金服的交易账户数据所构建，具有较强的代表性。当然，从中国的数字金融发展实践来看，另外一家不可忽视的数字金融服务提供者是腾讯集团旗下的微信支付。不同来源的业界研究报告均指出，支付宝

第六章 数字金融促进创业

目前的市场份额最高,微信支付次之,但两者的支付场景有所不同,对于部分中老年人或农村地区,使用微信频率显著高于支付宝。① 因此,对中国数字金融发展的理想测度应是结合了支付宝和微信支付的账户数据所构建的指数。

然而,支付宝从2011年开始构建了中国数字普惠金融指数,腾讯集团所构建的中国"互联网+"数字经济指数直到2015年才开始发布,这限制了我们对微信支付账户数据的分析,因此,我们只能利用2016年的CFPS数据来研究数字金融与创业和包容性增长的关系,无法利用数据的面板特性。表6-5中,我们尝试性地将2016年1月1日城市层面的中国"互联网+"数字经济指数与2016年的CFPS数据相结合利用,发现以该指数测度的数字金融发展程度在边际上提升了农村居民的创业行为,进一步佐证了本研究的结论。

表6-5 稳健性检验:数字金融发展程度的测量误差

因变量 家庭是否创业	(1)	(2)	(3)	(4)
数字金融发展 (腾讯指数)	0.2153* (0.1209)	0.2015* (0.1151)	0.2166* (0.1215)	0.2460* (0.1464)
户主性别		0.0269 (0.1102)	0.0067 (0.1139)	0.0243 (0.1142)
户主年龄		-0.0048 (0.0040)	-0.0037 (0.0049)	-0.0042 (0.0050)
户主教育年限		0.0068 (0.0104)	0.0091 (0.0108)	0.0108 (0.0109)
政治面貌		0.1465 (0.1243)	0.1375 (0.1289)	0.1501 (0.1297)
婚姻状况		-0.0546 (0.1281)	-0.2453* (0.1346)	-0.2672** (0.1361)
健康水平		0.0331 (0.0869)	0.0102 (0.0891)	0.0121 (0.0902)

---

① 详见:https://baijiahao.baidu.com/s?id=1613267408363222604。

续表

因变量 家庭是否创业	(1)	(2)	(3)	(4)
互联网使用		0.3088 ***	0.3560 ***	0.3374 ***
		(0.1060)	(0.1091)	(0.1119)
手机使用		-0.0292	-0.0157	-0.0426
		(0.1460)	(0.1493)	(0.1493)
家庭规模			0.1382 ***	0.1360 ***
			(0.0220)	(0.0223)
少儿比例			-0.3952 *	-0.3717
			(0.2368)	(0.2410)
老年人比例			-0.0804	-0.0697
			(0.1868)	(0.1871)
银行贷款规模			0.0340 ***	0.0353 ***
			(0.0099)	(0.0100)
家庭纯收入			-0.0649 *	-0.0652 *
			(0.0374)	(0.0378)
村/社区总人口				0.1621 **
				(0.0700)
村/社区经济状况				0.1029 **
				(0.0432)
区域固定效应	是	是	是	是
年份固定效应	是	是	是	是
观测值数量	3438	3438	3438	3438
(拟)R方	0.0280	0.0464	0.0938	0.105

注：括号内是稳健标准误，其中 *** $p<0.01$，** $p<0.05$，* $p<0.1$。

3. 内生性分析

如前文所说，数字金融发展和家庭创业之间可能存在反向因果关系。因此，在表6-6中，我们所选取的工具变量为家庭所在地区与杭州的球面距离，以及家庭所在地区与省会的球面距离。前文也论证了这两类工具变量具备相关性和排他性的特征，是合意的工具变量。在进行估计之前，有一点必须指出：模型（6.1）中的内生变量，即数字金融发展是随年份变化的变量，但我们所选取的工具变量并不是随时间变化的，这使得通常的估计失效。因此，参照文献中常用的办法（刘冲等，2013），我们将工具变量与时间虚拟变量进行交互，作为新的工具变量。表6-6报告了采用工具变量的估计结果。在所有的回归中，数字金融发展显著地促进了家庭创业，这表明我们的分析结果是稳健的，没有受到内生性问题的过多干扰。

表6-6 内生性分析：工具变量回归

因变量 家庭是否创业	(1)	(2)	(3)	(4)
数字金融发展	0.0103**	0.0095**	0.0102**	0.0093**
	(0.0041)	(0.0042)	(0.0043)	(0.0043)
户主性别		-0.0684	-0.0865	-0.0799
		(0.0590)	(0.0604)	(0.0606)
户主年龄		-0.0050**	-0.0007	-0.0011
		(0.0023)	(0.0028)	(0.0028)
户主教育年限		0.0228***	0.0229***	0.0235***
		(0.0058)	(0.0059)	(0.0059)
政治面貌		0.1077	0.1144	0.1229*
		(0.0706)	(0.0724)	(0.0727)
婚姻状况		-0.0079	-0.1324	-0.1447*
		(0.0770)	(0.0812)	(0.0816)
健康水平		0.0698	0.0684	0.0682
		(0.0476)	(0.0486)	(0.0487)
互联网使用		0.1908**	0.2128***	0.2018***
		(0.0741)	(0.0756)	(0.0758)
手机使用		0.0824	0.0886	0.0753
		(0.0675)	(0.0690)	(0.0693)
家庭规模			0.0905***	0.0894***
			(0.0132)	(0.0132)
少儿比例			0.0841	0.0891
			(0.1192)	(0.1190)
老年人比例			-0.2305**	-0.2296**
			(0.1035)	(0.1038)
银行贷款规模			0.0333***	0.0340***
			(0.0058)	(0.0058)

续表

因变量 家庭是否创业	(1)	(2)	(3)	(4)
家庭纯收入			-0.0566*** (0.0180)	-0.0562*** (0.0180)
村/社区总人口				0.1030*** (0.0398)
村/社区经济状况				0.0508** (0.0215)
区域固定效应	是	是	是	是
年份固定效应	是	是	是	是
观测值数量	11832	11832	11832	11832
卡方统计量	83.52***	148***	245***	261.3***

注：括号内是稳健标准误，其中 *** $p<0.01$，** $p<0.05$，* $p<0.1$。

（四）谁从数字金融发展中获益更多？

前面的分析表明，数字金融提升了家庭收入，农村居民以及农村居民当中收入较低的群体在数字金融的发展中获益更多，从而带来了包容性增长。具体的机制上，我们发现数字金融的发展更多地促进了农村居民的创业行为，从而为农村居民的增收创造了条件。事实上，包容性增长的内涵就是公平合理地分享经济增长，从这个角度上讲，数字金融的发展通过带来农村居民创业概率的提升，促进了经济增长的机会分享，从而有助于实现包容性增长。为了加深对数字金融与创业之间关系的认识，我们进一步考察哪一类群体从数字金融的发展中获益更多（即创业概率更高），以详细解析数字金融发展的分配效应和更深入地理解数字金融发展如何实现包容性增长。

已有文献表明，物质资本、人力资本和社会资本均对创业有显著影响（Hurst and Lusardi，2004；Lazear，2005；胡金焱和张博，2014）。尽管数字金融的发展使农村居民的创业概率有显著提高，但如果它更多地帮助了在"三大资本"上有优势的群体，则会加剧农村内部的收入差距，其整体包容性就要大打折扣。反之，数字金融的发展则增强了包容性。所以，我们将农村家庭按照物质资本、人力资本和社会资本进行分组，分别考察数字金融发展对不同资本拥有者影响的差别。

1. 物质资本的异质性

本小节考察不同物质资本群体的创业行为是否会受到数字金融发展的不同影响。我们采用两种方式来刻画物质资本。第一种方式参考了周广肃和李力行（2016）的做法，使用家庭纯收入作为物质资本的代理变量，将农村家庭分为低收入组（中位数以下）和高收入组（中位数以上），分别用两个样本估算 Probit 模型，回归结果如表 6 - 7 所示。我们发现，数字金融的发展仅帮助提升了低收入组家庭的创业概率，对高收入组家庭的影响不显著，可能因为后者已经能够获取足够的资金进行创业，对数字金融的发展不甚敏感。这与前文的发现是一致的。反过来说，数字金融的发展特别有益于物质资本匮乏的农村家庭，充分体现了包容性。

表 6 - 7 数字金融发展与农村家庭创业：物质资本（家庭收入）的异质性

因变量 家庭是否创业	（1）	（2）	（3）	（4）	（5）	（6）
	低收入组			高收入组		
数字金融发展	0.0050* (0.0029)	0.0057* (0.0030)	0.0051* (0.0030)	0.0035 (0.0030)	0.0044 (0.0031)	0.0016 (0.0033)
户主性别	-0.0574 (0.0857)	-0.0599 (0.0879)	-0.0561 (0.0881)	-0.0847 (0.0813)	-0.1106 (0.0839)	-0.1083 (0.0837)
户主年龄	-0.0081*** (0.0031)	-0.0005 (0.0041)	-0.0013 (0.0041)	-0.0012 (0.0033)	-0.0006 (0.0037)	-0.0006 (0.0038)
户主教育年限	0.0216** (0.0085)	0.0205** (0.0085)	0.0210** (0.0087)	0.0251*** (0.0081)	0.0258*** (0.0082)	0.0262*** (0.0083)
政治面貌	0.1546 (0.1000)	0.1702* (0.1027)	0.1836* (0.1032)	0.0550 (0.0971)	0.0692 (0.0995)	0.0693 (0.0998)
婚姻状况	0.0156 (0.0954)	-0.1353 (0.1007)	-0.1730* (0.1027)	-0.0597 (0.1270)	-0.1392 (0.1332)	-0.1418 (0.1332)
健康水平	0.1025 (0.0680)	0.1018 (0.0691)	0.0997 (0.0695)	0.0340 (0.0653)	0.0276 (0.0670)	0.0250 (0.0669)
互联网使用	0.3730*** (0.1155)	0.3992*** (0.1166)	0.3888*** (0.1190)	0.1147 (0.0940)	0.1177 (0.0964)	0.1149 (0.0974)

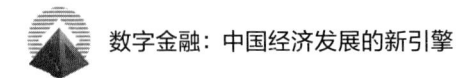

续表

因变量 家庭是否创业	（1）	（2）	（3）	（4）	（5）	（6）
	低收入组			高收入组		
手机使用	-0.0500 (0.0920)	-0.0391 (0.0942)	-0.0576 (0.0954)	0.2622** (0.1055)	0.2759** (0.1073)	0.2744** (0.1074)
家庭规模		0.1048*** (0.0216)	0.1017*** (0.0217)		0.0747*** (0.0171)	0.0762*** (0.0171)
少儿比例		-0.1118 (0.1915)	-0.1008 (0.1910)		0.3454** (0.1743)	0.3593** (0.1738)
老年人比例		-0.2799** (0.1341)	-0.2856** (0.1348)		-0.2183 (0.1715)	-0.2233 (0.1716)
银行贷款规模		0.0330*** (0.0092)	0.0338*** (0.0093)		0.0321*** (0.0075)	0.0321*** (0.0075)
家庭纯收入		-0.0663** (0.0269)	-0.0668** (0.0268)		0.0672 (0.0695)	0.0652 (0.0695)
村/社区总人口			0.2447*** (0.0527)			-0.0240 (0.0534)
村/社区经济状况			0.0700** (0.0297)			0.0475* (0.0282)
区域固定效应	有	有	有	有	有	有
年份固定效应	有	有	有	有	有	有
观测值数量	5825	5825	5825	5919	5919	5919
（拟）R方	0.0557	0.0881	0.104	0.0441	0.0726	0.0740

注：括号内是稳健标准误，其中 *** $p<0.01$，** $p<0.05$，* $p<0.1$。

一种担忧是家庭收入也可以反映人力资本的差异，部分研究甚至使用家庭收入来对人力资本进行衡量。因此，我们接下来采用第二种方式，即使用家庭资产来刻画物质资本。当然，家庭资产也可能与人力资本高度相关。考虑到这里研究的对象是农村家庭，同时也为了尽最大的可能消除物质资本与人力资本的相关性，我们采用家庭拥有的土地资产价值来衡量物质资本。尽管在中国土地并非归个人所有，但土地代表了家庭的禀赋，有其客观价值。此外，土地资产价值与人力资本的相关性比较弱，在样本期内，两者的相关系数为 -0.2374，而家庭收入与人力资本的相关系数则达到了 0.2517。

我们将农村家庭分为低资产价值组（中位数以下）和高资产价值组（中位数以上），分别估算（6.1），回归结果见表6-8。表6-8显示，本研究的发现和结论依旧稳健：数字金融的发展仅有助于提升低资产价值组家庭的创业概率，而对高资产价值组家庭没有影响，进一步体现了包容性。

表6-8 数字金融发展与农村家庭创业：物质资本（家庭资产价值）的异质性

因变量 家庭是否创业	（1）	（2）	（3）	（4）	（5）	（6）
	低资产价值组			高资产价值组		
数字金融发展	0.0077*** (0.0028)	0.0095*** (0.0029)	0.0077** (0.0030)	0.0016 (0.0031)	0.0023 (0.0031)	0.0015 (0.0032)
户主性别	-0.0325 (0.0799)	-0.0604 (0.0820)	-0.0565 (0.0822)	-0.1174 (0.0879)	-0.1219 (0.0897)	-0.1165 (0.0898)
户主年龄	-0.0103*** (0.0031)	-0.0074* (0.0039)	-0.0074* (0.0039)	0.0019 (0.0035)	0.0061 (0.0041)	0.0053 (0.0041)
户主教育年限	0.0219*** (0.0083)	0.0245*** (0.0085)	0.0245*** (0.0086)	0.0230*** (0.0080)	0.0211*** (0.0081)	0.0225*** (0.0082)
政治面貌	0.1610 (0.0994)	0.1799* (0.1028)	0.1913* (0.1031)	0.0614 (0.0979)	0.0623 (0.0988)	0.0695 (0.0987)
婚姻状况	-0.0863 (0.0940)	-0.2179** (0.1010)	-0.2299** (0.1018)	0.0760 (0.1325)	0.0091 (0.1374)	-0.0077 (0.1378)
健康水平	0.0526 (0.0684)	0.0445 (0.0697)	0.0419 (0.0699)	0.1013 (0.0658)	0.1067 (0.0675)	0.1058 (0.0675)
互联网使用	0.2026** (0.0996)	0.2034** (0.1028)	0.1885* (0.1040)	0.1786 (0.1133)	0.2074* (0.1146)	0.2014* (0.1155)
手机使用	0.1214 (0.1039)	0.1214 (0.1058)	0.1112 (0.1063)	0.0638 (0.0883)	0.0749 (0.0894)	0.0585 (0.0898)
家庭规模		0.0904*** (0.0193)	0.0893*** (0.0193)		0.0905*** (0.0182)	0.0886*** (0.0182)
少儿比例		0.0264 (0.1512)	0.0283 (0.1486)		0.1859 (0.1720)	0.1924 (0.1716)

续表

因变量 家庭是否创业	(1)	(2)	(3)	(4)	(5)	(6)
	低资产价值组			高资产价值组		
老年人比例		-0.1371 (0.1389)	-0.1429 (0.1389)		-0.3117** (0.1467)	-0.3001** (0.1473)
是否有银行贷款		0.0428*** (0.0086)	0.0441*** (0.0086)		0.0287*** (0.0079)	0.0290*** (0.0079)
家庭纯收入		-0.0804*** (0.0234)	-0.0823*** (0.0235)		-0.0293 (0.0310)	-0.0276 (0.0308)
村/社区总人口对数值			0.1100** (0.0547)			0.1179** (0.0552)
村/社区经济状况			0.0662** (0.0310)			0.0432 (0.0274)
区域固定效应	有	有	有	有	有	有
年份固定效应	有	有	有	有	有	有
观测值数量	5819	5819	5819	5766	5766	5766
(拟)R方	0.0575	0.0898	0.0950	0.0359	0.0647	0.0685

注：括号内是稳健标准误，其中 *** $p<0.01$，** $p<0.05$，* $p<0.1$。

2. 人力资本的异质性

本小节从人力资本的角度分析数字金融的包容性。基于户主的受教育年限，我们将数据分为低教育组（小学及以下）和高教育组（初中及以上），分别估计创业模型。① 表6-9显示，数字金融的发展对农村居民创业的促进作用主要体现在高教育组群上，没有体现出包容性。但这与预期相符合，毕竟数字金融以互联网技术的进步为支撑，需要居民有一定的文化水平和自学能力。另外，创业本身需要一定的知识储备，较低教育水平的家庭在这方面能力相对欠缺。有必要指出，本小节的结果凸显了人力资本在"大众创业"时代的重要性。这也呼应了前文我们对西部地区数字金融与家庭收入关系不显著的发现。

---

① 使用初中作为分界点的原因在于农村地区户主的教育水平并不高，小学及以下的样本占了全样本的2/3，若使用更高教育水平作为分界点，高教育水平组别的样本量将太少。

表6-9 数字金融发展与农村家庭创业：人力资本的异质性

因变量 家庭是否创业	(1)	(2)	(3)	(4)	(5)	(6)
	小学及以下			初中及以上		
数字金融发展	0.0019 (0.0028)	0.0032 (0.0029)	0.0017 (0.0030)	0.0063** (0.0030)	0.0070** (0.0032)	0.0056* (0.0033)
户主性别	-0.0155 (0.0724)	-0.0243 (0.0750)	-0.0128 (0.0747)	-0.1567 (0.1002)	-0.1923* (0.1021)	-0.1944* (0.1026)
户主年龄	-0.0037 (0.0029)	0.0010 (0.0036)	0.0003 (0.0035)	-0.0074** (0.0037)	-0.0029 (0.0044)	-0.0029 (0.0044)
户主教育年限	0.0184* (0.0103)	0.0245** (0.0105)	0.0240** (0.0105)	0.0409** (0.0193)	0.0377* (0.0199)	0.0385* (0.0199)
政治面貌	-0.0027 (0.1221)	0.0310 (0.1252)	0.0378 (0.1252)	0.1370 (0.0884)	0.1179 (0.0901)	0.1326 (0.0902)
婚姻状况	-0.0273 (0.0896)	-0.1649* (0.0947)	-0.1748* (0.0951)	0.0584 (0.1464)	-0.0899 (0.1527)	-0.1181 (0.1539)
健康水平	0.1507** (0.0615)	0.1479** (0.0629)	0.1490** (0.0630)	-0.0466 (0.0729)	-0.0392 (0.0742)	-0.0395 (0.0744)
互联网使用	0.1496 (0.1233)	0.1575 (0.1257)	0.1560 (0.1269)	0.2061** (0.0975)	0.2284** (0.1009)	0.2156** (0.1018)
手机使用	0.0580 (0.0807)	0.0622 (0.0822)	0.0502 (0.0825)	0.2013 (0.1306)	0.2158 (0.1321)	0.1958 (0.1327)
家庭规模		0.0988*** (0.0169)	0.0975*** (0.0168)		0.0748*** (0.0204)	0.0734*** (0.0203)
少儿比例		0.0295 (0.1493)	0.0417 (0.1463)		0.1786 (0.2005)	0.1883 (0.1991)
老年人比例		-0.2812** (0.1318)	-0.2738** (0.1318)		-0.1626 (0.1690)	-0.1726 (0.1697)
银行贷款规模		0.0178** (0.0089)	0.0185** (0.0089)		0.0472*** (0.0079)	0.0484*** (0.0079)
家庭纯收入		-0.0523** (0.0228)	-0.0530** (0.0228)		-0.0553* (0.0297)	-0.0531* (0.0295)
村/社区总人口 对数值			0.0769 (0.0501)			0.1536** (0.0610)

续表

因变量 家庭是否创业	（1）	（2）	（3）	（4）	（5）	（6）
	小学及以下			初中及以上		
村/社区经济状况			0.0703*** (0.0265)			0.0519 (0.0321)
区域固定效应	有	有	有	有	有	有
年份固定效应	有	有	有	有	有	有
观测值数量	7446	7446	7446	4338	4338	4338
（拟）R方	0.0361	0.0647	0.0693	0.0518	0.0835	0.0893

注：括号内是稳健标准误，其中 *** $p<0.01$，** $p<0.05$，* $p<0.1$。

3. 社会资本的异质性

发展中国家的居民往往能通过社会网络进行借贷，传统理论一般都认可社会资本在居民创业决策中的重要作用，特别是对农村居民而言，那么，数字金融的发展能否缓解社会资本的作用，使得没有社会网络的群体也能参与创业活动呢？本项研究的答案是肯定的。依据周广肃等（2015）以及周广肃和李力行（2016）的研究，我们采用家庭是否具有私人转移支付收入作为衡量社会资本的代理指标，并据此将数据分为两组。具有私人转移支付收入，说明家庭与外部的来往密切，社会资本更高。表6-10的结果表明，数字金融的发展显著地提升了低社会资本组的创业概率，但对高社会资本组的提升作用不显著。所以说，数字金融的发展能够降低农村居民对社会网络的依赖性。

表6-10 数字金融发展与农村家庭创业：社会资本的异质性

因变量 家庭是否创业	（1）	（2）	（3）	（4）	（5）	（6）
	家庭私人转移支付收入为0			家庭私人转移支付收入大于0		
数字金融发展	0.0058** (0.0023)	0.0069*** (0.0024)	0.0061** (0.0024)	-0.0025 (0.0046)	-0.0027 (0.0047)	-0.0071 (0.0050)
户主性别	-0.1165* (0.0655)	-0.1404** (0.0677)	-0.1336** (0.0679)	0.0837 (0.1326)	0.0824 (0.1338)	0.1007 (0.1335)
户主年龄	-0.0033 (0.0026)	0.0011 (0.0031)	0.0007 (0.0031)	-0.0102** (0.0047)	-0.0071 (0.0061)	-0.0075 (0.0062)

续表

因变量 家庭是否创业	(1)	(2)	(3)	(4)	(5)	(6)
	家庭私人转移支付收入为0			家庭私人转移支付收入大于0		
户主教育年限	0.0235***	0.0243***	0.0252***	0.0192	0.0181	0.0169
	(0.0065)	(0.0067)	(0.0067)	(0.0127)	(0.0127)	(0.0129)
政治面貌	0.0746	0.0842	0.0918	0.2007	0.2039	0.2105
	(0.0814)	(0.0831)	(0.0832)	(0.1386)	(0.1407)	(0.1415)
婚姻状况	0.0028	-0.1159	-0.1299	-0.0815	-0.2121	-0.2388
	(0.0897)	(0.0951)	(0.0956)	(0.1396)	(0.1441)	(0.1468)
健康水平	0.0427	0.0448	0.0445	0.1941*	0.1920*	0.1957*
	(0.0531)	(0.0545)	(0.0546)	(0.1018)	(0.1032)	(0.1035)
互联网使用	0.2095**	0.2351***	0.2262***	0.1493	0.1739	0.1565
	(0.0816)	(0.0832)	(0.0839)	(0.1756)	(0.1778)	(0.1833)
手机使用	0.0693	0.0743	0.0564	0.1511	0.1520	0.1602
	(0.0767)	(0.0786)	(0.0788)	(0.1442)	(0.1442)	(0.1457)
家庭规模		0.0921***	0.0914***		0.0957***	0.0904***
		(0.0149)	(0.0149)		(0.0261)	(0.0264)
少儿比例		0.2156	0.2158		-0.3892	-0.3245
		(0.1418)	(0.1418)		(0.2701)	(0.2596)
老年人比例		-0.3276***	-0.3245**		-0.0984	-0.0975
		(0.1266)	(0.1267)		(0.1864)	(0.1914)
是否有银行贷款		0.0358***	0.0365***		0.0208	0.0212
		(0.0065)	(0.0065)		(0.0134)	(0.0137)
家庭纯收入		-0.0639***	-0.0634***		-0.0331	-0.0321
		(0.0206)	(0.0205)		(0.0411)	(0.0416)
村/社区总人口对数值			0.1093**			0.1507*
			(0.0432)			(0.0843)
村/社区经济状况			0.0453*			0.1116***
			(0.0237)			(0.0398)
区域固定效应	有	有	有	有	有	有
年份固定效应	有	有	有	有	有	有
观测值数量	9225	9225	9225	2461	2461	2461
(拟)R方	0.0407	0.0745	0.0781	0.0813	0.0995	0.112

注：括号内是稳健标准误，其中 *** $p<0.01$，** $p<0.05$，* $p<0.1$。

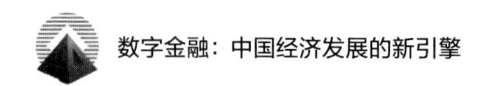

四 小结

基于互联网的数字经济和数字金融，使金融服务的可得性和便利性得到大幅度改善，特别是对于原先被传统金融排除在外的群体，这显然为改善机会平等提供了条件，尤其是通过创业机会平等所最终带来的收入分配的均等化。

本研究构建了实证框架，挖掘了从数字金融至包容性增长的传导机制，发现数字金融的发展更加有助于农村居民而不是城镇居民创业。这一发现没有因为模型设定、测量误差和内生性的干扰而发生变化。我们还针对家庭的物质资本、人力资本和社会资本展开异质性分析，发现数字金融有助于提升农村低收入家庭和低社会资本家庭的创业概率，进而帮助改善农村内部的收入分配状况。所有这些都证实了互联网革命下数字金融的普惠性及其包容性影响。

本研究的政策含义是非常明显的。首先，数字金融服务对急需提升收入的农村居民具有重要的作用，因此需要持续推进数字金融的发展，强化其在创业、增收和改善收入分配上的作用。其次，在推进数字金融发展的同时，也要注重农村居民人力资本水平的提升，使得农村居民更好地享有数字金融所带来的普惠性。当然，在具体推进数字金融发展，尤其是为创业家庭提供借贷服务时，也需要完善甄别机制，确保有限信贷资源的优化配置。

第七章
数字金融发展与居民消费增长：
理论与中国实践*

上面两个章节，探讨了数字金融发展与居民收入包容性增长的关系，并研究了背后机制。我们发现数字金融的发展提升了家庭收入，并且农村低收入群体受益更为显著。因此，数字金融的发展有利于中国实现包容性增长。同时，我们发现数字金融的发展更加有助于农村居民而不是城镇居民创业，且有助于提升农村低收入家庭和低社会资本家庭的创业概率，进而帮助改善农村内部的收入分配状况。给定数字金融发展对居民收入具有正向影响，一个重要的推论是数字金融发展或许还能对居民消费产生影响。值得指出的是，数字金融发展影响消费或许会有多种途径：一种是通过收入，即收入提升导致的消费提升；另一种是通过数字金融本身的特点，如支付便利性的改善导致消费需求的提升。在本章和本书后面的章节中，我们将对这两种途径进行详尽的探讨。

一 为什么要研究消费？

那么，为什么要研究消费，消费又有什么特殊之处呢？学过经济学的人都无法不认可消费的重要性。因为无论从理论研究视角还是从各国的发展经验来看，居民消费的持续增长是一个国家经济稳定且高质量发展的重要因素

---

* 本章内容主要来自张勋、杨桐、汪晨、万广华《数字金融发展与居民消费增长：理论与中国实践》，《管理世界》2020年第11期，第48~62页。

之一。改革开放以来，我国居民消费需求从总量、结构上都发生了翻天覆地的变化。最初被称为拉动经济增长的"三驾马车"即投资、消费、出口逐渐出现步调不一致：投资和出口发展势头强劲，而消费需求长期低迷，近年来才有所回升。当前，我国经济增速放缓，投资和消费的结构性矛盾日益突出，如何拉动消费从而促进增长成为影响中国经济发展的至关重要环节。

此外，中国高储蓄低消费也在一定程度上加剧了全球经济的合作风险。一方面，由于2008~2009年全球性金融危机的影响，外部需求难以完全恢复；另一方面，全球失衡所导致的中短期内难以抗拒的逆全球化浪潮和愈发严峻的国际局势，使得中国必须高度重视拉动内需，千方百计解决内需不振的问题。2019年3月，李克强总理在第十三届全国人民代表大会第二次会议上所做的政府工作报告中指出，促进并形成强大的国内市场，持续释放内需潜力，充分发挥消费的基础性作用，为新一年经济平稳运行提供有力的支撑是2019年政府工作的重要任务之一。从这个视角出发，研究数字金融发展与居民消费的关系，对于促进中国经济的持续增长，甚至中华民族的伟大复兴都具有重要的战略和现实意义。

研究数字金融发展与居民消费的关系，首先必须知晓消费的决定因素。传统的消费理论（如Duesenbery的相对收入假说、Friedman的持久收入假说、Modigliani的生命周期理论以及Hall的随机游走理论等）都倾向于从跨期消费平滑角度分析消费的影响因素。但家户在现实中往往会面临各种约束，这些约束会使得跨期消费无法完全平滑。例如，购物时间模型认为家户消费受到现金的约束，居民需要去银行取钱来满足其消费（Ljungqvist和Sargent，2004），因此对现金的依赖越强，消费水平越低。流动性约束则认为借贷市场并不是完美的，使得居民无法按照最优路径进行借贷和消费。这些约束也基本上得到了文献的论证。例如，熊伟（2014）发现消费信贷会通过降低流动性约束来促进消费。随之兴起的预防性储蓄理论则认为，预防未来收入和支出不确定性是居民储蓄的重要原因。在此基础上，很多研究从理论角度对预防性储蓄的原因进行了研究（如Leland，1968；Miller，1976；Kimball，1990等），更多学者则试图从实证角度检验其合理性。基于美国

National Longitudinal Survey（NLS）和 Panel Study of Income Dynamics（PSID）数据的很多研究均表明，预防性储蓄是家庭储蓄一个非常重要的组成部分（Caballero，1990；Carroll，1994；Kazarosian，1997；等等），Dardanoni（1991）利用英国 Family Expenditure Survey（FES）数据的研究也得到了类似的结论。我国20世纪90年代后期到2008年以来的高储蓄、低消费现象也基本上被归咎于较高的预防性储蓄动机（宋铮，1999；施建淮和朱海婷，2004；易行健等，2008；杨汝岱和陈斌开，2009；万广华等，2011）。

从过去的经验来看，我国最终消费率在短短的几年内从2000年的63.30%一路跌至2008年的49.22%（见图7-1）。不过，从2011年起，我国最终消费率经历了"触底反弹"，开始从最低点稳步上升，到2017年底已上升至53.62%，消费率呈现"先降后升"的趋势。一个有趣的问题是，2010年之后我国的最终消费率"触底反弹"稳步上升，最终呈现"U"型变化的原因是什么？我们发现，在过去的5~10年里，我国的互联网行业发展迅速，大数据、云计算等技术相继崛起并得到广泛应用。具体来说，我国的互联网上网人数由1997年的62万人迅速增至2017年的7.72亿人，年均增长为42.8%；我国的互联网普及率达到了55.8%，超过了全球平均水平4.1个百分点，超过亚洲平均水平9.1个百分点。

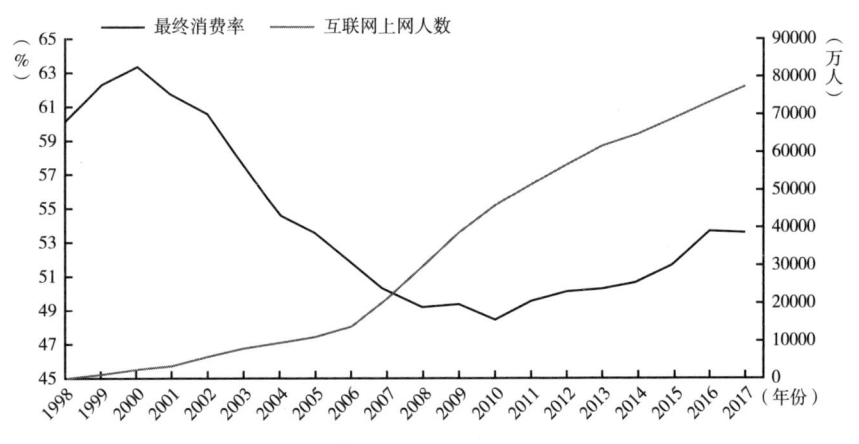

图7-1 互联网发展与居民消费增长：1998~2017年

注：数据来自历年《中国统计年鉴》。

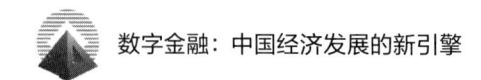

那么，我国互联网的发展与消费率"U"型变化是否具有一定关联呢？为回答这个问题，我们计算了从1998年到2017年最终消费率的变化，同时，用从1998年到2017年互联网上网人数的变化情况反映了我国近年来互联网的发展趋势，并将最终消费率和互联网的变化趋势绘制在图7-1中。图7-1表明，互联网快速崛起的阶段与我国消费率"触底反弹"后的上升阶段基本吻合。那么，这仅仅是巧合，抑或是互联网的发展在消费率止跌反升的过程中确实扮演了重要角色呢？

众所周知，互联网革命以电子计算机的发明和应用为主要标志，涉及信息技术、新能源技术、新材料技术、生物技术、空间技术和海洋技术等诸多领域，是人类文明史上继蒸汽技术革命和电力技术革命之后的又一次重大革命，给全球经济和人们的生活带来了全方位的冲击（江小涓，2018）。随着"互联网+"战略的深入推进，互联网和经济社会各领域的跨界融合和深度应用，催生了一系列"互联网+"经济新业态，中国的数字经济也经历了前所未有的高速发展，数字金融行业应运而生。尤其是2014年中国政府首次提出鼓励"互联网金融发展"的指导方针后，支付宝和微信等移动支付服务相继出现并发展壮大，使得我国居民能够更加便捷、高效地获取金融服务。数字金融服务的准入门槛低于传统的金融服务，也使得原有被排除在外的居民能够享受到新型数字金融带来的福利，所以它具有相当的普及性和包容性。

那么，数字金融究竟通过什么样的机制来影响消费呢？首先，作为互联网与金融的结合体，数字金融自然也具有了金融的特性。金融发展为居民消费提供基础，这已经得到了广泛的论证。Campbell和Mankiw（1991）认为，金融发展可以通过合理有效地分配资源，让那些受到资金流动性约束的消费者方便地利用金融市场实现消费的跨期平滑，进而释放被压抑的消费需求。樊纲和王小鲁（2004）的研究表明，以银行卡普及率为代表的金融发展对居民消费有正向促进作用。Cross和Souleles（2002）、Soman和Cheema（2002）和Karlan和Zinman（2010）则发现信用卡额度的提升促进了居民的消费，证明了金融可以缓解资金流动性约束。

从以上讨论可以预期，数字金融发展对居民消费也会有显著影响。遗憾的是，国内外探讨数字金融发展与家庭经济行为关系的文献很少，研究数字金融发展与居民消费关系的实证文献更少，据我们了解，有关这方面的文献仅有1篇，更不要说从理论上厘清数字金融发展促进居民消费的内在机制了。少数的几篇论文仅仅从宏观层面讨论了数字金融与经济发展、区域不平等和企业创新创业的关系（Kapoor，2013；李涛等，2016；宋晓玲，2017；朱一鸣和王伟，2017；黄益平和黄卓，2018；谢绚丽等，2018；张勋等，2019）。易行健和周利（2018）运用微观家庭调查数据，发现数字金融的发展显著促进了居民消费。不过，他们没有构建一个完整的理论框架，在数字金融到居民消费的传导机制讨论方面，也无法完全排除不同机制的干扰。

从理论上讲，互联网的发展所带动的数字金融普及，的确能够提升支付便利性，为居民消费提供新的动力。举一个简单的例子，以往居民外出购物，需要携带现金或银行卡，随着支付宝和微信等移动支付服务的普及，大部分商户都相继开通了二维码支付的模式，居民只需要用手机进行扫码，就可以完成购物，缩短了购物时间，在边际上降低了购物的成本，提升了支付便利性，因而可以促进消费。从以往的研究来看，大部分研究支付便利性与消费关系的文献主要以信用卡为载体展开。Brito和Hartley（1995）指出居民使用信用卡的一个动机是降低现金的持有成本，这表明信用卡可以提供支付上的便利性以促进消费。不过，信用卡促进消费的主要机制可能并不是提供支付便利性，而是缓解了居民的消费流动性约束（Cross和Souleles，2002；Soman和Cheema，2002；Karlan和Zinman，2010）。以移动支付为主要手段的数字金融的发展，预期可以进一步打通支付便利性到居民消费的传导机制，为居民消费创造新的动能。

本研究试图在以往研究的基础上，对数字金融发展与居民消费之间的理论、实证关系及内在机制展开规范、翔实和全面的探讨，力图在以下几个方面有所创新。

第一，以往研究数字金融发展经济效应的文献，大多采用实证分析的方法（谢绚丽等，2018；易行健和周利，2018；张勋等，2019），未能严谨地

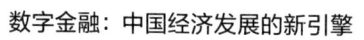

厘清数字金融发展经济效应的理论机制。本文在互联网革命和数字经济发展的背景下,首次构建了一个数字金融发展与居民消费关系的一般均衡框架,明确了支付便利性是数字金融发展促进居民消费增长的内在原因,这是本文的理论贡献。

第二,以往研究数字金融发展经济效应的实证文献,未能解决数字金融发展的内生性问题,或仅把内生性处理作为稳健性检验,实证结果的可信性存疑。本文在研究数字金融发展与居民消费的关系时将内生性问题的处理贯穿整项研究,重点克服了数字金融发展可能存在的内生性问题,以保证实证结果的可信性,这是本文在实证方面的贡献。

第三,以往研究数字金融发展与居民消费的文献,仅仅对经典消费理论中的若干假说进行分析。本文从数字金融发展本身的特征和居民的人口与经济特征两个方面对数字金融发展影响消费的支付便利性、流动性约束和预防性储蓄三种机制进行细致的验证或排除,使本研究的发现和结论具有更加可靠的政策意涵。

二 数字金融发展与居民消费增长:一般均衡的理论分析

首先,本节提供一个基于购物时间模型的理论框架(Ljungqvist 和 Sargent,2004),将支付便利性模型化,以厘清数字金融发展至消费的传导机制。

(一)偏好

我们的模型是一个标准的包含货币的无穷期决策模型。令下标 t 代表时间,在每一期,家户决定消费和劳动量,其消费和投资决策受到当期收入和截至当前的储蓄总量的影响。简单起见,假定经济体仅存在一种商品。在该框架下,代表性家户最大化以下的效用函数(7.1):

$$\max_{c,l} \sum_{t=0}^{\infty} \beta^t u(c_t, l_t) = \sum_{t=0}^{\infty} \beta^t [ln(c_t) + ln(l_t)] \tag{7.1}$$

其中，β 为主观贴现率（或时间偏好率），即抽象的效用折现因子，c_t 为家户的消费量，l_t 为单位化之后的家户的闲暇时间。显然，消费越多，效用越大；同时，家户也偏好闲暇，闲暇时间越少，则效用越低。代表性家户在最大化效用时，须受限于如下预算约束式（7.2）：

$$(M_t^D - M_{t-1}^D) + (B_t - B_{t-1}) + P_t(b_t - b_{t-1})$$
$$= W_t n_t + \Pi_t - P_t c_t + R_{t-1} B_{t-1} + P_t r_{t-1} b_{t-1} + T_t \quad (7.2)$$

其中，所有大写符号为名义变量，小写符号则为实际变量。M 为以现金形式存在的货币量，B 为名义债券，b 则是实物（实际）债券。同时，M_{-1}、B_{-1} 以及 b_{-1} 是给定的。此外，n 为家户的劳动量。预算约束式还包括了一些价格变量，其中，P 为商品的价格，W 为名义工资水平，Π 为企业利润，R 为名义债券利率，r 为实物债券利率。最后，T 为中央银行在当期的新增货币量。

在这一简单模型中，（7.2）限制式的右边为代表性家户的储蓄，左边为储蓄持有的方式，即分配在货币和债券中。可以看出，持有货币不产生利息，持有债券则产生利息。因此，如果持有货币没有额外的好处，则代表性家户在最优条件下将选择不持有货币。但现实中，货币的好处在于其在支付上的便利性，即家户在每次购物时不需要再去银行取钱，从而能够缩短购物时间，见如下限制式（7.3）：

$$l_t + n_t + c_t \varepsilon \left(1 + \frac{M_t}{P_t}\right)^{-1} = l_t + n_t + s_t = 1, 0 \leq \varepsilon \leq 1 \quad (7.3)$$

在限制式（7.3）中，代表性家户在每一期均需要将时间分成三份：闲暇时间 l_t、劳动时间 n_t 和购物时间 s_t。其中，购物时间 s_t 取决于消费量 c_t 以及持有的实际货币余额 M_t/P_t：消费量越大，购物时间越长；持有的实际货币余额越多，购物时间越短。

在模型化购物时间 s_t 时，我们还添加了一个参数 ε。这个参数表示了购物时间受到实际货币余额量的限制程度。从直观上看，数字金融的发展，降低了人们对现金的需求，人们不再需要到银行提取现金进行购物，而仅仅需要通过网上支付或者手机支付等方式便可获取商品，这便是数字金融发展所

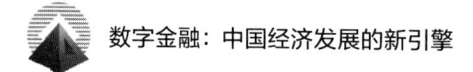

带来的支付便利性的实际体现。数学上,我们做如下假设:
数字金融发展和购物时间的现金约束 ε 呈负相关关系,即模型(7.4):

$$\varepsilon = \varepsilon(DF), \varepsilon'(DF) < 0 \tag{7.4}$$

其中,DF(Digital Finance)代表数字金融发展程度。

(二)家户行为

我们通过以上的代表性家户的效用函数(7.1),结合预算约束(7.2)和购物时间限制(7.3),来分析家户的效用最大化行为。模型遵循标准的动态规划方法进行求解。我们令 λ_t 代表预算约束限制式(7.2)的拉格朗日乘子,η_t 代表购物时间限制式(7.3)的乘子。首先,消费的均衡式(7.5)满足:

$$\lambda_t = \frac{1}{P_t}(u_{ct} - \eta_t H_{ct}) = \frac{1}{P_t}(u_{ct} - u_{lt} H_{ct}) \tag{7.5}$$

其中,u_{ct} 和 H_{ct} 为效用函数和购物时间函数分别关于消费的一阶导数,u_{lt} 表示效用函数关于闲暇时间的一阶导数。式(7.5)说明,λ_t 表示了单位消费的边际效用减去为获得消费去商店购物损耗时间的负效用。因而,实物债券的表达式可以用消费的实际效用变化模型(7.6)来表示:

$$r_t = \frac{\lambda_t P_t}{\beta \lambda_{t+1} P_{t+1}} - 1 = \frac{(u_{ct} - u_{lt} H_{ct})}{\beta(u_{c,t+1} - u_{l,t+1} H_{c,t+1})} - 1 \tag{7.6}$$

此外,我们还可以得到著名的费雪方程式(7.7):

$$1 + R_t = \frac{P_{t+1}}{P_t}(1 + r_t) \tag{7.7}$$

易知,在均衡时,名义利率与实际利率之间恰好相差通货膨胀率,而通货膨胀率则取决于中央银行的货币供给行为。

进而,通过求解模型,我们还可以分析持有货币的成本收益式(7.8):

$$\lambda_t \left[1 - \frac{P_t}{(1 + r_t) P_{t+1}} \right] = -\frac{1}{P_t} \eta_t \varepsilon H_{mt} \tag{7.8}$$

其中,H_{mt} 为购物时间函数关于实际货币余额的一阶导数。式(7.8)的左边为从 t−1 期到 t 期持有实际货币的机会成本,即损失了持有债券的收益。因此,债券收益的高低会影响持有实际货币的机会成本大小。式(7.8)的右边则为持有实际货币的边际收益,即节省的购物时间。均衡时当且仅当成本与收益相等。此外,还可以看出,购物时间的现金约束 ε 越小,则持有实际货币的边际收益降低,家庭会更不倾向持有货币进行购物。

(三)生产和货币供给

接下来引入企业和中央银行的运作模式。

企业雇用劳动力进行生产,追求利润最大化。简单起见,此处不引入资本,但引入资本并不改变模型结论。假设企业生产一单位商品需要一单位劳动力,因此求取以下利润式(7.9)之极大:

$$\max_n P_t f(n_t) - W_t n_t = P_t n_t - W_t n_t \tag{7.9}$$

在最优条件下,企业设定工资水平与商品的价格相同($W_t = P_t$),此时企业的利润为 0。

中央银行以定额移转的方式发行货币。由于中央银行本身不存在借贷,因此其预算约束式表达为一货币平衡式(7.10):

$$M_t^s - M_{t-1}^s = T_t \tag{7.10}$$

此处,如果 T_t 为正,相当于中央银行在 t 期对外发行货币;若 T_t 为负,则相当于收回货币。此处我们不讨论数字金融发展是否会对货币供给产生影响,因此进一步假设货币供给以固定速度增长,呈现如下形式(7.11):

$$T_t = \mu M_{t-1}^s, \mu > -1 \tag{7.11}$$

此处,$\mu > -1$ 的假设是为了保证货币供给总量为正。

(四)稳态均衡

这一简单经济体的一般均衡包含了货币市场均衡($M_t^D = M_t^s$)、名义债券($B_t = 0$)和实物债券($b_t = 0$)市场均衡以及商品市场均衡($c_t =$

n_t)。我们直接求解模型的稳态均衡，可得式（7.12）：

$$\bar{c} + \sqrt{\left(1 - \frac{\beta}{1+\mu}\right)\varepsilon \bar{c}} = \frac{1}{2} \qquad (7.12)$$

显然，当购物时间的现金约束（ε）变弱时，稳态下的家庭消费水平将有所上升，否则等式无法成立。我们将以上发现总结为以下定理：数字金融发展程度（DF）提高，购物时间的现金约束（ε）变弱，稳态下的家庭消费（$\bar{c}$）上升。

值得注意的是，最终消费和劳动量的稳态均衡是相等的，意味着数字金融发展也可以带来劳动量的增加。从机制上看，数字金融发展所带来的消费需求的提升，使得商品价格提升，商品价格提升会带来工资水平的上升，从而激励家庭提供更多的劳动力。这也是数字金融发展促进经济增长的重要机制。

三 实证策略和数据

（一）实证模型设定：数字金融与居民消费

在理论分析后，我们聚焦数字金融与居民消费的实证关系。用 Con_{ijt} 表示第 t 年 j 省市 i 家庭的消费，家庭所在地区的数字金融发展程度用 $DF_{j,t-1}$ 表示。居民消费取对数纠偏，我们可以得到如下实证模型（7.13）：

$$ln(Con_{ijt}) = \gamma_0 + \gamma_1 DF_{j,t-1} + \gamma'_2 X_{ijt} + \phi_i + \varphi_t + u_{ijt} \qquad (7.13)$$

在模型（7.13）中，X_{ijt} 表示户主个人、家庭以及家庭所在地区的控制变量，ϕ_i 表示家庭固定效应，φ_t 表示年份固定效应，u_{ijt} 为随机扰动项。为了减弱反向因果的可能性，我们将数字金融发展滞后一期。此外，由于我们分析的是地区层面的数字金融发展与家庭消费的关系，为了避免地区内部家庭之间的相关性对模型估计结果的影响，我们将稳健标准误聚类到地区层面。这样一来，γ_1 衡量了数字金融的发展对家庭消费的总体影响。

接下来探讨模型的控制变量。户主层面的变量包括户主的性别、年龄、教育年限、婚姻状况、健康水平以及是否拥有社会保障，这些都是影响居民消费的经典变量。不过，由于我们控制了家庭层面的固定效应，加上户主的性别和教育年限等变量的观察值在短时间内几乎不随时间发生变化，所以这些变量的系数难以估计。此外，由于户主的年龄可以表示为家庭固定效应和时间固定效应的线性组合，其系数也无法估计。为了缓解遗漏变量（Omitted Variables）的偏误，参考Zhang等（2017），我们在模型（7.13）中控制了年龄的平方项。

在家庭整体层面，我们控制了家庭收入、家庭财富规模、家庭人口规模、家庭中的少儿（16岁以下）人数比例和老年（60岁以上）人数比例。显然，家庭收入、家庭财富规模和家庭人口规模越高，居民消费水平越高；家庭中的少儿（16岁以下）人数比例和老年（60岁以上）人数比例（即通常说的人口抚养比）越高，家庭负担越重，消费水平越低。由于本研究所测度的数字金融发展程度包含货币基金业务，为了缓解逆向因果的影响，我们在家庭收入中剔除了财产性收入。地区层面上，所在的村、镇或社区的经济状况被纳入考虑，这是影响家庭消费的重要宏观变量。此外，为了考虑传统金融对家庭消费的影响，模型中还考虑了地区层面的金融发展变量（以金融机构贷款余额与GDP的比值衡量）。

（二）内生性考量

模型（7.13）可能存在遗漏变量和内生性问题。比如，不同家庭对新事物/风险的接受程度往往有差别，这不但影响数字金融的发展，也影响消费行为，而且这类因素很难被度量。为了尽可能克服由第三方因素导致的内生性问题，我们利用数据的家庭面板特征，构建固定效应模型，控制那些不随时间变化的家庭层面的遗漏变量，减少对估计结果造成的影响。

反向因果也有可能存在，因为居民消费的增加，或许会使互联网朝着更便利与低成本的方向进步，进而促进数字金融的发展。因此，我们采用工具变量估计方法。我们所选取的工具变量为利用地理信息系统（GIS）计算所得到的距离类型的变量，分别是家庭所在地区与杭州的球面距离，以及家庭所在地区与省会的球面距离。这两类工具变量与本地区的数字金融发展程度显然具备相关性。首先，众所周知，以支付宝为代表的数字金融的发展起源于杭州，因此杭州的数字金融发展处于领先位置，可以预期，在地理上距离杭州越近，数字金融的发展程度应越高。在稳健性检验中，我们还利用了家庭所在地区与三大核心城市——北京、杭州和深圳的平均球面距离。核心城市当中之所以没有选择上海，是因为上海离杭州较近，加入上海会使平均球面距离整体偏向华东地区；同理，之所以选择深圳而不是广州，也是因为深圳离广州较近，同时深圳还是腾讯集团的总部，数字金融发展水平也比较高。此外，省会通常是一个省的经济中心，也应是数字金融发展中心，距离省会城市越近，数字金融的发展也应越好，因此，这两个指标与数字金融发展紧密相关。

其次，我们还必须说明这两个距离变量的外生性，即不会通过一些遗漏变量，特别是经济发展水平而影响家庭消费，从而满足排他性约束（Exclusion Restriction）。首先，杭州仅仅是中国经济发展的重要城市之一①，因此，与杭州的距离越小并不意味着经济发展水平越高，外生性近似满足。另外，与省会距离较近的地区，一般也都是经济上比较发达的地区。对于这一问题，我们解决的办法是：利用家庭调查数据，控制所在的村、镇或社区的一些经济发展指标（见上面讨论），尽可能地减少遗漏变量，从而切断地理距离与居民消费水平之间可能的联系。我们认为，在控制了这些变量之后，地理距离变量更加外生。

（三）数据

为了估计模型（7.13），我们使用三方面的数据。第一方面数据来自北京大学中国社会科学调查中心的中国家庭追踪调查（China Family Panel Studies，CFPS）。具有全国代表性的 CFPS 开始于 2010 年，之后每两年进行一次，通过跟踪收集个体、家庭、社区三个层次的数据，反映中国社会经济和人口教育的变迁。CFPS 覆盖 25 个省/自治区/直辖市的 162 个县，目标样本规模为 16000 户，调查对象包含了样本家庭中的全部成员。具体说来，基

---

① 根据 CEIC 数据库，2018 年杭州的 GDP 总量在全国排名第 10。

于成人问卷的个人信息,包括个人的性别、年龄、民族、婚姻状况、受教育年限和社会保障情况[①]等;基于家庭问卷和家庭关系问卷的家庭信息,包括家庭规模、抚养比、家庭纯收入等;基于社区问卷的村/社区信息,包括村/社区经济状况[②]等。表7-1是CFPS相关变量的统计描述。

表7-1 CFPS相关变量的统计描述

变量	2012年 样本	2012年 均值	2012年 标准差	2016年 样本	2016年 均值	2016年 标准差
家庭消费(元)	7302	37508	41452	7839	53479	82306
户主性别(男性=1)	7302	0.762	0.426	7839	0.719	0.450
户主年龄(岁)	7302	52.278	12.363	7839	55.320	12.496
婚姻状况(有配偶=1)	7302	0.893	0.309	7839	0.875	0.331
健康水平(健康=1)	7302	0.801	0.399	7839	0.809	0.393
社会保障情况(比例)	7302	0.901	0.299	7839	0.947	0.224
家庭收入(元,除财产性收入)	7302	47213	69348	7839	69017	155902
家庭财富(元)	7302	35794	130309	7839	54325	197667
家庭规模(人)	7302	3.768	1.721	7839	3.820	1.833
少儿比例	7302	0.138	0.164	7839	0.134	0.161
老年人比例	7302	0.202	0.319	7839	0.249	0.332
村/社区经济状况(评分)	7302	4.386	1.142	7839	4.696	1.355

资料来源:数据来自CFPS。

居民消费变量以家庭为单位,直接来自CFPS数据库中的家庭问卷,包括食品支出、衣着支出等一些用于生活用品购买的支出,也包括教育、医疗、娱乐性支出,但不包含转移性支出或建房购房贷款支出等非消费性支出。从表7-1中可以看出,2016年中国居民消费性支出均值为53479元,比2012年中国居民消费性支出均值37508元上升了42.6%。

第二方面的数据为城市层面的经济指标。首先,为了考虑传统金融发展对居民消费的影响,我们控制了城市层面的金融机构贷款余额与GDP的比值。其次也是更为重要的,为了刻画数字金融发展对居民消费的影响,我们

---

① 考虑到跨年可比性,定义为是否拥有医疗保险、养老保险和住房公积金。
② 定义为访问员所观察到的村/社区经济状况,取值为1到7,1为很穷,7为很富。

采用了第三章所介绍的中国数字普惠金融发展指数。该指数包括了覆盖广度、使用深度和数字支持服务程度三个方面。覆盖广度主要通过电子账户数（如互联网支付账号及其绑定的银行账户数）等来体现；使用深度依据实际使用互联网金融服务的情况来衡量，包括支付业务、货币基金业务、信贷业务、保险业务、投资业务和信用业务，既用实际使用人数，也用人均交易笔数和人均交易金额来衡量使用情况；在数字服务支持方面，便利性和成本高低是影响用户使用金融服务的主要因素。

图7-2和图7-3勾画了三个细分指标的发展和省际差异情况。有三点值得注意。首先，这三个细分指标在2011~2018年都有快速上升，覆盖广度指标从2011年的平均34.28上升到2018年的281.92，使用深度指标从2011年的平均46.93上升到2018年的287.50，数字支持服务指标从2011年的平均46.32上升到2018年的383.7。其次，覆盖广度和使用深度两个指标的省际差异基本保持一致，东部发展程度最高，中部和西部较低。最后，数字支持服务指标的省际差异与其他两个指标有所区别，中西部地区发展较快。这表明，数字支持服务的提升是近年来各省数字金融发展程度有所收敛的原因。如果数字金融发展对居民消费产生影响，有必要挖掘其背后的影响机制，而对背后机制的分析离不开对数字金融不同方面的发展的分析。

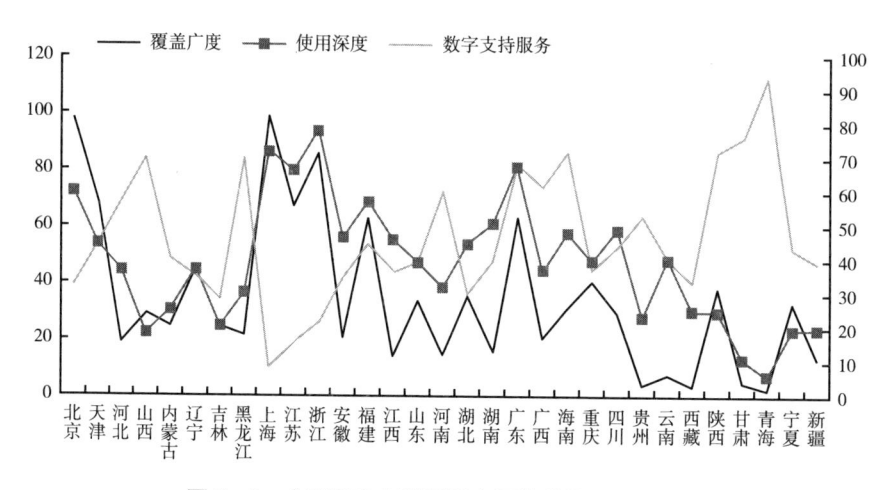

图7-2 中国数字金融不同方面的发展（2011年）

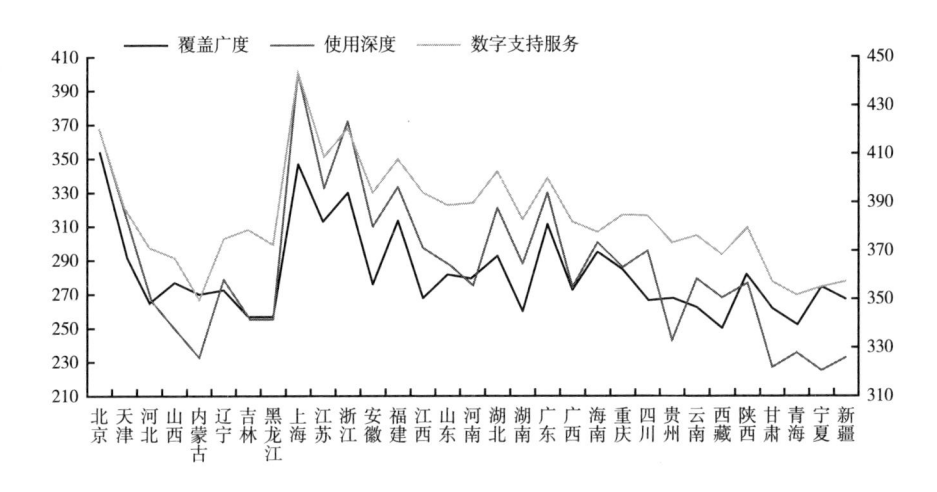

图7-3 中国数字金融不同方面的发展（2018年）

本研究使用的第三方面的数据为数字金融发展的工具变量数据，即家庭所在地区与杭州的球面距离以及家庭所在地区与省会的球面距离，这些数据通过地理信息系统计算后获得。我们将上述三方面的数据依据地市进行合并，最终获得的样本为2012年、2014年和2016年的家庭数据和地区数据，家庭所在地与杭州、三大城市和省会的球面距离，以及2011年、2013年和2015年的数字普惠金融发展指数。

四 数字金融发展与居民消费增长：实证分析

在接下来的两节中，我们将探讨数字金融发展与居民消费之间的关系。我们将首先估算数字金融与居民消费的基准模型，之后进行内生性分析。在第五、六节，我们聚焦数字金融影响居民消费的传导机制。

（一）数字金融发展与居民消费增长：基准回归

首先，我们根据模型（7.13）进行线性最小二乘（OLS）回归，并加入时间和家庭双重固定效应。同时，考虑到同一城市内的家庭之间有相关性，将模型的稳健标准误聚类到地市一级。表7-2的第（1）列报告了回归结果。

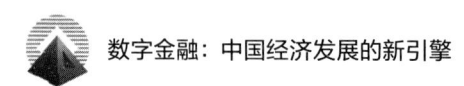

表7-2 数字金融发展与居民消费增长

因变量	(1)家庭消费	(2)数字金融发展	(3)家庭消费	(4)消费率
数字金融发展	0.0041 * (0.0024)		0.0086 *** (0.0025)	0.5504 ** (0.2658)
到杭州球面距离×全国(除本市)数字金融发展均值		-0.0376 *** (0.0101)		
到省会球面距离×全国(除本市)数字金融发展均值		-0.0160 *** (0.0025)		
户主年龄^2	0.0000 (0.0001)	0.0013 (0.0015)	-0.0000 (0.0001)	-0.0553 (0.0479)
婚姻状况	0.0902 (0.0593)	0.6615 (0.4380)	0.0893 (0.0596)	-5.3259 (5.0219)
健康水平	-0.0988 *** (0.0188)	-0.0911 (0.1412)	-0.0982 *** (0.0189)	4.4305 * (2.6642)
社会保障水平	0.0496 * (0.0265)	0.8427 *** (0.2619)	0.0440 * (0.0264)	2.1679 (1.5653)
家庭收入(除财产性收入)	0.0652 *** (0.0076)	0.1236 ** (0.0566)	0.0638 *** (0.0074)	-27.7752 *** (8.8160)
家庭财富	0.0013 (0.0014)	0.0123 (0.0192)	0.0010 (0.0014)	0.1028 (0.2778)
家庭规模	0.1088 *** (0.0095)	0.0029 (0.0556)	0.1091 *** (0.0095)	5.8418 *** (2.0085)
少儿比例	-0.2270 *** (0.0739)	0.4195 (0.5188)	-0.2333 *** (0.0740)	-33.0914 ** (16.5273)
老年人比例	-0.1344 *** (0.0477)	-0.3229 (0.3086)	-0.1345 *** (0.0481)	7.5278 (6.9809)
村/社区经济状况	-0.0031 (0.0124)	0.0591 (0.2814)	-0.0012 (0.0121)	-0.5333 (1.1467)
贷款/GDP	0.0027 (0.0138)	0.8032 (0.6700)	0.0004 (0.0141)	-1.2738 (0.9199)
家庭固定效应	是	是	是	是

续表

因变量	(1)家庭消费	(2)数字金融发展	(3)家庭消费	(4)消费率
年份固定效应	是	是	是	是
观测值数量	22730	22730	19746	19746
R方	0.0839	0.9950	0.0824	0.0372
第一阶段F统计量	/	/	25.94	25.94
Hansen检验-p值	/	/	0.762	0.796

注：括号内是城市层面的稳健标准误，其中 *** $p<0.01$, ** $p<0.05$, * $p<0.1$；工具变量是距离变量与数字金融发展指数的全国均值（除本市）的交互项。

在表7-2第（1）列的回归中，我们直接考察数字金融发展与居民消费的相关关系，并控制了户主特征、家庭特征和所在地区的经济特征。我们发现，数字金融发展的系数是正向且显著的，表明从整体而言，数字金融的发展有助于提升居民消费。考察其他控制变量的系数，我们发现户主特征的变量系数基本不显著，可能的原因是这些变量对于大部分家庭来说在短期内不会随时间变化或者变化很小，因此它们的效应基本上被家庭固定效应吸收了。例外的是户主的健康水平，我们发现户主越健康，消费水平越低，原因在于消费变量中包含了医疗支出，健康状况的改善可能带来了医疗支出的降低。此外，社会保障水平越高，消费水平越高，体现了预防性储蓄的原则。家庭整体特征的变量有助于解释居民消费，其中，家庭收入和家庭规模与消费呈正相关，但抚养比的增加带来消费的减少，这些发现均符合预期。最后，我们发现地区的传统金融发展程度与家庭消费的关系并不显著，表明数字金融的角色不能被传统金融所替代。

（二）内生性分析

如前文所说，数字金融发展和居民消费增长之间可能存在反向因果关系。因此，我们采用工具变量估计方法来进行内生性分析。我们所选取的工具变量为家庭所在地区与杭州的球面距离，以及家庭所在地区与省会的球面距离。前文也论证了这两类工具变量具备相关性和排他性的特征，是合适的工具变量。不过，在估计之前，有一点必须指出：模型（7.13）中的内生变量，即数字金融发展是随年份变化的变量，但我们所选取的工具变量并不随时间变化，这使得通常的第二阶段估计失效。因此，我们将工具变量与全国层面（除本市外）的数字金融发展指数的均值进行交互，作为新的具有时间变化效应的工具变量。我们首先从统计学的角度检验了两者的相关性。在表7-2的第（2）列中，我们报告了第一阶段的回归结果。很明显，这两类距离的工具变量都与数字金融发展显著负相关，意味着离数字金融发展中心越远，数字金融的发展水平越低。这是符合预期的。[①]

表7-2的第（3）列报告了采用工具变量估计的第二阶段回归结果。我们首先考察工具变量的有效性。我们发现，首先，第一阶段的考虑异方差的弱工具变量检验F统计量大于10，表明工具变量满足相关性特征；其次，检验外生性的Hansen统计量的p值大于0.10，无法拒绝工具变量满足外生性的原假设。这两类检验均说明了本研究选取的工具变量是有效的。从估计结果上看，我们依然发现数字金融的发展显著促进了居民消费水平的提升。此外，我们发现数字金融发展的估计系数更加显著，证实了估计结果的稳健性。不仅如此，数字金融发展的估计系数也有所扩大，但扩大程度不多，表明解释变量的测量误差程度较弱（Angrist 和 Pischke，2009）。从经济显著性上看，当数字金融发展指数提升一个标准差（以2018年为例，标准差为29.77）时，居民消费将提升25.6个百分点。

（三）稳健性检验

我们对基准回归进行一系列稳健性检验。一种担忧是数字金融对居民消费的影响可持续性不足。不过，在表7-2的第（1）和第（3）列中，我们控制了家庭收入，意味着在给定收入水平的情况下，数字金融发展仍然能够提升消费。这意味着家庭消费将因数字金融的发展而提升。为了进一步确认这一发现，在

[①] 第一阶段的回归拟合系数较高，是因为我们利用了地区层面的变量作为被解释变量，而家庭层面的变量作为解释变量，造成拟合程度较高的缘故。

表7-2的第（4）列中，我们直接考虑了数字金融发展对消费率的影响。工具变量的回归结果表明，数字金融的发展的确带来了居民消费率的提升。因此，在给定收入增长的情况下，数字金融发展将带来消费的持续增长。

另一种担忧是家庭所在地区与杭州的球面距离作为工具变量，其与数字金融发展之间的相关性不一定很高，因为并不一定离杭州越近，数字金融的发展程度就越高。为此，我们将家庭所在地区与杭州的球面距离替换为家庭所在地区与三大核心城市——北京、杭州和深圳的平均球面距离。表7-3报告了采用替换的工具变量所得到的一系列回归结果。表7-3的第（1）列报告了使用到核心城市的平均球面距离和到省会的球面距离作为工具变量的第一阶段回归结果。可以看出，两个工具变量的系数均显著为负，符合相关性的要求。第（2）列和第（3）列分别报告了采用替换的工具变量的以消费水平和消费率为被解释变量的第二阶段回归结果。我们发现数字金融发展的系数依然显著为正，表明结果大致是稳健的。因此，在后文的分析中，我们依然主要使用到杭州的球面距离作为工具变量进行实证分析。

表7-3 数字金融发展与居民消费增长：稳健性检验

因变量	(1) 数字金融发展	(2) 家庭消费	(3) 消费率
数字金融发展		0.0112 *** (0.0029)	0.5540 * (0.3009)
到核心城市平均球面距离×全国(除本市)数字金融发展均值	-0.0914 *** (0.0220)		
到省会球面距离×全国(除本市)数字金融发展均值	-0.0189 *** (0.0037)		
户主年龄^2	0.0012 (0.0015)	-0.0000 (0.0001)	-0.0554 (0.0481)
婚姻状况	0.5199 (0.4514)	0.0888 (0.0599)	-5.3266 (5.0246)
健康水平	-0.0979 (0.1440)	-0.0979 *** (0.0189)	4.4310 * (2.6623)
社会保障水平	0.7326 *** (0.2591)	0.0407 (0.0263)	2.1634 (1.5414)

续表

因变量	(1) 数字金融发展	(2) 家庭消费	(3) 消费率
家庭收入(除财产性收入)	0.1428** (0.0630)	0.0630*** (0.0074)	-27.7764*** (8.8175)
家庭存款	0.0106 (0.0194)	0.0008 (0.0014)	0.1026 (0.2755)
家庭规模	-0.0232 (0.0554)	0.1092*** (0.0095)	5.8421*** (2.0085)
少儿比例	0.4722 (0.5476)	-0.2371*** (0.0744)	-33.0965** (16.5139)
老年人比例	-0.1379 (0.3544)	-0.1346*** (0.0485)	7.5276 (6.9805)
村/社区经济状况	0.1234 (0.2806)	-0.0001 (0.0121)	-0.5317 (1.1512)
贷款/GDP	0.8624 (0.7213)	-0.0010 (0.0143)	-1.2757 (0.9273)
家庭固定效应	是	是	是
年份固定效应	是	是	是
观测值数量	22730	19746	19746
R方	0.9947	0.0802	0.0372
第一阶段F统计量	/	14.72	14.72
Hansen检验-p值	/	0.0237	0.731

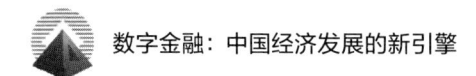

注：括号内是城市层面的稳健标准误，其中 *** $p<0.01$，** $p<0.05$，* $p<0.1$；工具变量是距离变量与数字金融发展指数的全国均值（除本市）的交互项；核心城市指北京、杭州和深圳。

五 数字金融发展与居民消费增长：传导机制

在发现数字金融的发展有助于提升居民消费水平的前提下，本节进一步分析其中的传导机制。根据理论模型，我们将分析数字金融的发展能否通过支付的便利性对居民消费产生影响。此外，居民消费的变化还可能与其他因素相关，特别是经典文献中所分析的消费假说，而这些因素可能也与数字金融的发展相关，我们也试图对这些假说进行验证或排除。通过这两个方面的分析，我们可以厘清数字金融发展主要通过何种渠道对居民消费产生影响。

（一）支付便利性

根据理论模型，数字金融发展能够带来家庭消费的提升，其原因可能在于放松了现金对消费的限制力。这里面的潜在含义是数字金融可以提供支付上的便利性，使得居民在消费时减少了对现金的需求，这正是中国近年来数字金融发展的新现象。

为了检验这个假设，我们首先在基准回归的基础上，利用中国数字普惠金融发展的子指数来进行机制验证。根据前文，中国数字普惠金融发展指数包括了覆盖广度、使用深度和数字支持服务程度三个方面。覆盖广度主要通过电子账户数（如互联网支付账号及其绑定的银行账户数）的覆盖程度来体现；使用深度依据实际使用互联网金融服务的情况来衡量，包括支付服务、信贷服务、保险服务、投资服务和信用服务，既用实际使用人数，也用人均交易笔数和人均交易金额来衡量使用情况；在数字服务支持方面，便利性和成本高低是影响用户使用金融服务的主要因素。那么，这些子指数当中，哪些可以反映支付的便利性呢？

我们认为，有三类子指数可以反映支付的便利性，从而起到促进居民消费的作用。第一类是覆盖广度，即电子账户的覆盖程度，覆盖程度越高，意味着支付越便利；第二类是使用深度中的支付业务，该业务的发展程度越好，也意味着支付越便利；第三类是数字支持服务程度，因为该子指数中包含了以移动支付占比来衡量的支付便利性。

在表7-4的第（1）~（3）列中，我们分别分析这三类子指数与居民消费的关系。进行分别分析是因为这三类指数包含共同的支付便利性信息，将其放置于同一模型之下会面临共线性问题。在表7-4的分析中，我们直接采用了克服内生性问题的工具变量回归，工具变量采用两类距离变量与相应指标的全国样本均值进行交互得到。从结果来看，覆盖广度和使用深度中的支付业务的工具变量是有效的，但数字支持服务程度变量的弱工具变量检

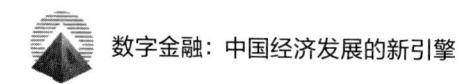

验无法通过,因此我们重点考察前两类指标。事实上,无论是覆盖广度,还是使用深度中的支付业务,都一致且显著地正向影响居民消费。这初步证实了支付便利性是数字金融发展提升居民消费的机制。

表7-4 支付便利性与居民消费

因变量	(1)	(2)	(3)	(4)	(5)
	居民消费	居民消费	居民消费	网购频繁	居民消费
覆盖广度	0.0122 *** (0.0040)				
支付业务		0.0034 *** (0.0011)			
数字支持服务程度			0.0101 *** (0.0038)		
数字金融发展				0.0028 ** (0.0014)	
网购频繁					0.0782 *** (0.0192)
户主年龄^2	0.0000 (0.0001)	-0.0000 (0.0001)	-0.0001 (0.0001)	-0.0004 *** (0.0001)	0.0001 (0.0001)
婚姻状况	0.0922 (0.0601)	0.0911 (0.0599)	0.0717 (0.0631)	-0.0174 (0.0185)	0.0924 (0.0589)
健康水平	-0.1017 *** (0.0190)	-0.0971 *** (0.0186)	-0.0952 *** (0.0194)	0.0012 (0.0070)	-0.0994 *** (0.0189)
社会保障水平	0.0483 * (0.0263)	0.0488 * (0.0262)	0.0342 (0.0286)	0.0210 * (0.0115)	0.0528 ** (0.0265)
家庭收入(除财产性收入)	0.0656 *** (0.0075)	0.0646 *** (0.0073)	0.0593 *** (0.0080)	0.0041 * (0.0023)	0.0661 *** (0.0076)
家庭存款	0.0013 (0.0015)	0.0011 (0.0014)	0.0006 (0.0016)	0.0011 (0.0007)	0.0014 (0.0014)
家庭规模	0.1096 *** (0.0095)	0.1087 *** (0.0095)	0.1096 *** (0.0099)	0.0348 *** (0.0045)	0.1058 *** (0.0095)
少儿比例	-0.2386 *** (0.0766)	-0.2230 *** (0.0740)	-0.2705 *** (0.0808)	-0.0812 *** (0.0304)	-0.2150 *** (0.0740)
老年人比例	-0.1157 ** (0.0488)	-0.1360 *** (0.0469)	-0.1460 *** (0.0527)	-0.0701 *** (0.0134)	-0.1287 *** (0.0471)

续表

因变量	(1)	(2)	(3)	(4)	(5)
	居民消费	居民消费	居民消费	网购频繁	居民消费
村/社区经济状况	-0.0070 (0.0130)	-0.0032 (0.0124)	-0.0086 (0.0170)	0.0044 (0.0055)	-0.0051 (0.0126)
贷款/GDP	0.0093 (0.0125)	0.0096 (0.0111)	-0.0364 (0.0351)	-0.0020 (0.0078)	0.0049 (0.0143)
家庭固定效应	是	是	是	是	是
年份固定效应	是	是	是	是	是
观测值数量	19746	19746	19746	19746	22730
R方	0.0803	0.0871	0.0050	0.0749	0.0838
第一阶段F统计量	29.83	71.97	3.666	25.94	/
Hansen检验-p值	0.781	0.997	0.683	0.974	/

注：括号内是城市层面的稳健标准误，其中 $***p<0.01$，$**p<0.05$，$*p<0.1$；工具变量是距离变量与数字金融发展相应指数的全国均值（除本市）的交互项。

我们进一步从需求层面寻找数字金融通过支付便利性来增加居民消费的证据。从现实观察来看，数字金融发展能促进居民消费，最直接的原因可能是网购更加便利，居民足不出户便能满足购买商品的需求。在表7-4的第（4）列中，我们直接考察数字金融发展与居民网购频繁程度之间的关系。这里，网购频繁程度为虚拟变量，定义为如果家庭中有人一周进行了至少一次网购，则网购频繁指标设定为1，否则为0。工具变量的估计结果显示，数字金融发展程度越高，居民的网购频繁程度也越高。第（5）列进一步证实了数字金融发展所带动的居民网购频繁化，显著地促进了居民消费的提升。这证实了支付便利性是数字金融发展提升居民消费的机制。

（二）资金流动性约束

我们进一步分析数字金融发展与居民消费增长的其他可能传导机制。根据易行健和周利（2018）的分析，考虑到金融发展可以通过合理有效地分配资源，让那些受到资金流动性约束的消费者能够方便地利用金融市场实现消费的跨期平滑，进而释放被压抑的消费需求，那么，数字金融的发展也可能有助于居民优化资源配置,缓解居民的资金流动性约束,提升居民消费。

基于此,我们从两个方面研究资金流动性约束的放松是不是数字金融发展提升居民消费的机制。首先,与前文相一致,我们利用数字金融发展的子指数来展开分析。在这些子指数中,与资金流动性约束有关的指标是信贷业务和信用业务的发展程度。事实上,金融发展之所以能够实现资源的合理配置,其本质就是允许有资金流动性约束的个体进行借贷,从而能够缓解或消除资金流动性约束。信用业务则是信贷业务展开的前提,因而也与资金流动性约束相关。在表7-5的第(1)(2)列中,我们分别在基准回归中添加了使用深度中的信贷业务指数和信用业务指数。我们发现,这两类变量的系数均不显著,初步显示数字金融发展未能通过放松居民的资金流动性约束来提升居民消费。

表7-5 资金流动性约束的放松与居民消费

因变量 居民消费	(1)	(2)	(3)	(4)
信贷业务	0.0054 (0.0039)			
信用业务		0.0024 (0.0021)		
数字金融发展×家庭负债比			-0.0000 (0.0000)	-0.0000 (0.0000)
负债比				0.0009 (0.0028)
数字金融发展			0.0085*** (0.0025)	0.0085*** (0.0025)
户主年龄^2	-0.0000 (0.0002)	0.0000 (0.0001)	-0.0000 (0.0001)	-0.0000 (0.0001)
婚姻状况	0.0938** (0.0473)	0.0955 (0.0593)	0.0888 (0.0596)	0.0887 (0.0596)
健康水平	-0.0958*** (0.0197)	-0.0992*** (0.0188)	-0.0985*** (0.0189)	-0.0984*** (0.0189)
社会保障水平	0.0474** (0.0237)	0.0500* (0.0272)	0.0440* (0.0264)	0.0440* (0.0264)
家庭收入(除财产性收入)	0.0642*** (0.0070)	0.0647*** (0.0078)	0.0638*** (0.0074)	0.0638*** (0.0074)

续表

因变量 居民消费	（1）	（2）	（3）	（4）
家庭存款	0.0008 (0.0013)	0.0014 (0.0015)	0.0010 (0D.0014)	0.0010 (0.0014)
家庭规模	0.1088*** (0.0108)	0.1079*** (0.0095)	0.1091*** (0.0095)	0.1091*** (0.0095)
少儿比例	-0.2217*** (0.0729)	-0.2184*** (0.0729)	-0.2332*** (0.0740)	-0.2331*** (0.0740)
老年人比例	-0.1370** (0.0577)	-0.1372*** (0.0486)	-0.1346*** (0.0481)	-0.1346*** (0.0481)
村/社区经济状况	-0.0016 (0.0124)	0.0011 (0.0142)	-0.0013 (0.0122)	-0.0013 (0.0122)
贷款/GDP	0.0089 (0.0124)	0.0027 (0.0149)	0.0004 (0.0140)	0.0005 (0.0140)
家庭固定效应	是	是	是	是
年份固定效应	是	是	是	是
观测值数量	19746	19746	19746	19746
R方	0.0835	0.0813	0.0825	0.0825
第一阶段F统计量	5.244	13.58	12.98	12.97
Hansen检验-p值	/	0.871	0.902	0.927

注：括号内是城市层面的稳健标准误，由于信贷业务仅在省级层面存在数据，因此对稳健标准误进行了省级层面的聚类处理，其中 *** $p<0.01$，** $p<0.05$，* $p<0.1$；第（1）（2）列的工具变量是距离变量与数字金融发展相应指数的全国均值（除本市）的交互项；第（3）列的工具变量还加入了原工具变量与家庭负债比的交互项。

其次，我们引入了家庭负债比（总负债/总资产）作为流动性约束的代理变量，将其与数字金融发展的变量进行交互，考察数字金融发展影响居民消费是否存在流动性约束上的异质性。如果数字金融发展能够通过流动性约束的缓解来促进消费，意味着面临较紧的流动性约束的家庭消费将会有更多提升，即交互项的系数应显著为正。值得指出的是，由于数字金融发展变量本身存在内生性问题，这一交互项也可能面临反向因果的内生性问题。为此，参照通常做法，我们使用数字金融发展的相应工具变量与家庭负债比的交互项作为新的工具变量。表7-5的第（3）（4）列报告了相应的回归结果，我们发现数字金融发展与家庭负债比的交互项系数并不显著，再次表明数字金融的发展并没有通过缓解资金流动性约束来促进消费。

对于这一结果，我们做三点说明。第一，我们的发现并不意味着数字金融无助于放松资金流动性约束，只是说明数字金融发展所带来的资金流动性约束的放松并没有显著增加消费。事实上，根据谢绚丽等（2018）和张勋等（2019）的研究，数字金融的发展正是通过资金流动性约束的放松促进了创新和创业。第二，我们的发现也不意味着资金流动性约束的放松无助于提升居民消费，事实上，资金流动性约束与消费的关系已经得到大量经典文献的论证（Campbell 和 Mankiw，1991），我们的发现仅仅意味着数字金融所带来的资金流动性约束的放松无助于提升居民消费，这或许是资金流动性约束的放松模式不同，导致数字金融的发展更容易激励居民创业，抑或是资金流动性约束放松程度不够高。第三，我们的研究结论似乎与易行健和周利（2018）的观点有一定的差异，其原因可能在于他们的文章采用的是依据流动性资产的比例进行家庭分组，但流动性资产比例可能本身还代表了其他信息。

（三）预防性储蓄：兼论消费的城乡分割模式

居民消费也可能受到预防性储蓄的影响。根据预防性储蓄理论，教育、医疗和社会保障体系的不完善使得人们对未来收入和支出存在强烈的不确定性预期，而该预期使风险厌恶型消费者的消费边际效用大于确定性条件下的边际效用，消费的边际效用会随着风险的增加而增大，这使得消费者会减少当期消费，进行更多的预防性储蓄。数字金融的发展有可能通过影响预防性储蓄，进而影响居民消费，因为数字金融中的一类重要业务就是互联网保险。互联网保险业务的发展使得人们足不出户就能够根据自己的意愿购买保险，有助于降低居民的不确定性预期，从而提升消费。

在表7-6中，我们重点考察互联网保险业务的发展是否有助于通过缓解居民的预防性储蓄动机来提升消费。在表7-6的第（1）（2）列中，我们加入了使用深度中的保险业务发展指数，我们发现该指数的系数是正且显著的，似乎表明数字金融发展有可能通过缓解预防性储蓄动机来提升消费。不过，我们还需要检验这种效用是不是与支付便利性相关所导致的。

表7-6 预防性储蓄的缓解与居民消费

因变量 居民消费	(1)	(2)	(3)	(4)
保险业务	0.0016*** (0.0005)	0.0014*** (0.0004)	-0.0003 (0.0005)	-0.0003 (0.0005)
覆盖广度			0.0156*** (0.0059)	0.0138*** (0.0051)
户主年龄^2	-0.0001 (0.0001)	0.0000 (0.0001)	-0.0001 (0.0001)	0.0000 (0.0001)
婚姻状况	0.1585*** (0.0602)	0.0933 (0.0588)	0.1600*** (0.0620)	0.0919 (0.0603)
健康水平	-0.0872*** (0.0192)	-0.0963*** (0.0189)	-0.0940*** (0.0195)	-0.1026*** (0.0192)
社会保障水平	0.0562** (0.0278)	0.0480* (0.0263)	0.0573** (0.0278)	0.0488* (0.0265)
家庭收入(除财产性收入)		0.0649*** (0.0076)		0.0657*** (0.0075)
家庭存款		0.0011 (0.0014)		0.0014 (0.0015)
家庭规模		0.1086*** (0.0095)		0.1098*** (0.0095)
少儿比例		-0.2201*** (0.0726)		-0.2409*** (0.0773)
老年人比例		-0.1388*** (0.0475)		-0.1126** (0.0495)
村/社区经济状况		-0.0008 (0.0117)		-0.0080 (0.0134)
贷款/GDP		0.0036 (0.0137)		0.0100 (0.0126)
家庭固定效应	是	是	是	是
年份固定效应	是	是	是	是
观测值数量	19746	19746	19746	19746
R方	0.0458	0.0822	0.0396	0.0783
第一阶段F统计量	17.84	17.81	15.00	15.58
Hansen检验-p值	0.950	0.699	0.827	0.723

注：括号内是城市层面的稳健标准误，其中 *** $p<0.01$，** $p<0.05$，* $p<0.1$；工具变量是距离变量与数字金融发展相应指数的全国均值（除本市）的交互项。

在表7-6的第（3）（4）列中，我们加入了代表支付便利性的覆盖广度指数，结果发现保险业务指数变得不显著了，仅有覆盖广度指数是显著的。这意味着真正影响居民消费的是支付便利性，而非保险业务。因此，其影响预防性储蓄的机制也不成立。

对于预防性储蓄动机，我们还可以进一步结合中国的国情进行稳健性论证。众所周知，中国农村居民的社会保障水平长期滞后，尽管近期由于"新农保"的推广有所提高，但绝对水平仍然远远落后于城镇居民，这客观上造成了农村居民的预防性储蓄动机较强，消费水平过低（张勋等，2014）。因此，如果数字金融发展有助于缓解预防性储蓄动机，那么数字金融发展应主要帮助农村居民提升消费。因此，借助城乡差异的分析，我们可以进一步分析预防性储蓄动机是不是数字金融发展提升居民消费的机制。

在表7-7中，我们考察了数字金融发展与居民消费增长的城乡差异。我们发现，数字金融发展并不如预期一样提升了农村居民的消费水平，反而是提升了城镇居民的消费水平。在农村居民的样本中，数字金融发展的系数并不显著。这再一次表明预防性储蓄动机无助于解释数字金融发展与居民消费增长的关系。作为辅助的证据，在表7-7的第（4）列中，我们考察数字金融发展影响网购频繁程度的城乡异质性，发现支付便利性使得城镇居民的网购频繁程度受数字金融发展的影响提升更多。此外，数字金融发展本身变量不显著，意味着农村居民的消费水平并没有因为支付便利性的提升而提升。综合来看，数字金融发展主要通过提升支付便利性来增加居民消费，且主要增加了城镇居民的消费，农村居民的消费没有提升。

表7-7 数字金融发展与居民消费增长：城乡差异

因变量	(1)	(2)	(3)	(4)
	家庭消费			网购频繁
	全样本	城镇样本	农村样本	全样本
数字金融发展	0.0049**	0.0033**	0.0062	0.0021
	(0.0022)	(0.0015)	(0.0044)	(0.0014)
数字金融发展×常住地（城镇=1）	0.0012***			0.0002**
	(0.0002)			(0.0001)

续表

因变量	(1) 家庭消费 全样本	(2) 家庭消费 城镇样本	(3) 家庭消费 农村样本	(4) 网购频繁 全样本
户主年龄^2	-0.0000 (0.0001)	0.0002 (0.0001)	-0.0002 (0.0002)	-0.0004*** (0.0001)
婚姻状况	0.0961 (0.0602)	0.1948*** (0.0645)	-0.0385 (0.0918)	-0.0162 (0.0185)
健康水平	-0.0978*** (0.0187)	-0.1380*** (0.0327)	-0.0704*** (0.0253)	0.0012 (0.0070)
社会保障水平	0.0402 (0.0262)	0.0717** (0.0343)	-0.0121 (0.0388)	0.0204* (0.0114)
家庭收入（除财产性收入）	0.0637*** (0.0074)	0.0596*** (0.0092)	0.0660*** (0.0106)	0.0040* (0.0023)
家庭存款	0.0007 (0.0014)	0.0039* (0.0021)	-0.0032 (0.0020)	0.0010 (0.0007)
家庭规模	0.1076*** (0.0095)	0.1408*** (0.0145)	0.0910*** (0.0107)	0.0345*** (0.0045)
少儿比例	-0.2198*** (0.0741)	-0.1046 (0.0958)	-0.3491*** (0.1035)	-0.0791*** (0.0302)
老年人比例	-0.1312*** (0.0492)	-0.0890 (0.0602)	-0.1415** (0.0714)	-0.0696*** (0.0134)
村/社区经济状况	0.0030 (0.0122)	0.0067 (0.0191)	-0.0003 (0.0188)	0.0051 (0.0054)
贷款/GDP	0.0038 (0.0127)	-0.0004 (0.0255)	-0.0055 (0.0167)	-0.0014 (0.0074)
家庭固定效应	是	是	是	是
年份固定效应	是	是	是	是
观测值数量	19746	8552	10750	19746
R方	0.0882	0.1488	0.0472	0.0756
第一阶段F统计量	29.77	37.83	20.46	29.77
Hansen检验-p值	0.147	0.142	0.0308	0.338

注：括号内是城市层面的稳健标准误，其中***p<0.01，**p<0.05，*p<0.1；工具变量是距离变量与数字金融发展指数的全国均值（除本市）的交互项。

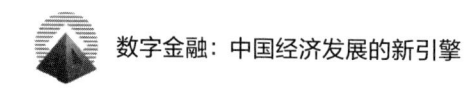

当然，以上的分析还可能有一个潜在的问题，即数字金融鸿沟：农村居民收入较低，接触数字金融的机会较少，更不要说利用数字金融来提升消费水平了。不过，表7-8的结果表明，当我们直接分析数字金融发展与家庭收入的关系时，我们发现只有农村居民可以从数字金融的发展中获益，这意味着农村居民同样可以利用数字金融来提升收入。

表7-8 数字金融发展与家庭收入增长：城乡差异

因变量 家庭收入（除财产性收入）	（1）全样本	（2）城镇样本	（3）农村样本
数字金融发展	0.0191*** (0.0033)	0.0122*** (0.0034)	0.0246*** (0.0094)
户主年龄^2	0.0001 (0.0002)	-0.0000 (0.0003)	0.0000 (0.0003)
婚姻状况	0.0704 (0.0940)	-0.0548 (0.1539)	0.1991 (0.1257)
健康水平	0.0445 (0.0311)	0.0378 (0.0562)	0.0628 (0.0417)
家庭规模	0.0729 (0.0518)	0.0509 (0.0751)	0.1023 (0.0626)
社会保障水平	0.2285*** (0.0139)	0.2180*** (0.0255)	0.2321*** (0.0156)
少儿比例	-0.5832*** (0.1188)	-0.5300*** (0.1838)	-0.6263*** (0.1484)
老年人比例	-0.2586*** (0.0690)	-0.2623*** (0.0997)	-0.2446** (0.0971)
村/社区经济状况	-0.0046 (0.0246)	-0.0065 (0.0340)	-0.0051 (0.0348)
贷款/GDP	-0.0352** (0.0174)	0.0050 (0.0465)	-0.0468*** (0.0181)
家庭固定效应	是	是	是
年份固定效应	是	是	是
观测值数量	19744	8550	10750
R方	0.0940	0.1016	0.0874

续表

因变量 家庭收入（除财产性收入）	（1） 全样本	（2） 城镇样本	（3） 农村样本
第一阶段 F 统计量	25.81	37.49	20.33
Hansen 检验 - p 值	0.498	0.855	0.348

注：括号内是城市层面的稳健标准误，其中 *** p<0.01，** p<0.05，* p<0.1；工具变量是距离变量与数字金融发展指数的全国均值（除本市）的交互项。

表 7-6~表 7-8 的证据表明，预防性储蓄动机并不是数字金融发展促进居民消费的主要机制。表 7-7 和表 7-8 的证据更值得进一步深思：数字金融的发展尽管带来了农村居民收入更大幅度的提升，却无助于促进农村居民消费水平的改善。① 这意味着数字金融在促进消费提升上还需要外力的支持。事实上，直到 21 世纪初，新中国成立以来的城市偏向一直非常明显，户籍制度造成了农村和城市的割裂。农村市场上的消费品无论就种类还是质量而言，均远不如城镇地区；在文化娱乐、教育、医疗等服务方面的差别更大。同时，由于农村消费品市场缺乏竞争，相同商品的价格往往还高于城镇地区（陈钊和陆铭，2008；Chen 等，2015）。正是这种城乡分割，带来了城乡差距的扩大（万广华，2014；万广华，2013），也使得数字金融发展尽管可以带来农村居民的收入增长，却无助于显著提升农村居民的消费水平，造成农村居民的储蓄水平被迫提升。因此，无条件地消除城乡分割，才能使数字金融真正发挥作用。

---

① 这里需要指出的是，我们所说的数字金融没有促进农村居民的消费，是指其直接效应不显著，但它仍然通过增加农村居民的收入而间接地促进了消费。在控制住收入变量后，直接效应不显著还可能与数字鸿沟的存在有关，因为数字金融发展难以直接拉升无法接触互联网家庭的消费。同时，数字金融发展对收入的影响不一定要求个体接触互联网，比如农村电商可以帮助所有农户进入市场、增加收入从而间接促进消费。还需要说明的是，这些发现与近年来观察到的农村居民平均消费倾向有所上升的趋势并不矛盾。一方面，尽管数字金融的直接效应不显著，但它间接地影响了消费；另一方面，平均消费倾向不只是受数字金融发展的影响，当且仅当某个因素比如促进城乡市场一体化的基础设施建设使得消费增加时，平均消费倾向就会上升。

六 数字金融发展与居民消费结构

以上分析发现，数字金融发展可以通过提升支付便利性显著提升居民消费水平。接下来的问题是，数字金融发展对家庭中的哪一种消费有促进作用？进而，数字金融发展是否改变了居民的消费行为以及消费结构？本节致力于回答这些问题。

1. 数字金融发展与居民消费结构：基准分析

根据国家统计局的划分方式，居民消费主要分为八大类，即食品、衣着、居住、家庭设备用品及维修服务、医疗保健、交通通信、文娱教育及服务、其他商品和服务。我们把前四种消费称为基础型消费，后四种称为享受型消费。在表7-9中，我们对这些细分消费项目支出进行工具变量两阶段最小二乘法估计。

表7-9 数字金融发展与居民消费增长

因变量 消费类型	(1) 基础型	(2) 食品	(3) 衣着	(4) 居住	(5) 设备用品	(6) 享受型
数字金融发展	0.0122 *** (0.0032)	0.0170 *** (0.0047)	-0.0032 (0.0052)	-0.0098 *** (0.0037)	-0.0032 (0.0051)	0.0014 (0.0028)
户主年龄^2	-0.0002 (0.0001)	-0.0003 (0.0003)	0.0001 (0.0004)	-0.0001 (0.0002)	-0.0004 (0.0004)	0.0004 ** (0.0002)
婚姻状况	0.0399 (0.0533)	0.0588 (0.0764)	0.0705 (0.1384)	0.1501 * (0.0909)	0.1282 (0.1169)	0.1792 * (0.0944)
健康水平	-0.0092 (0.0191)	-0.0108 (0.0374)	0.1050 (0.0664)	-0.0154 (0.0358)	-0.0677 (0.0523)	-0.2449 *** (0.0307)
社会保障水平	0.0388 (0.0324)	0.0912 (0.0596)	0.0772 (0.0776)	0.0226 (0.0486)	0.0832 (0.0736)	0.0449 (0.0453)
家庭收入 （除财产性收入）	0.0990 *** (0.0092)	0.1007 *** (0.0132)	0.1550 *** (0.0219)	0.0663 *** (0.0154)	0.1300 *** (0.0172)	0.0611 *** (0.0110)
家庭财富	0.0049 *** (0.0017)	0.0141 *** (0.0025)	0.0292 *** (0.0042)	-0.0101 *** (0.0029)	0.0153 *** (0.0036)	-0.0002 (0.0023)

续表

因变量 消费类型	(1) 基础型	(2) 食品	(3) 衣着	(4) 居住	(5) 设备用品	(6) 享受型
家庭规模	0.0852*** (0.0107)	0.0964*** (0.0143)	0.1902*** (0.0231)	0.0710*** (0.0139)	0.1055*** (0.0209)	0.1441*** (0.0134)
少儿比例	-0.1642** (0.0832)	-0.1730 (0.1153)	0.3016** (0.1522)	0.0915 (0.1222)	-0.2589 (0.1736)	-0.1862* (0.1091)
老年人比例	-0.1301*** (0.0497)	-0.0939 (0.0894)	-0.1811 (0.1299)	0.0032 (0.0793)	-0.1653* (0.0940)	-0.1548** (0.0690)
村/社区经济状况	-0.0193 (0.0173)	-0.0194 (0.0345)	0.0217 (0.0383)	-0.0272 (0.0316)	-0.0363 (0.0271)	0.0295* (0.0168)
贷款/GDP	-0.0049 (0.0158)	-0.0142 (0.0234)	0.0455*** (0.0163)	0.0304** (0.0125)	-0.0287 (0.0214)	0.0202 (0.0131)
家庭固定效应	是	是	是	是	是	是
年份固定效应	是	是	是	是	是	是
观测值数量	19683	19683	19683	19683	19683	19683
R方	0.0640	0.0237	0.0310	0.1158	0.0383	0.0622
第一阶段F统计量	25.89	25.89	25.89	25.89	25.89	25.89
Hansen检验-p值	0.780	0.963	0.245	0.315	0.256	0.758

注：括号内是城市层面的稳健标准误，其中 *** $p<0.01$，** $p<0.05$，* $p<0.1$；工具变量是距离变量与数字金融发展指数的全国均值（除本市）的交互项。

表7-9的第（1）列报告了数字金融发展对基础型消费支出的影响，第（6）列则报告了数字金融发展对享受型消费支出的影响。我们发现，数字金融发展主要提升了基础型消费支出，对享受型消费支出的影响则不显著。在表7-9的第（2）～（5）列中，我们考察数字金融发展主要提升了哪一类基础型消费支出。我们发现，仅有食品消费支出的系数显著为正，意味着数字金融发展提升居民消费支出主要是促进了食品消费的支出，进而改变了居民消费结构。

值得注意的是，这一发现似乎意味着数字金融发展可能提高了居民的恩格尔系数。事实上，在数字金融发展之前，中国居民的食品类等基础型消费，即与日常生活相关的消费往往依赖于线下，存在诸多不便。这意味着，

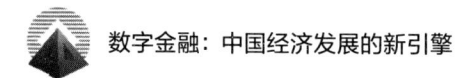

在数字金融发展之前，我国居民的食品消费需求可能是被抑制的。数字金融的发展，恰恰是通过降低离线交易成本，带来了食品类商品的消费便利，进而促进这些基础型消费水平的提升。因此，数字金融发展提升了食品消费，不能被简单解读为恩格尔系数的上升，而应被理解为数字金融发展释放了居民在食品方面的消费潜力。

（二）数字金融发展与居民消费结构：传导机制

与前文类似，在发现数字金融的发展有助于改变居民的消费结构后，我们进一步分析其中的传导机制。我们的研究重点放在食品消费，考察数字金融发展能否通过支付便利性、资金流动性约束放松和预防性储蓄等三个机制影响食品消费，进而改变居民的消费结构。

1. 支付便利性

我们试图检验数字金融发展能否通过支付便利性来提升居民的食品消费，进而改变居民消费结构。同样，我们利用中国数字普惠金融发展的子指数来进行机制验证，即覆盖广度、使用深度中的支付业务以及数字支持服务程度。

表 7-10 的第（1）~（3）列中，我们分别分析这三类子指数与食品消费的关系。我们同样直接采用了克服内生性问题的工具变量回归，工具变量采用两类距离变量与相应指标的全国样本均值进行交互得到。从结果来看，覆盖广度和使用深度中的支付业务的工具变量是有效的，但数字支持服务程度变量的弱工具变量检验无法通过，因此我们重点考察前两类指标。事实上，无论是覆盖广度，还是使用深度中的支付业务，都一致且显著地正向影响居民食品消费。这进一步证实了支付便利性是数字金融发展提升居民消费的机制。

表 7-10 支付便利性与居民食品消费

因变量 食品消费	（1）	（2）	（3）	（4）
覆盖广度	0.0240 *** （0.0080）			

续表

因变量 食品消费	（1）	（2）	（3）	（4）
支付业务		0.0064*** (0.0018)		
数字支持服务程度			0.0201*** (0.0074)	
网购频繁				0.0467* (0.0276)
户主年龄^2	-0.0002 (0.0003)	-0.0003 (0.0003)	-0.0005 (0.0003)	-0.0002 (0.0003)
婚姻状况	0.0653 (0.0786)	0.0627 (0.0770)	0.0206 (0.0847)	0.0631 (0.0772)
健康水平	-0.0178 (0.0377)	-0.0087 (0.0376)	-0.0043 (0.0394)	-0.0129 (0.0375)
社会保障水平	0.1003* (0.0597)	0.1015* (0.0580)	0.0706 (0.0659)	0.1116* (0.0582)
家庭收入 （除财产性收入）	0.1044*** (0.0135)	0.1018*** (0.0130)	0.0919*** (0.0153)	0.1054*** (0.0133)
家庭存款	0.0148*** (0.0027)	0.0145*** (0.0025)	0.0134*** (0.0029)	0.0152*** (0.0025)
家庭规模	0.0973*** (0.0143)	0.0958*** (0.0142)	0.0977*** (0.0157)	0.0937*** (0.0141)
少儿比例	-0.1825 (0.1200)	-0.1528 (0.1136)	-0.2487* (0.1301)	-0.1452 (0.1135)
老年人比例	-0.0567 (0.0915)	-0.0972 (0.0890)	-0.1170 (0.0925)	-0.0906 (0.0883)
村/社区经济状况	-0.0307 (0.0363)	-0.0237 (0.0351)	-0.0340 (0.0398)	-0.0269 (0.0357)
贷款/GDP	0.0032 (0.0234)	0.0034 (0.0215)	-0.0875 (0.0615)	-0.0053 (0.0259)
家庭固定效应	是	是	是	是
年份固定效应	是	是	是	是
观测值数量	19683	19683	19683	22672
R方	0.0151	0.0285	-0.0940	0.0251
第一阶段F统计量	29.74	71.73	3.677	/
Hansen检验-p值	0.985	0.900	0.873	/

注：括号内是城市层面的稳健标准误，其中 *** $p<0.01$，** $p<0.05$，* $p<0.1$；工具变量是距离变量与数字金融发展指数的全国均值（除本市）的交互项。

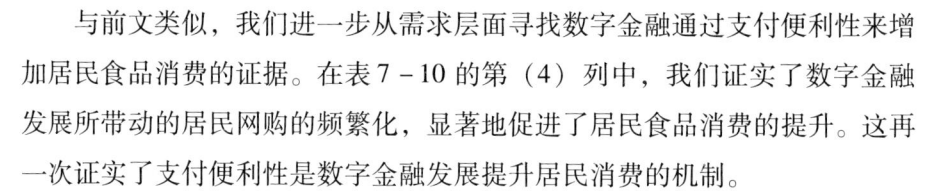

与前文类似,我们进一步从需求层面寻找数字金融通过支付便利性来增加居民食品消费的证据。在表7-10的第(4)列中,我们证实了数字金融发展所带动的居民网购的频繁化,显著地促进了居民食品消费的提升。这再一次证实了支付便利性是数字金融发展提升居民消费的机制。

2. 资金流动性约束

紧接着,我们考察资金流动性约束放松是不是数字金融发展提升居民食品消费的传导机制。同样,我们从两个方面研究资金流动性约束的放松是不是数字金融发展提升居民消费的机制。首先,我们利用数字金融发展的子指数——信贷业务和信用业务的发展程度展开分析。在表7-11的第(1)(2)列中,我们分别在基准回归中添加了使用深度中的信贷业务指数和信用业务指数。我们发现,这两类变量的系数均不显著,初步显示数字金融发展未能通过放松居民的资金流动性约束来提升居民食品消费。

表7-11 资金流动性约束的放松与食品消费

因变量 食品消费	(1)	(2)	(3)	(4)
信贷业务	0.0125** (0.0062)			
信用业务		0.0015 (0.0032)		
数字金融发展×家庭负债比			-0.0000 (0.0000)	0.0000 (0.0000)
负债比				-0.0020 (0.0020)
数字金融发展			0.0169*** (0.0047)	0.0170*** (0.0047)
户主年龄^2	-0.0004 (0.0003)	-0.0002 (0.0003)	-0.0003 (0.0003)	-0.0003 (0.0003)
婚姻状况	0.0692 (0.0824)	0.0651 (0.0767)	0.0578 (0.0766)	0.0581 (0.0766)
健康水平	-0.0046 (0.0298)	-0.0127 (0.0374)	-0.0112 (0.0375)	-0.0113 (0.0375)

续表

因变量 食品消费	（1）	（2）	（3）	（4）
社会保障水平	0.0952 *** （0.0294）	0.1098 * （0.0582）	0.0912 （0.0596）	0.0911 （0.0596）
家庭收入（除财产性收入）	0.0998 *** （0.0122）	0.1046 *** （0.0137）	0.1007 *** （0.0132）	0.1007 *** （0.0132）
家庭存款	0.0135 *** （0.0021）	0.0152 *** （0.0025）	0.0141 *** （0.0025）	0.0141 *** （0.0025）
家庭规模	0.0963 *** （0.0152）	0.0949 *** （0.0141）	0.0964 *** （0.0143）	0.0964 *** （0.0143）
少儿比例	-0.1497 （0.1367）	-0.1472 （0.1124）	-0.1728 （0.1153）	-0.1728 （0.1153）
老年人比例	-0.1002 （0.0802）	-0.0957 （0.0880）	-0.0941 （0.0895）	-0.0940 （0.0895）
村/社区经济状况	-0.0190 （0.0295）	-0.0230 （0.0377）	-0.0195 （0.0345）	-0.0196 （0.0344）
贷款/GDP	0.0039 （0.0197）	-0.0067 （0.0255）	-0.0142 （0.0233）	-0.0143 （0.0234）
家庭固定效应	是	是	是	是
年份固定效应	是	是	是	是
观测值数量	19683	19683	19683	19683
R 方	0.0298	0.0254	0.0237	0.0237
第一阶段 F 统计量	5.259	13.57	12.96	12.94
Hansen 检验 - p 值	/	0.971	0.668	0.581

注：括号内是城市层面的稳健标准误，由于信贷业务仅在省级层面存在数据，因此对稳健标准误进行了省级层面的聚类处理，其中 *** p < 0.01， ** p < 0.05， * p < 0.1；第（1）（2）列的工具变量是距离变量与数字金融发展指数的全国均值（除本市）的交互项；第（3）列的工具变量还加入了原工具变量与家庭负债比的交互项。

其次，我们同样引入了家庭负债比（总负债/总资产）作为资金流动性约束的代理变量，将其与数字金融发展的变量进行交互，考察数字金融发展影响居民食品消费是否存在资金流动性约束上的异质性。如果数字金融发展能够通过资金流动性约束的放松来促进食品消费或改变消费结构，意味着面临较紧资金流动性约束的家庭食品消费提升将更多，即交互项的系数应显著为正。表7-11的第（3）（4）列报告了相应的回归结果，我们

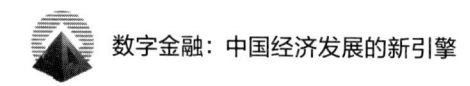

发现数字金融发展与家庭负债比的交互项系数并不显著,再次表明数字金融的发展并没有通过缓解资金流动性约束来促进食品消费和改变居民消费结构。

3. 预防性储蓄

我们考察数字金融的发展是否通过影响预防性储蓄,进而影响居民食品消费,改变消费结构,因为数字金融中的一类重要业务就是互联网保险。互联网保险业务的发展使得人们足不出户就能够根据自己的意愿购买保险,有助于降低居民的不确定性预期,从而提升消费。

表7-12 预防性储蓄的缓解与食品消费

因变量 食品消费	(1)	(2)	(3)	(4)
保险业务	0.0035***	0.0030***	0.0001	0.0002
	(0.0010)	(0.0009)	(0.0008)	(0.0008)
覆盖广度			0.0274***	0.0231***
			(0.0088)	(0.0080)
户主年龄^2	-0.0004	-0.0003	-0.0003	-0.0002
	(0.0003)	(0.0003)	(0.0003)	(0.0003)
婚姻状况	0.1408*	0.0674	0.1441*	0.0654
	(0.0814)	(0.0758)	(0.0846)	(0.0785)
健康水平	0.0058	-0.0066	-0.0065	-0.0173
	(0.0388)	(0.0375)	(0.0387)	(0.0374)
社会保障水平	0.1100*	0.0981*	0.1127*	0.1000*
	(0.0612)	(0.0591)	(0.0618)	(0.0596)
家庭收入 (除财产性收入)		0.1027***		0.1043***
		(0.0134)		(0.0134)
家庭存款		0.0142***		0.0147***
		(0.0025)		(0.0027)
家庭规模		0.0956***		0.0973***
		(0.0141)		(0.0143)
少儿比例		-0.1467		-0.1811
		(0.1129)		(0.1214)
老年人比例		-0.1032		-0.0587
		(0.0891)		(0.0918)

续表

因变量 食品消费	（1）	（2）	（3）	（4）
村/社区经济状况		-0.0182		-0.0301
		（0.0339）		（0.0363）
贷款/GDP		-0.0080		0.0027
		（0.0236）		（0.0236）
家庭固定效应	是	是	是	是
年份固定效应	是	是	是	是
观测值数量	19683	19683	19683	19683
R方	0.0063	0.0269	-0.0084	0.0163
第一阶段F统计量	17.88	17.86	14.96	15.55
Hansen检验-p值	0.527	0.764	0.843	0.981

注：括号内是城市层面的稳健标准误，其中 $***p<0.01$，$**p<0.05$，$*p<0.1$；工具变量是距离变量与数字金融发展指数的全国均值（除本市）的交互项。

在表7-12中，我们重点考察互联网保险业务的发展是否有助于通过缓解居民的预防性储蓄动机来提升食品消费。在表7-12的第（1）（2）列中，我们加入了使用深度中的保险业务发展指数，我们发现该指数的系数是正且显著的，似乎表明数字金融发展有可能通过缓解预防性储蓄动机来提升食品消费。不过，我们还需要检验这种效应是不是与支付便利性相关所导致的。在表7-12的第（3）（4）列中，我们加入了代表支付便利性的覆盖广度指数，结果发现保险业务指数变得不显著了，仅有覆盖广度指数是显著的。这意味着真正影响居民食品消费的是支付便利性，而非保险业务。因此，数字金融缓解预防性储蓄促进消费的机制也不成立。

七　总结

长期以来，中国内需不振，严重影响了中国经济增长的可持续性，这个问题在中美博弈愈发激化的今天显得尤为重要。第三次技术革命带来了更大程度的资源共享，其对经济发展的影响逐渐凸显。其中，基于互联网的数字

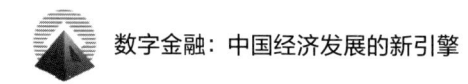

金融，使金融服务的可得性和便利性得到大幅度改善，这显然为提升居民消费提供了条件。

本研究的主要贡献是从理论和实证两个方面评估了互联网革命和数字经济所推动的中国数字金融的发展对居民消费水平的影响。本研究首先构建了一般均衡理论框架，从支付便利性的角度证实数字金融的发展通过缩短居民的购物时间来增加消费。紧接着，本研究从实证上评估了互联网革命和数字经济所推动的中国数字金融的发展对居民消费水平和消费结构的影响。将中国数字普惠金融发展指数和中国家庭追踪调查（CFPS）数据相结合，通过克服内生性的工具变量估计，本研究证实数字金融的发展显著地提升了居民消费，从而有助于经济增长。此外，数字金融的发展主要提升了居民的食品消费，从而改变了居民的消费结构。接着，论文从实证上探讨了从数字金融发展至居民消费增长和消费结构改变的传导机制，发现数字金融主要是通过提升支付的便利性来促进居民消费，与理论预期一致。此外，资金流动性约束的放松并不是数字金融发展提升居民消费的主要原因。最后，数字金融的发展尽管更多地提升了农村居民收入，却无助于促进农村居民消费，这一方面表明缓解预防性储蓄也不是数字金融促进居民消费的内在机制，另一方面也说明了破除城乡分割的紧迫性。

本研究的政策含义是直截了当的：首先，数字金融发展对提升居民消费具有重要作用，因此需要持续推进数字金融的发展；其次，在推进数字金融发展的过程当中，要重点研究如何提升支付便利性的问题，以增加居民消费提升的效率；最后，加快城镇化市民化进程、无条件消除城乡分割不仅可以在长期上改善收入分配不均状况（万广华，2013），而且也是提升消费水平的前提条件。只有在彻底打破城乡分割后，数字金融发展才能促进农村居民的消费增长，才会有助于更好地提振内需。

第三部分
中国数字金融发展的涓滴效应

第二部分主要关注了中国数字金融发展的经济增长效应，一方面，证实了数字金融发展通过推动创业机会的均等化，促进了居民收入的包容性增长；另一方面，数字金融的发展，也能通过改善支付便利性、缩短购物时间，进而促进消费。从这个角度上看，数字金融发展不仅能提升收入，而且能促进消费，是未来经济增长的新动能。

然而，数字金融在经济发展中的角色可能远比预期的要复杂。一方面，数字金融深刻改变了金融的触达能力和便捷性，具备更加包容的特性；另一方面，数字金融发生作用的前提，是人们能够接触到互联网。在存在数字鸿沟（即部分群体接触不到互联网）的情况下，数字金融发展所带来的益处既难以完全实现，也不能充分共享。在现实中，贫困群体和人力资本缺乏的群体恰恰可能无法接触到互联网，从而无法享受数字金融发展的益处，使数字金融的包容性大打折扣。第三部分的第一个章节证实了互联网发展对于加速城镇化进程的关键性作用，这意味着如果没有互联网的发展，存在数字鸿沟，城镇化进程将被严重阻碍。

那么，如何缓解数字鸿沟的负面影响呢？这里存在两个途径：一是直接采用公共财政的手段缩小数字鸿沟；另一个是利用市场力量决定资源（包括网络资源）的分配和经济活动，但需要保证经济活动的益处能够溢出到那些无法接触到互联网的群体。这就好比扶贫中的涓滴效应一样，贫困能够通过经济发展来减少，而不一定完全依靠收入再分配。在本书的第九至第十一章节中，我们提出了利用数字金融发展缓解数字鸿沟的负面作用，并将其称为数字金融发展的涓滴效应。我们的研究发现，尽管存在一定的局限性，但数字金融发展在一定程度上确实能够产生涓滴效应，能够使无法接触互联网的群体间接分享到数字金融发展的好处，这进一步体现了数字金融发展的包容性特征。

第八章
互联网发展与数字鸿沟[*]

一 什么是数字鸿沟?

数字鸿沟的概念最先由美国国家远程通信和信息管理局(NTIA)在1995年发布的《被互联网遗忘的角落:一项关于美国城乡信息穷人的调查报告》中提出。根据相关研究(许竹青等,2013;金文朝等,2005;Martin,2003;Ho and Tseng,2006),一级数字鸿沟是指信息的可接入性,通常用是否能接触到互联网来度量;二级数字鸿沟则指对互联网信息的利用、欣赏和鉴别能力。中国目前尚有40.4%的人口无法接触到互联网(中国互联网协会,2019),国内的一级数字鸿沟问题显然很严重。从国际层面来看,根据世界银行发布的数据,国家之间的一级数字鸿沟问题也很严重。截至2017年,发达经济体如英国的互联网普及率为94.6%,日本为90.9%,德国为84.4%,美国为75.2%;但转型和发展中国家的互联网普及率则较低,巴西为67.5%,南非为56.2%,印度仅为34.5%。

数字鸿沟的出现对全球和各国的经济增长,尤其是对贫富差距的影响不容忽视。有关中国的研究表明,数字鸿沟带来了机会不平等、收入差距(邱泽奇等,2016)和贫困发生率的上升(许竹青等,2013)。这些影响随着5G的推出和物联网的发展将显得愈发严重。这就是为什么从1995年7月到2000年10月,美国国家远程通信和信息管理局多次把数字鸿沟列为美国

---

[*] 本章内容主要来自万广华、张琰《信息与城市化——基于跨国数据的实证研究》,《经济学(季刊)》2020年第21卷第2期。

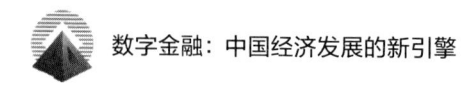

首要的经济问题和人权问题（胡鞍钢和周绍杰，2002）。经济学界也开始研究数字鸿沟的种种作用和影响。

关于数字鸿沟，Kiiski 和 Pohjola（2002）和 Quibria et al.（2003）等基于跨国数据探讨了经济发展、国家知识发展能力、对外开放程度以及通信技术引进对数字鸿沟的影响（胡鞍钢和周绍杰，2002）。而数字鸿沟带来了新的机会不平等，使得居民之间无法均等地享受互联网行业高速发展所带来的红利（Hoffman et al.，2001），并可能进一步导致贫富差距的扩大和贫困发生率的上升。比如，Dijk 和 Hacker（2003）指出，信息通信技术在所有权、技能以及应用方面的差异所产生的数字鸿沟会恶化收入分配，这是因为信息通信技术具有技能偏向特征，使那些具有信息处理优势的阶层获得经济收益，进而扩大阶层间的收入差距（Bonfadelli，2001；Clark and Gorski，2002）。就中国而言，由于数字技术的地区差异，东南沿海等相对发达地区能够从数字红利中获益更多，进而导致区域不均等的加剧（邱泽奇等，2016）。此外，尽管理论上数字经济的发展可能有助于穷人摆脱贫困，但以商业为导向的数字化发展与普惠、包容、减贫的政策目标存在偏差，致使数字经济的减贫效应不显著（Balkenhol，2007；Hermes and Lensink，2011；Roodman and Morduch，2014）。特别是获得知识和信息能力的匮乏，使穷人无法分享数字经济发展带来的益处，进而形成被知识社会与信息社会"边缘化"的群体和地区，这严重抑制了贫困群体的有效需求（Atkinson and Messy，2013）。

综上，在信息化时代，数字鸿沟的负面影响可能是严重的，因为它扩大了人们的机会不平等，从而导致收入不均等和贫困。因此，世界各国都在致力于消除数字鸿沟的负面影响。接下来，我们以城镇化作为研究案例，来说明互联网和信息的作用，从反面证实数字鸿沟的负面影响。

二 数字鸿沟的研究案例：互联网发展与城市化加速

在城市经济学或关于城市化[①]的研究中，有一个未被发现或长期被忽视

---

① 国际上普遍使用的提法是"城市化"，而在我国，对这一过程的表述是"城镇化"。

的现象，这就是城市化速度正在变得越来越快。图 8-1 展示了部分国家城市化率从约 10% 到约 50% 所花费的时间。始于 16 世纪的城市化先行者，比如葡萄牙、波兰、瑞士、瑞典、法国和英国，完成这一进程大约花费了 400 年。

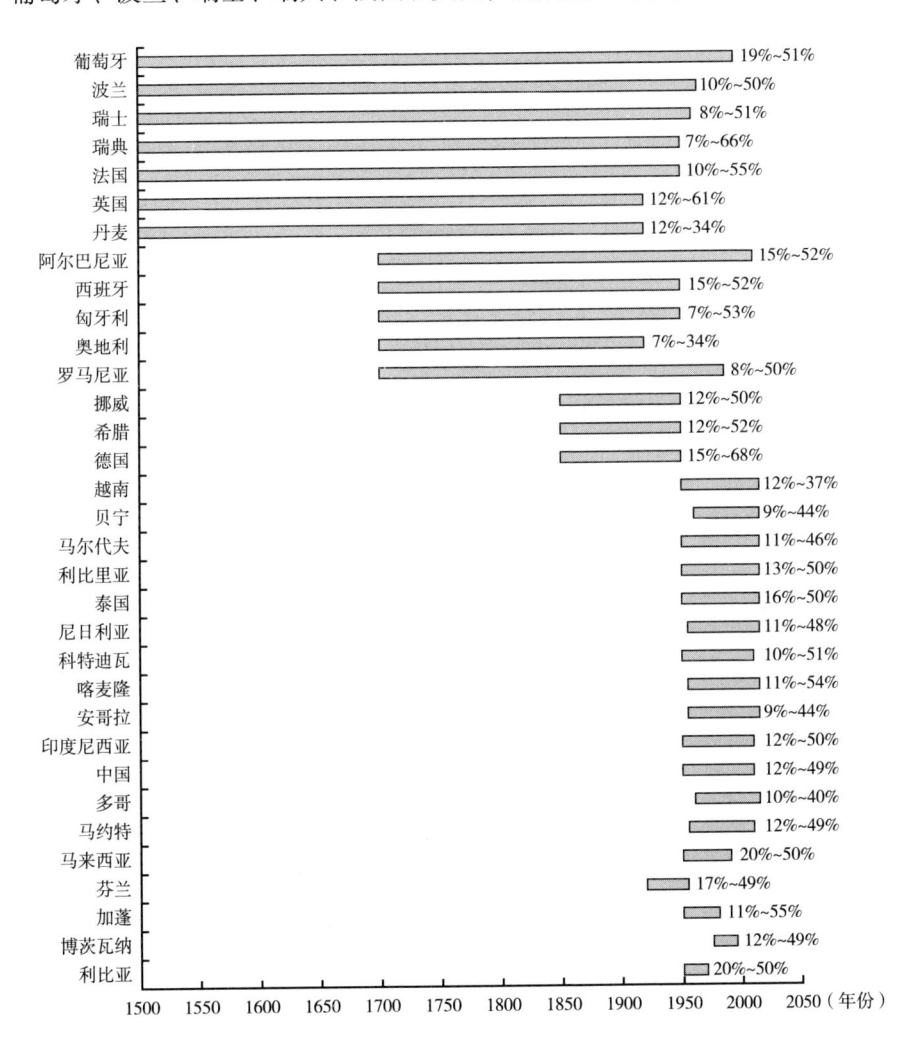

国家	城市化率范围
葡萄牙	19%~51%
波兰	10%~50%
瑞士	8%~51%
瑞典	7%~66%
法国	10%~55%
英国	12%~61%
丹麦	12%~34%
阿尔巴尼亚	15%~52%
西班牙	15%~52%
匈牙利	7%~53%
奥地利	7%~34%
罗马尼亚	8%~50%
挪威	12%~50%
希腊	12%~52%
德国	15%~68%
越南	12%~37%
贝宁	9%~44%
马尔代夫	11%~46%
利比里亚	13%~50%
泰国	16%~50%
尼日利亚	11%~48%
科特迪瓦	10%~51%
喀麦隆	11%~54%
安哥拉	9%~44%
印度尼西亚	12%~50%
中国	12%~49%
多哥	10%~40%
马约特	12%~49%
马来西亚	20%~50%
芬兰	17%~49%
加蓬	11%~55%
博茨瓦纳	12%~49%
利比亚	20%~50%

图 8-1 部分国家从 10% 到 50% 城市化率所需年数

来源：根据两个数据来源整理。其一为 Bairoch 等（1988）记载的 2191 个欧洲城市在 800~1850 年的人口数，数据可以从 https：//github.com/JakeRuss/bairoch-1988 获得。作者访问该网页的时间为 2015 年 11 月 1 日，根据 Bairoch 的数据加总得到各国城市人口，再除以 OECD 推测的各国人口数（来自 OECD，2001，p.241）。其二为世界银行的 WDI 数据库，它提供了 1950 年及以后的城市化率。

对于从 19 世纪中叶开始城市化的国家（如挪威、希腊和德国），时间缩短到了约 100 年。而对于较晚开始城市化的亚洲国家（如中国、印度尼西亚和泰国）以及非洲国家（如喀麦隆、科特迪瓦和利比里亚），所需时间仅仅为 60 年左右。需要强调的是，这一加速现象并非只存在于高速发展的经济体（如中国），在像多哥和安哥拉这样经济最不发达的国家，城市化加速也同样可见。另一个例子也可以用来说明城市化加速的现象，即伦敦经过了 130 年才从一个 100 万人口的小城市成长为 800 万人口的大城市，而曼谷和首尔完成同样的人口扩张分别仅用了 45 年和 25 年的时间（WHO，2010）。

现有经典文献认为，城市化的动力主要由来自农村的"供给推动"（pushing）和来自城市的"需求拉动"（pulling）（Marshall，1890；Todaro，1969）。在这种双重动力的作用下，只要城乡收入差为正，农村移民将源源不断地涌向城市。然而，正如前文所述，这些经典的推拉因素并不能完全解释本文所发现的城市化加速现象。考虑到城市化与很多因素相关，尤其可能由工业化推动，而工业化进程在工业革命后明显加快，我们将城市化水平与非农业增加值在 GDP 中的占比做回归，同时在回归方程中加入 10 年期（decadal）虚拟变量，结果发现，这些虚拟变量的系数高度显示为正，且越是更近的年份，其系数估算值越大。当然，除了工业化或经济结构变化，还有其他变量影响城市化，比如所谓的拉动和推动因素。鉴于此，我们在表 8-1 的第（2）列报告了控制所有常规变量的城市化面板模型估算结果（模型设定和相关讨论见后文）。显然，这时的 10 年期虚拟变量仍然显著，且系数还是不断增大。这些都表明，随着时间的推移，城市化越来越快，而现有城市经济学理论或模型并不能很好地解释这个加速现象。

表 8-1　10 年期虚拟变量系数

10 年期虚拟变量	（1）	（2）
1960s	—	—
1970s	4.22***	3.48***
	(0.000)	(0.000)

续表

十年期虚拟变量	（1）	（2）
1980s	10.41***	7.40***
	(0.000)	(0.000)
1990s	15.42***	11.15***
	(0.000)	(0.000)
2000s	18.72***	14.26***
	(0.000)	(0.000)
2010s	21.32***	15.77***
	(0.000)	(0.000)
R^2	0.97	0.98

注：表8-1的第（1）列中控制变量仅包含工业化程度，第（2）列对应基准模型结果，所不同的是这里的虚拟变量以10年为一个单位，而表8-5以每一年为单位；控制变量包括传统的"推拉"（push-pull）因素以及其他因素（参见本书的第四部分）；括号中为p值。

必须指出，忽视城市化加速可能会带来严重的后果，最直接的就是政府及相关部门准备不足，在面对蜂拥而来的大规模城乡移民时政府表现得措手不及，无法提供公共服务，从而引起大城市病，诸如城市贫民窟、交通拥挤和城市污染等。在这种情况下，政府往往变得更加反城市化，千方百计阻挠乡城间的移民。这不但影响了经济增长和结构变迁，而且使大量隐性失业的农民滞留在资源匮乏的农村，无法解决贫困问题和缩小居高不下的城乡差距。换言之，忽视城市化加速导致了众多发展中国家公平和效率双输的严重后果（万广华，2013；罗知等，2018）。

因此，研究城市化加速现象并揭示其成因，不但具有理论和学术上的创新意义，而且具有重要和紧迫的政策与现实意义。研究迁徙的文献中，很多研究关注移民成本对移民决策的影响。诺奖得主Sjaastad（1962）首次在其研究中引入移民成本的概念，认为除了有形的货币成本以外，无形的机会成本和心理成本也是决定迁移与否的重要因素。其中，心理成本包括对新环境不熟悉所产生的种种不确定性、对亲朋故友的思念和在家乡积累的社会资本的流失，等等。一般来说，距离和移民成本正相关，因而和移民量负相关。远距离迁移不仅面临更高的交通费用，更由于信息流动相对较少而产生更高的心理成本。更为重要的是，进一步的研究发现，信息稀缺对移民决策的影

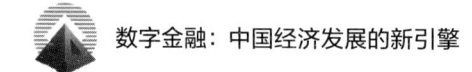

响远远超过了交通成本（Greenwood，1997）。换言之，"距离"的作用更多地体现在信息量方面，而不仅仅是以货币形式表现的交通费用。例如，Sahota（1968）估计了20世纪50年代巴西在有公路可通的情况下迁移330公里的交通成本，发现仅仅相当于一个单身工人1.5个月的工资，这笔费用并不会对生活产生重大影响。Vanderkamp（1971）对加拿大移民的研究以及Beals等（1967）对加纳移民的研究也得到了类似的结论。特别值得指出的是，Schwartz（1973）发现受教育程度高可以抵消距离对移民的负面作用，这是因为具有高教育水平的人往往掌握更多的信息，这清晰地证明了信息对迁徙的决定性作用。有一些研究直接探讨了信息在移民决策中的作用。如Banerjee（1984）论证了信息影响印度移民的重要性。他所提到的信息包括人际交往、报纸和以往的旅行经历。另外，移民网络可以传递信息，比如通过人脉关系获得就业、住房、教育资源等方面的信息。这些信息直接进入移民决策过程（Massey et al. 1993；Carrington等，1996；Munshi，2003）。Winters等（2001）基于美国数据发现，目的地人脉网络密度对个人的移民决策有着重大影响。不过，需要强调的是，以上所有研究都没有构建信息的量化指标，也没有与城市化加速相关联。事实上，这些文献没有考虑到信息会随着时间的变化而变化，即假设了信息及信息的作用是静态不变的，所以不能用来考察我们所要研究的城市化加速现象。

那么，什么因素导致了城市化的加速呢？我们注意到，信息和通信技术，特别是在信息提供、端口普及以及信息传输等方面，在近半个世纪发生了翻天覆地的变化。互联网的诞生革命性地改变了信息的传递方式与信息成本，它使得人们无论何时何地都能以极低的成本，几乎同步地获得海量的信息，在相当程度上消除了距离所带来的种种不确定性，降低了人们移民前在就业、住房、生活环境、教育医疗、气候等方面面临的风险。Facebook和Instagram，乃至于中国国内的微信、新浪微博等这类社交网络的诞生几乎让"距离"消失了，使得新移民在远离故土的时候，可以继续与家人和朋友保持联系，大大减轻了移民的情感负担和心理成本。

在本研究的实证部分，我们将1990年作为互联网的起始年份来设计自然实验，设1990年以前的互联网使用率为0。这是因为第一代应用TCP/IP协议的网络技术（Advanced Research Projects Agency Network，ARPANET）于1990年退役，取而代之的是万维网（World Wide Web，WWW）的诞生，而万维网正是互联网的前身。同时，超文本文件、超文本标记语言（HTML）和统一资源定位符（URL）也都是在1990年出现的。

据我们所知，目前尚没有文献将互联网的发展纳入城市化或者移民的理论与实证模型中，虽然有不少研究论证了信息技术的其他影响。比如，Gaspar和Glaeser（1998）考察了人与人的交流模式，他们发现信息技术是增强而非取代了人们之间面对面的交流。Bhuller et al.（2013）利用挪威的数据分析互联网使用和性犯罪之间的关系，结果表明互联网在很大程度上与性犯罪正相关，这可能是因为网络促进了色情消费的增加。另外 Czernich et al.（2011）利用经合组织国家1996－2007年的面板数据估算了宽带技术对经济增长的影响，结果显示宽带利用率每提高10%，可以带来0.9%～1.5%人均GDP的增长。基于此，本研究致力于从互联网发展的角度探讨城市化加速，借此凸显破除数字鸿沟负面作用的重要性，因为数字鸿沟可能会阻碍城市化。

三 互联网发展与城市化加速的理论模型

我们的理论创新基于经典的两部门均衡模型（Barrios等，2006；Harris和Todaro，1970；Lucas，2004）。假设经济体由农村（农业）和城市（工业）两个部门组成，所有人都在农村出生并只存活一期，两部门的生产技术均由柯布—道格拉斯函数表示（8.1）（8.2）：

$$Y_r = L^{1-\gamma} N_r^{\gamma} \tag{8.1}$$

$$Y_u = K^{1-\alpha} N_u^{\alpha} \tag{8.2}$$

其中，下标 r 和 u 分别表示农村和城市部门，L、K 和 N 表示土地（相当于农业生产中的资本）、资本和劳动投入，γ 和 α（$0<\gamma<1$ 和 $0<\alpha<1$）代

表农村和城市劳动投入的产出弹性系数,同时代表劳动在农村和城市部门所生产的增加值中的占比,余下的是土地或资本的占比。所以,模型(8.1)和(8.2)中的系数之和为1,也意味着规模经济不变(假设规模经济上升或下降,并不会改变我们的理论模型结果)。假设劳动力总供给量 $N = N_r + N_u$,我们将 N 标准化处理为 1,这时的城镇化率可表示为 $U = N_u$。

依据 Harris 和 Todaro(1970)以及 Black 和 Henderson(1999)的做法,将农产品价格标准化为 1,工业产品的相对价格为 P,那么工资(W)即两部门各自的边际劳动产出可以表示为(8.3)(8.4):

$$W_r = \gamma L^{1-\gamma} N_r^{\gamma-1} \tag{8.3}$$

$$W_u = P\alpha K^{1-\alpha} N_u^{\alpha-1} \tag{8.4}$$

接着,根据 Sjaastad(1962)的建议和讨论,我们引入正规的移民成本函数,用 $C(I_c, Z)$ 代表,其中 I_c 表示信息成本,Z 表示其他移民成本。进一步借用 Amrhein(1985)的成果,信息成本函数可以定义为(8.5):

$$I_c = \begin{cases} 1 - \rho M & M < \delta, \rho > 0 \\ 0 & M \geq \delta \end{cases} \tag{8.5}$$

其中,M 表示个人在移民前拥有的信息量,δ 是完全信息阈值,ρ 为一个正的系数。当 M 小于 δ 时,即潜在移民对目的地不完全了解时,信息成本为正,但 I_c 是 M 的递减函数,即已知信息量 M 越大,信息成本越小。当已知信息量超过 δ 时,移民已经充分掌握了与迁徙相关的信息,这时移居所需要的信息成本便为 0。基于(8.5),我们得到:

$$\frac{\partial I_c}{\partial M} \leq 0 \text{、} \frac{\partial C}{\partial M} = C'(I_c, Z) \leq 0$$

这时,移民决策的均衡条件为(8.6)(见 Harris 和 Todaro(1970)):

$$W_r = W_u - C(I_c, Z) \tag{8.6}$$

将(8.3)和(8.4)代入(8.6)中可得(8.7):

$$\gamma L^{1-\gamma} N_r^{\gamma-1} = P\alpha K^{1-\alpha} N_u^{\alpha-1} - C(I_c, Z) \tag{8.7}$$

将 $N_r = 1 - N_u$ 代入上式,并在方程两边求关于 I_c 的导数,整理可得（8.8）：

$$\frac{\partial N_u}{\partial I_c} = \frac{C'(I_c, Z)}{\gamma(\gamma-1)L^{1-\gamma}(1-N_u)^{\gamma-1}N_u^{\gamma-2} + (\alpha-1)(P\alpha K^{1-\alpha}N_u^{\alpha-2})} \quad (8.8)$$

因为 $0 < \gamma < 1$ 以及 $0 < \alpha < 1$,所以 $\frac{\partial N_u}{\partial I_c} < 0$,表示城市化率和移民成本负相关。引入 $\frac{\partial I_c}{\partial M} \leq 0$,可以得到 $\frac{\partial N_u}{\partial M} \geq 0$,即城市化率与信息变量之间呈正相关。

显然,互联网发展程度越高,信息量越大,城市化率也就越高。反过来,数字鸿沟程度较大的地区,信息量越小,城市化率也就越低。

四 实证策略和数据

以上理论分析表明,互联网发展能够增加居民的信息量,有助于加速城市化;反之,如果互联网发展水平较低,信息传播阻塞,城市化程度将较低。接下来,我们构建跨国面板模型,对这一理论假说进行检验。

（一）实证策略

为了实证检验上一节的理论结果,我们参考 Davis 和 Henderson（2003）,设定了一个加入互联网变量的跨国回归模型（8.9）：

$$urban_{it} = \beta\, Internet_{it} + \alpha' X_{it} + \theta' C_{it} + \mu_i + \lambda_t + \epsilon_{it} \quad (8.9)$$

其中,下标 i 和 t 分别代表国家和年度,ε 为白噪声残差,$urban$ 是城市化率,$Internet$ 代表关键的互联网发展变量,用互联网普及率代理,λ 和 μ 分别为时间和国家固定效应。我们用 X 代表传统的"推拉"控制变量,C 代表除了传统"推拉"因素以外的控制变量（详细讨论见下文）。β,α,θ 为待估算参数。

如前文所述,暂且假定1990年以前互联网在城市化中的作用不显著,这就使得我们可以构造一个自然实验，其中1990年前的 Internet = 0，1990年后各国或同一国家不同年份的 Internet 不等。这样一来，模型（8.9）可以看成一个 DID 方程，β 则代表信息对城市化加速的作用。在下文中，我们还将推出 1990 年之前互联网发展的工具变量的观察值，以验证互联网发展之前，信息在 1990 年之前对城市化的促进作用。另外，我们还会使用短信数量作为信息的代理变量，用以考察模型估算结果的稳健性。

控制向量 X 包含了传统的"推拉"因素，包括：（1）人均 GDP 的对数（lngdp）；（2）人均 GDP 增长率（gdpgr）；（3）工业化水平（nagr，用 GDP 中的非农增加值比重衡量）；（4）教育水平（sch，以成年人口平均受教育年限衡量），加入这个变量是因为平均受教育程度高的城市往往提供更高的工资，吸引各教育层次的移民（Black 和 Henderson，1999；Lucas，1988；Rauch，1993）；（5）贸易（open，用出口加进口占 GDP 的百分比衡量）。加入贸易变量是因为贸易通常要求市场营销和金融之类的配套服务，而这些服务在城市中更加集中（Hofmann 和 Wan，2013）；（6）公路密度（density，即每平方公里土地面积上的道路公里数）。公路密度越高，交通成本越低，交通基础设施是研究卫星城市文献中通常考虑的因素（Krugman，1991）。

控制向量 C 包含余下的其他控制变量：（1）城市化收敛程度（urban60，即 1960 年的城市化水平）；（2）城市首位度（primacy，最大城市人口占城市总人口的百分比），城市首位度越高，往往城市化率越高（Davis 和 Henderson，2003）；（3）人口密度（popdensity，即每平方公里土地上的人口数量）（Beals 等，1967）；（4）人口增长率（popgr）（Jedwab 等，2017）。

（二）数据

本研究使用 109 个非经合组织国家或地区从 1960 年到 2013 年的相关数据。我们排除了经合组织国家，是因为截至 20 世纪 60 年代，经合组织国家已基本完成了城市化进程。三个单一城市地区或国家——中国香港、中国澳门和新加坡——也被排除在外。本文数据主要来源于：世界银行世界发展指标数据库（WDI）；世界电信/ICT 指标数据库（ITU）的 ICT 数据；Barro-

Lee 受教育程度数据库（BL）的教育数据；世界道路交通统计数据库（WRS）的道路密度数据。表 8-2 中列出了每个变量的定义和来源。

表 8-2　变量的定义和来源

变量	定义	来源
城市化率	城市人口占总人数的百分比	WDI
互联网发展程度	每 100 人中互联网使用人数的对数	ITU
ln(短信数量)	短信数量的对数	ITU
ln(人均 GDP)	人均 GDP 的对数（美元）	WDI
经济增速	人均 GDP 增长率（年度百分比）	WDI
工业化水平	非农业（占 GDP 百分比）	WDI
教育水平	教育程度的对数，匹配最近年度	BL
对外开放程度	国际贸易（占 GDP 百分比）	WDI
基础设施	每平方公里土地面积的道路公里数	WRS
城市化率(1960 年)	1960 年城市化率	WDI
城市首位度	最大城市中的人口占城市总人口的百分比	WDI
人口密度	每平方公里土地面积人口数	WDI
人口增长率	人口自然增长率（年度百分比）	WDI

表 8-3 汇报了变量的描述性统计，有几点值得注意。首先，数据观察值的多少因变量而异，特别是道路密度和短信的样本体积远远小于其他指标。其次，城市化率的变动范围很大，最小值为 3.13%，最大值为 99.06%[①]，标准差为 22.5%。城市化率比较高的国家主要集中在拉丁美洲和加勒比海地区、北美洲和欧洲以及一些资源出口国（United Nation，2014；Gollin 等，2016）。因此，后文将用分区域样本来估算回归模型，以检验基准模型的稳健性。最后，本文中的数据包括一些异常的观察值，例如战争期间，GDP 增长下降 65%，人口增长为负。在估算基准模型时，没有剔除这些观察值，因为我们认为这些宏观因素不会显著影响信息对城市化的效应。但我们在稳健性检验部分将考虑这些异常值的问题。

---

① 这些国家在 20 世纪 60 年代的城市化率不是很高，其城市化过程大多发生在我们的样本区间（1960~2014 年），而本文正是要研究信息在城市化过程中的作用，故未从样本中剔除这些国家。

表8-3 描述性统计

变量	样本	平均值(%)	标准差(%)	最小值(%)	最大值(%)
城市化率	3865	45.4	22.5	3.1	99.1
互联网发展程度	3326	7.2	6.3	0.0	16.0
ln(短信数量)	524	21.0	2.7	8.0	27.4
ln(人均GDP)	3563	7.3	1.3	3.9	11.0
经济增速	3597	1.9	6.4	-65.0	102.8
工业化水平	3229	78.9	14.8	25.7	99.7
教育水平	3865	1.3	0.8	-3.1	2.5
对外开放程度	3522	72.8	39.5	0.3	280.4
基础设施	2390	0.6	5.5	0.0	256.0
城市首位度	3384	33.2	14.6	2.6	100.0
人口密度	3862	105.3	191.3	1.1	1752.9
人口增长率	3855	2.1	1.6	-7.6	17.5

五 互联网发展与城市化率：实证分析

（一）单位根检验

在进行模型估计之前，我们先进行面板单位根检验。表8-4中的结果表明，ADF和ADF-PP的检验结果均拒绝了变量存在单位根的零假设。表8-4的最后一行中，基准模型的残差（对应于表8-5中第三列的模型）是平稳的，因而排除了伪回归的可能性。

表8-4 面板单位根检验结果

变量	Inverse χ^2	p-值
城市化率	2087.25	0.000
互联网发展程度	2779.57	0.000
ln(短信数量)	807.94	0.000
ln(人均GDP)[#]	455.56	0.000
经济增速	2009.13	0.000
工业化水平	384.73	0.000
教育水平[#]	597.21	0.000

续表

变量	Inverse χ^2	p-值
对外开放程度	378.03	0.000
基础设施	327.59	0.000
城市首位度	747.95	0.000
人口密度	660.12	0.000
人口增长率#	682.22	0.000
回归残差#	239.03	0.000

注：#表示变量是漂移平稳（drift stationary），数值 inverse χ^2 对于 ADF 和 ADF-PP 检验，其统计值相同。

（二）基准分析

基准模型如表8-5所示。表8-5的上部分（A组）报告了主要变量的系数估算结果，下部分（B组）报告了年度虚拟变量的系数估算结果。为了节省空间，表8-5中只列出了自1990年起的结果。第（1）列只包含"推拉"控制变量；第（2）列包括了所有的控制变量；第（3）列是加入了信息代理变量后的回归结果。

表8-5 基准模型结果

变量	(1)	(2)	(3)
A组（主要变量）			
ln(人均GDP)	3.289***	4.115***	2.706***
	(0.62)	(0.61)	(0.72)
经济增速	-0.109***	-0.117***	-0.111***
	(0.02)	(0.02)	(0.02)
工业化水平	-0.019	-0.002	0.022
	(0.02)	(0.02)	(0.03)
教育水平	3.909***	2.588***	2.674***
	(0.77)	(0.72)	(0.85)
对外开放程度	0.006	0.016**	0.024***
	(0.01)	(0.01)	(0.01)
基础设施	-0.008	0.003	0.016*
	(0.01)	(0.01)	(0.01)
城市化率(1960)		0.440***	0.371***
		(0.04)	(0.06)

续表

变量	(1)	(2)	(3)
A 组(主要变量)			
城市首位度		−0.02	−0.011
		(0.04)	(0.04)
人口密度		−0.071***	−0.072***
		(0.01)	(0.01)
人口增长率		−0.157	−0.740***
		(0.15)	(0.23)
互联网发展程度			0.527***
			(0.13)
N	1923	1710	1386
adj. R²	0.972	0.977	0.977
B 组(年份虚拟变量)			
1990	11.700***	15.824***	0.000
1991	12.143***	16.494***	−2.946
1992	12.552***	16.888***	−3.220*
1993	13.030***	17.468***	−2.618
1994	13.460***	17.942***	−2.353
1995	13.574***	18.390***	−2.461
1996	13.917***	18.829***	−2.382*
1997	14.564***	19.527***	−2.512*
1998	14.883***	19.588***	−2.695**
1999	15.893***	20.466***	−2.241*
2000	14.593***	20.096***	−2.853**
2001	14.967***	20.664***	−2.698**
2002	15.290***	20.740***	−2.851***
2003	15.947***	21.666***	−2.285*
2004	17.062***	22.763***	−0.893
2005	16.505***	22.005***	−1.807*
2006	16.433***	22.347***	−1.594
2007	16.994***	23.062***	−0.691
2008	17.191***	23.000***	−1.139
2009	16.921***	22.775***	−1.342
2010	17.010***	23.201***	−1.143
2011	17.966***	24.004***	−0.45
2012	18.261***	24.446***	−0.02
2013	18.020***	24.415***	0.000

注：第(1)列只包含"推拉"控制变量；第(2)列包括所有控制变量；第(3)列是自然实验，1990年以前的互联网数据设为0。括号内为稳健标准误；*、**和***分别表示10%、5%和1%显著性水平。

表8-5的第（1）和（2）列确认了传统的城市化模型无法解释城市化的加速，因为对应于这两个模型的所有年份虚拟变量的系数都呈正显著，且随时间单调增加。与此恰恰相反，第（3）列的结果显示，互联网的作用显著为正，表明信息对城市化的促进作用，这印证了理论模型的结果。同时，对应于第（3）列的年度虚拟变量的系数大部分都不显著，且估算值比较稳定。这说明，互联网发展可以解释城市化加速这一重要现象。

使用表8-5下部分报告的年度虚拟变量的系数估算值作图（见图8-2），可以更为直观地获得本文的关键发现与结论。实线和点线对应表8-5中的第（1）和第（2）列，曲线大体上呈单调递增趋势。虚线对应包含了互联网发展变量的模型［见表8-5的第（3）列］。可以看出1990年以前虚线与点线、实线基本平行，但加入1990年后的互联网变量后，虚线变得较为平稳并接近于零。就控制变量而言，人均GDP、经济增长和教育的结果与预期一致，但工业化水平、贸易和道路密度不显著。

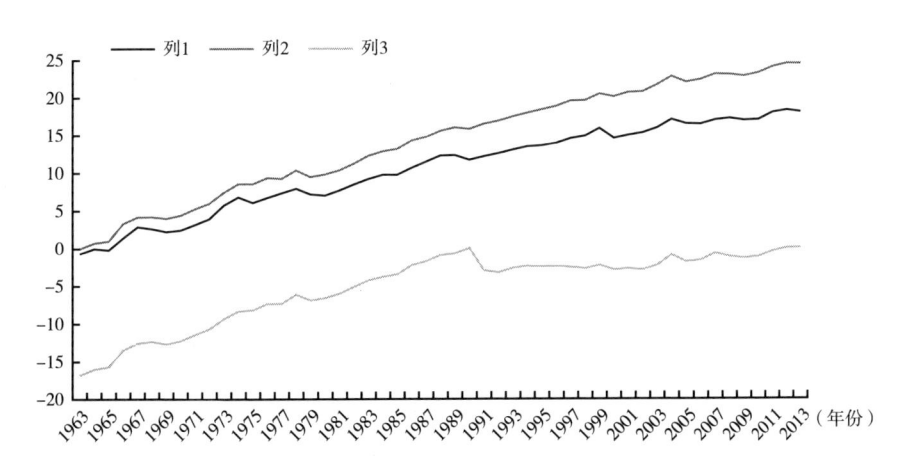

图8-2　对应表8-5中的年度虚拟变量估算值

（三）内生性分析结果

城市化和互联网发展之间可能存在反向因果关系，即城市化水平越高的国家，其互联网普及程度越高，因为城市通常比农村更能提供较多较好的服

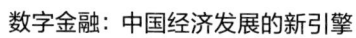

务包括基础设施如互联网。内生性也可能由第三方因素引起,即可能存在的遗漏变量同时促进城市化和互联网的普及率。这样的因素可能与技术进步或经济增长相关,比如随着经济的发展,越来越多的人迁往城市,同时经济水平的提高也增加了人们对互联网的需求(Czernich 等,2011)。为了解决这些潜在的内生性问题,本研究借鉴 Czernich 等(2011)的研究成果,依据技术扩散理论,构造互联网普及率的工具变量(IV)。

本研究的工具变量(IV)的构造基于这样一个事实,即在 20 世纪 90 年代初互联网的使用依赖于固定电话网络,人们使用配线架并通过所谓的拨号接入互联网服务提供商(ISP)。换句话说,使用互联网需要访问与互联网无本质关系的、早先就已经独立运行的语音电话网络。基于 Griliches(1957)有关技术创新过程的开创性研究,Czernich 等(2011)将一个国家互联网普及率的最大值(w_i),设为互联网存在之前的固定电话普及率($tel_{net_{i0}}$)的线性函数(8.10):

$$w_i = w_0 + \varphi_1 tel_{net_{i0}} \tag{8.10}$$

其中,φ_1 和 ω_0 为参数,$tel_{net_{i0}}$ 为 1989 年每百人中的固定电话用户数。观察到的互联网普及率可以表示为 w_i 和时间 t 的逻辑方程(8.11)(见 Comin 等,2006;Geroski,2000):

$$Internet_{it} = \frac{\omega_i}{1 + exp[-\eta(t - \tau)]} + \pi_{it} \tag{8.11}$$

其中,参数 η 和 τ 分别是技术扩散曲线(8.11)的速度和拐点,π_{it} 为误差项。将式(8.10)代入式(8.11)可以得到一个完全由外生变量决定的非线性模型,用于估算互联网普及率,并作为信息的工具变量(8.12):

$$Internet_{it} = \frac{\omega_0 + \varphi_1 tel\_net_{i0}}{1 + exp[-\eta(t - \tau)]} + \pi_{it} \tag{8.12}$$

表 8-6 汇报了 IV 模型(8.12)的估计结果(即第一阶段估计结果),分地区回归拟合度较好,R^2 高达 0.81 和 0.91。

表8-6 IV模型的第一阶段估计结果

被解释变量 互联网普及率	亚洲和非洲	欧洲和美洲
固定电话普及系数(φ_1)	4.20 ***	2.81 ***
	(0.000)	(0.000)
扩散速度(η)	0.25 ***	0.30 ***
	(0.000)	(0.000)
拐点(τ)	2009.34 ***	2007.84 ***
	(0.000) ***	(0.000)
R^2	0.81	0.91
N	1,342	760

注：括号内为p值；*** 表示1%显著性水平。

表8-7报告了IV固定效应回归，即第二阶段估计结果。根据联合国2014年的数据（United Nation，2014），亚洲和非洲的城市化速度明显快于其他地区，所以使用亚洲、非洲和其他地区（欧洲和美洲）三个子样本来估算IV模型。回归结果与表8-5中的基准结果基本一致，特别是B组里的大部分系数变得不太显著且更平稳，这证实了互联网普及率能很好地解释城市化的加速。

表8-7 IV第二阶段估计结果

因变量 城市化率	（1） 所有国家	（2） 亚洲	（3） 非洲	（4） 美洲和欧洲
A组（主要变量）				
互联网发展程度	2.047 ***	10.097 ***	6.305 ***	1.214
	(0.55)	(2.13)	(0.86)	(1.69)
ln(人均GDP)	3.766 ***	3.403 ***	4.283 ***	9.195 ***
	(0.60)	(1.12)	(1.15)	(1.03)
经济增速	-0.117 ***	-0.161 ***	-0.078 ***	-0.062 **
	(0.02)	(0.05)	(0.03)	(0.03)
工业化水平	0.001	0.151 ***	-0.036	0.254 ***
	(0.02)	(0.05)	(0.04)	(0.04)
教育水平	3.180 ***	-1.198	1.348	5.865 ***
	(0.77)	(1.66)	(1.06)	(1.14)

续表

因变量	(1)	(2)	(3)	(4)
城市化率	所有国家	亚洲	非洲	美洲和欧洲
A组(主要变量)				
对外开放程度	0.014*	-0.019	0.003	-0.042***
	(0.01)	(0.01)	(0.01)	(0.01)
基础设施	0.008	0.054	-0.194***	0.372
	(0.01)	(0.08)	(0.07)	(0.30)
城市首位度	-0.016	-0.083	0.033	-0.482***
	(0.04)	(0.09)	(0.06)	(0.07)
人口密度	-0.064***	-0.079***	-0.076***	-0.032
	(0.01)	(0.01)	(0.02)	(0.02)
人口增长率	-0.104	2.316***	0.289**	0.001
	(0.14)	(0.78)	(0.13)	(0.76)
城市化率(1960)	0.440***	-1.276***	1.166***	0.584***
	(0.04)	(0.39)	(0.11)	(0.13)
B组(年份虚拟变量)				
1990	1.314	9.140**	12.562***	8.491***
1991	1.483	7.334*	11.833***	8.317***
1992	1.351	5.889	10.812***	8.054**
1993	1.392	4.05	9.894***	7.995**
1994	1.335	2.419	8.944***	8.458**
1995	1.149	0.781	7.926**	7.830*
1996	1.078	-1.1	6.941**	7.701
1997	1.204	-2.057	4.935	7.603
1998	0.724	-5.235	3.762	6.848
1999	0.973	-5.381	3.858	7.221
2000	0.206	-7.109	2.506	6.62
2001	0.244	-8.224	-0.064	6.894
2002	-0.081	-10.819	0.359	6.547
2003	0.316	-10.523	-0.56	7.219
2004	1.044	-11.46	0.85	7.307
2005	-0.25	-12.117	-1.863	6.316
2006	-0.209	-13.876	-2.569	6.298
2007	0.078	-14.513	-0.614	6.112
2008	-0.248	-15.157	-3.69	6.223
2009	-0.749	-16.596	-5.173	5.832
2010	-0.616	-17.57	-5.79	5.967

续表

因变量	(1)	(2)	(3)	(4)
城市化率	所有国家	亚洲	非洲	美洲和欧洲
B 组(年份虚拟变量)				
2011	-0.059	-16.121	-5.329	6.232
2012	0.211	-16.422	-6.072	6.12
2013	0	-15.933	-6.579	6.318
N	1710	365	748	424
adj. R²	0.977	0.96	0.971	0.981

注：A 组部分包含主要变量的估算结果，B 组部分报告 1990 年及以后的年度虚拟变量的系数估算结果；括号内为稳健标准误；*、** 和 *** 分别表示 10%、5% 和 1% 显著性水平。

六　稳健性检验

(一)短信数量作为代理变量

首先，我们使用发送的短信息(SMS)数量作为互联网发展的另一个代理变量。遗憾的是，IUT 数据库中仅包含 2000 年之后的跨国数据，所以样本容量减少了很多。表 8-8 报告了回归结果。与前文一致，年度虚拟变量系数变得不显著且没有趋势。短信数量的系数估算值为正，虽然在第(1)列中不显著。

表 8-8　短信数量作为代理变量

	(1)	(2)	(3)
	全样本	亚洲和非洲	美洲和欧洲
A 组(主要变量)			
短信数量	0.112	0.241*	0.412**
	(0.31)	(0.13)	(0.20)
ln(人均 GDP)	4.273	7.100***	-5.353
	(3.83)	(2.13)	(3.25)
经济增速	0.039	-0.073	0.051
	(0.05)	(0.06)	(0.03)

续表

	（1）	（2）	（3）
	全样本	亚洲和非洲	美洲和欧洲
A 组（主要变量）			
工业化水平	0.202	0.06	0.204
	(0.20)	(0.05)	(0.19)
教育水平	3.12	-2.709*	3.528
	(1.91)	(1.59)	(4.01)
对外开放程度	-0.004	-0.01	-0.002
	(0.02)	(0.01)	(0.02)
基础设施	7.202	3.875	-3.012
	(5.40)	(2.87)	(9.63)
城市首位度	-0.395*	0.532	-0.496*
	(0.22)	(0.42)	(0.27)
人口密度	0.051	-0.137**	0.226***
	(0.06)	(0.05)	(0.08)
人口增长率	-1.151*	-0.144	-0.87
	(0.68)	(0.92)	(0.56)
城市化率（1960）	0.378	0.618**	0.877*
	(0.33)	(0.27)	(0.49)
N	219	112	107
adj. R^2	0.996	0.999	0.995
B 组（年份虚拟变量）			
2001	0.261	0.35	0.000
2002	0.451	0.667	0.000
2003	-0.37	1.36	-0.091
2004	0.128	2.431	-0.232
2005	-0.177	3.279	-0.441
2006	-0.431	3.427	0.301
2007	-0.243	3.513	0.747
2008	0.034	3.834	1.189
2009	0.592	4.168	1.366
2010	0.058	5.018	0.968
2011	0.452	5.806	1.421
2012	0.771	6.282	1.869
2013	0.484	6.552	2.08

注：A 组部分包含主要变量的估算结果，B 组部分报告 2000 年以后的年度虚拟变量的系数估算结果；括号内为稳健标准误；*、** 和 *** 分别表示 10%、5% 和 1% 显著性水平。

(二)其他稳健性检验

还有一种关于城市化加速的可能解释是人口流动的雪球效应,即某个国家上期移民规模越大,通过个人关系网络,带来本期移民人数的增加越多(Sahota,1968;Kantorowicz,2010)。这也可能是移民成本下降的一种表现(Carrington 等,1996),但不是本文所要论述的互联网发展带来的影响。为了检测本文主要发现和结论的稳健性,在基准和 IV 模型中加入了城市人口的年度变化,以控制这种雪球效应,同时,为了去除样本极值的影响,我们对数据进行了缩尾处理(参见 Barnett 和 Lewis,1994),结果如表 8-9 所示。

表 8-9 人口流动雪球效应

	(1)	(2)	(3)
A 组(主要变量)			
城市人口的年度变化	2.088***	2.887***	2.875***
	(0.41)	(0.56)	(0.56)
ln(人均GDP)	5.564***	4.649***	4.435***
	(0.71)	(0.79)	(0.80)
经济增速	-0.115***	-0.132***	-0.164***
	(0.03)	(0.03)	(0.04)
工业化水平	-0.024	-0.003	0.001
	(0.03)	(0.03)	(0.03)
教育水平	1.794**	1.818**	2.033**
	(0.77)	(0.92)	(0.89)
对外开放程度	0.008	0.011	0.011
	(0.01)	(0.01)	(0.01)
基础设施	-0.015*	-0.017**	-0.024***
	(0.01)	(0.01)	(0.01)
城市化率(1960)	0.495***	0.472***	0.473***
	(0.05)	(0.07)	(0.07)
城市首位度	-0.063	-0.044	-0.038
	(0.05)	(0.05)	(0.05)
人口密度	-0.079***	-0.081***	-0.083***
	(0.01)	(0.01)	(0.01)
人口增长率	-0.284	-1.112***	-1.489***
	(0.21)	(0.29)	(0.37)

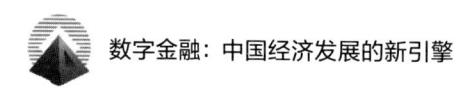

续表

	(1)	(2)	(3)
A 组(主要变量)			
互联网发展程度		0.530***	0.551***
		(0.13)	(0.13)
N	1429	1154	1154
adj. R²	0.98	0.98	0.98
B 组(年份虚拟变量)			
1990	-4.481***	0.000	0.000
1991	-3.682***	-2.814	-2.447
1992	-3.021***	-2.983*	-2.511
1993	-2.516***	-2.644	-2.322
1994	-2.138***	-2.671*	-2.262
1995	-1.812**	-2.563*	-2.171
1996	-1.213*	-2.209*	-1.857
1997	-0.424	-2.241*	-1.914
1998	-1.076	-3.204**	-2.957**
1999	0	-2.762**	-2.618**
2000	0.182	-2.689**	-2.548**
2001	0.47	-2.923***	-2.808***
2002	0.963	-2.689***	-2.708***
2003	1.883**	-2.033**	-1.915**
2004	2.909***	-0.867	-0.617
2005	2.515***	-1.378	-1.189
2006	2.591***	-1.501	-1.388
2007	3.484***	-0.421	-0.352
2008	3.405***	-0.91	-0.901
2009	3.182***	-1.229	-1.162
2010	3.484***	-1.054	-0.982
2011	4.312***	-0.402	-0.327
2012	4.603***	-0.17	-0.075
2013	4.742***	0.000	0.000

注：第（1）列中不加入互联网发展变量；第（3）列是缩尾样本结果；A 组部分包含主要变量的估算结果，B 组部分报告1990年及以后的年度虚拟变量的系数估计结果；括号内为稳健标准误；、*、** 和 *** 分别表示10%、5%和1%显著性水平。

表8-9中每一列都显示城市人口年度变化的系数估计值为正，表明人口流动的雪球效应确实存在，并对城市化有正向影响。但是，如B组部分第（1）列

所示，即使控制这一变量，年度虚拟变量的系数估计值仍然显著为正，且有增大的趋势，这说明人口雪球效应并不是城市化加速的唯一原因。相比之下，在加入了信息变量的第（2）列和第（3）列中，年度虚拟变量系数变得不那么显著。所以，城市化的加速更多地来自互联网的作用而非人口雪球效应。

最近的一项研究认为，目前发展中国家的城市化水平提升较快是因为城市人口的自然增长率远远高于工业时代的欧洲（Jedwab等，2017）。需要强调的是，我们研究的快速城市化并不等同于城市人口的快速扩张。这是因为城市化率是一个比值的概念，它取决于城市和农村两方面的人口变化。实际上Bloom et al.（2010）的研究表明，农村和城市的人口自然增长率相差无几，如果忽略了移民的贡献，城市化率很有可能是不变的。但是，Jedwab等（2017）的研究恰恰显示了城市化率的变动主要是由移民带来的，而不是城市人口自然增长更快的结果。即便如此，为了增强本文结论的稳健性，我们在IV模型中还是加入了城市人口自然增长率这个额外变量。因为数据来自Jedwab等（2017）使用的10年平均自然增长率，我们也将其他变量取10年平均值后再进行模型估算，结果见表8-10。

表8-10的第（1）列是自然增长率和互联网发展变量都不加入的情况，第（2）列仅加入自然增长率。在这两列中，年度虚拟变量的系数估算值仍然具有明显的时间趋势，说明城市化加速仍然不能被解释。而第（3）（4）列的结果表明，当引入信息变量后，时间趋势就消失了，而且信息变量的系数仍然显著为正。特别重要的是，在第（2）（4）列中，城市人口自然增长率变量并不显著。

表8-10 城市化和城市人口自然增长率

A组(主要变量)	（1）	（2）	（3）	（4）
ln(人均GDP)	4.207**	3.792*	3.466*	3.20
	(1.90)	(2.04)	(1.88)	(2.14)
经济增速	-0.319**	(0.24)	-0.310**	(0.20)
	(0.15)	(0.19)	(0.15)	(0.18)
工业化水平	(0.02)	0.12	(0.00)	0.13
	(0.07)	(0.12)	(0.07)	(0.12)

续表

A组(主要变量)	(1)	(2)	(3)	(4)
教育水平	1.48	2.62	2.01	3.56
	(1.90)	(2.28)	(1.99)	(2.48)
对外开放程度	0.04	0.078*	0.04	0.07
	(0.03)	(0.05)	(0.03)	(0.05)
基础设施	(0.20)	(0.40)	(0.19)	(0.40)
	(0.21)	(0.32)	(0.21)	(0.32)
城市化率(1960)	0.372***	(0.60)	0.370***	(0.54)
	(0.13)	(0.45)	(0.13)	(0.44)
城市首位度	0.07	-0.367**	0.07	-0.385**
	(0.11)	(0.15)	(0.11)	(0.15)
人口密度	-0.070***	-0.063***	-0.068***	-0.059***
	(0.02)	(0.02)	(0.02)	(0.02)
人口增长率	0.14	0.73	0.35	0.56
	(0.52)	(0.76)	(0.53)	(0.76)
人口自然增长率		1.41		1.51
		(1.22)		(1.17)
互联网发展程度			0.784**	0.880**
			(0.35)	(0.42)
B组(年份虚拟变量)	(1)	(2)	(3)	(4)
1970s	4.434***	-11.113***	4.391***	2.24
	(1.58)	(3.68)	(1.58)	(8.07)
1980s	9.764***	-8.587***	9.563***	4.37
	(2.08)	(2.43)	(2.12)	(6.97)
1990s	15.121***	-5.687***	8.169*	(0.20)
	(2.59)	(1.58)	(4.69)	(3.33)
2000s	19.653***	-2.612**	9.40	(1.25)
	(3.13)	(1.22)	(6.34)	(1.51)
2010s	22.146***	0.00	10.68	0.00
	(3.56)	(.)	(7.25)	(.)
N	289	119	289	119
adj. R^2	0.963	0.969	0.963	0.97

注：第(1)列中不加入互联网发展变量和城市人口自然增长率；第(2)(3)列分别自然增长率和加入信息变量；括号内为稳健标准误；*、**和***分别表示10%、5%和1%显著性水平。

最后，在前文关于工具变量的预测中，我们仅仅考虑了1990年及以后的互联网普及率，而将1990年之前的信息变量或其影响假设为0。实际上，在1990年之前，互联网已经被用于军事和研究用途，只是没有大规模地在民间普及。这可能也是为什么由ITU提供的互联网普及率数据，在1990年之前大部分是缺失的。但电话在1990年之前是存在的，它也是传递信息的最为重要的载体。所以，作为稳健性检验的一部分，我们用模型（8.12）来倒推1990年之前的信息的工具变量观察值，并使用1963年之后的数据估算IV模型。表8-11报告了结果，图8-3描绘了对应的年度虚拟变量的系数估算值。结果都显示，信息变量可以在很大程度上解释城市化的加速。

表8-11 加入1990年前信息工具变量观察值的模型结果

	（1）	（2）	（3）	（4）	（5）	（6）
	全样本	亚洲和非洲	美洲和欧洲	全样本	亚洲和非洲	美洲和欧洲
A组（主要变量）							
ln（人均GDP）	4.115*** (0.61)	5.340*** (0.78)	3.277*** (0.72)	4.115*** (0.61)	5.340*** (0.78)	3.277*** (0.72)
经济增速	-0.117*** (0.02)	-0.115*** (0.03)	-0.033** (0.02)	-0.117*** (0.02)	-0.115*** (0.03)	-0.033** (0.02)
工业化水平	-0.002 (0.02)	-0.033 (0.02)	0.060* (0.03)	-0.002 (0.02)	-0.033 (0.02)	0.060* (0.03)
教育水平	2.588*** (0.72)	1.660* (0.86)	5.084*** (1.29)	2.588*** (0.72)	1.660* (0.86)	5.084*** (1.29)
对外开放程度	0.016** (0.01)	0.007 (0.01)	-0.016*** (0.01)	0.016** (0.01)	0.007 (0.01)	-0.016*** (0.01)
基础设施	0.003 (0.01)	-0.191*** (0.04)	0.007** (0.00)	0.003 (0.01)	-0.191*** (0.04)	0.007** (0.00)
城市首位度	-0.02 (0.04)	0.028 (0.05)	-0.273*** (0.07)	-0.02 (0.04)	0.028 (0.05)	-0.273*** (0.07)
人口密度	-0.071*** (0.01)	-0.083*** (0.01)	0.128*** (0.02)	-0.071*** (0.01)	-0.083*** (0.01)	0.128*** (0.02)
人口增长率	-0.157 (0.15)	0.171 (0.14)	-1.644*** (0.25)	-0.157 (0.15)	0.171 (0.14)	-1.644*** (0.25)
城市化率（1960）	0.440*** (0.04)	0.391*** (0.05)	1.113*** (0.04)	0.408*** (0.04)	0.356*** (0.05)	1.118*** (0.04)
互联网发展程度				2.450*** (0.21)	2.681*** (0.26)	1.661*** (0.24)

161

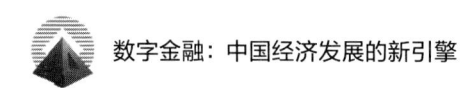

续表

	(1)	(2)	(3)	(4)	(5)	(6)
	全样本	亚洲和非洲	美洲和欧洲	全样本	亚洲和非洲	美洲和欧洲
A 组（主要变量）							
N	1710	1113	597	1710	1113	597
adj. R^2	0.977	0.966	0.976	0.977	0.966	0.976
B 组（年份虚拟变量）							
1990	15.076***	16.043***	13.293***	0.709	-0.5	3.046***
1991	15.747***	16.692***	13.400***	0.829	-0.454	2.780***
1992	16.141***	17.167***	13.762***	0.676	-0.578	2.770***
1993	16.721***	17.757***	13.946***	0.711	-0.584	2.586***
1994	17.195***	18.312***	14.417***	0.645	-0.619	2.691***
1995	17.642***	18.851***	14.440***	0.558	-0.666	2.351***
1996	18.082***	19.211***	14.683***	0.469	-0.885	2.236***
1997	18.779***	19.455***	15.014***	0.646	-1.21	2.215***
1998	18.841***	18.984***	14.810***	0.197	-2.241	1.664**
1999	19.719***	20.569***	15.469***	0.576	-1.202	1.985**
2000	19.348***	21.062***	14.193***	-0.28	-1.241	0.38
2001	19.916***	21.364***	15.175***	-0.182	-1.452	1.043
2002	19.993***	21.609***	15.108***	-0.555	-1.7	0.672
2003	20.918***	22.917***	15.673***	-0.058	-0.86	0.946
2004	22.016***	24.458***	15.909***	0.636	0.239	0.908
2005	21.258***	23.820***	15.225***	-0.498	-0.81	-0.031
2006	21.599***	23.963***	15.286***	-0.504	-1.048	-0.205
2007	22.314***	26.054***	15.248***	-0.105	0.698	-0.457
2008	22.252***	25.135***	15.711***	-0.451	-0.532	-0.186
2009	22.027***	24.663***	15.713***	-0.928	-1.28	-0.355
2010	22.454***	24.815***	15.768***	-0.722	-1.369	-0.45
2011	23.256***	26.583***	16.059***	-0.11	0.19	-0.289
2012	23.698***	26.953***	16.559***	0.168	0.381	0.101
2013	23.668***	26.723***	16.552***	0.000	0.000	0.000

注：第（1）（2）（3）列中不加入信息变量；第（4）（5）（6）列加入互联网发展变量；A 组数据说明主变量的系数，B 组数据说明 1990 年及以后的年度虚拟变量系数；括号内为稳健标准误；*、** 和 *** 分别表示 10%、5% 和 1% 显著性水平。

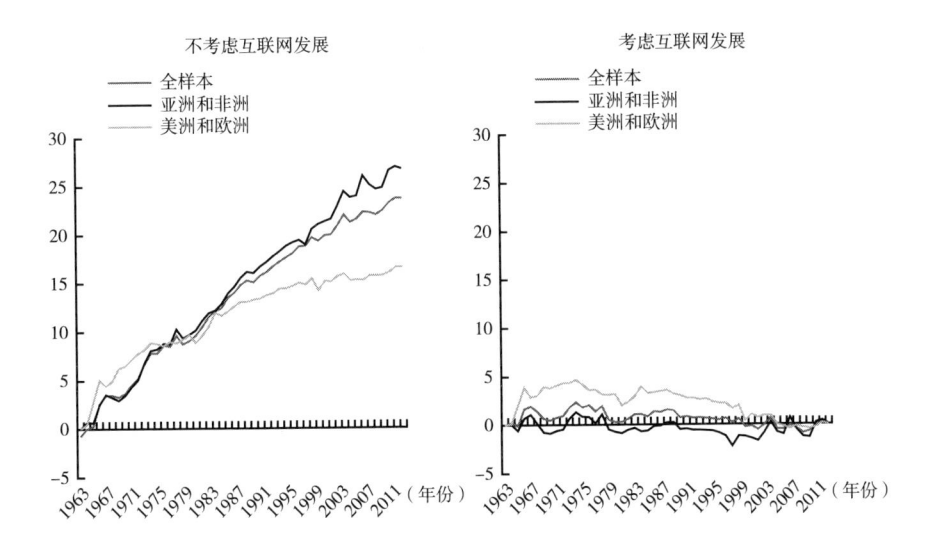

图 8-3 年度虚拟变量系数估算值

注：对应表 8-11 中（4）(5)(6) 列的年度虚拟变量系数估算值。

七 小结

本研究揭示了过去几十年来全球城市化进程加速的重要现象，印证了不少国家抱怨城市化浪潮席卷而来的经典事实，也为万广华（2011）提出的积极推动城市化的主张提供了实证依据。即使控制了传统的"推拉"因素，非 OECD 国家的城市化率在 21 世纪第一个十年比 20 世纪 60 年代仍平均要高出 16 个百分点。这一加速现象，迄今为止被学术界和政策界普遍忽视，这可能带来诸如城市交通拥挤、城市污染、城市贫民窟增多等一系列的严重后果。因此，揭示并厘清这一现象，对发展中国家的政府、企业和个人都具有深远的理论和现实意义。

本研究的另一个更为重要的贡献，是解释这个至今无人注意到的城市化加速现象。我们基于 Sjaastad（1962）的研究，从移居的心理和货币成本着手，开创性地将信息进而互联网发展引进城市化研究。更为具体的是，本文首次构建了一个包含信息成本的两部门一般均衡模型，推导出了信息与城市

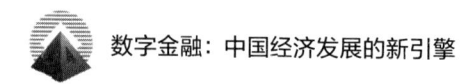

化进程的理论关系，进而导出互联网发展与城市化的联系。最后，我们用1960~2013年109个非OECD国家的数据，验证了该理论模型的可靠性，从而得出了信息在很大程度上可以解释城市化加速的发现和结论。这些基于基准回归和工具变量模型的发现和结论，对于不同地区、不同控制变量组合以及不同的代理变量都具有稳健性，证实了互联网发展对城市化的重要性，进而也从反面说明了数字鸿沟将严重阻碍城市化的发展。

本文的发现和结论对于政府和社会各界都非常重要。本文分析的是自1960年到2013年的数据，但未来互联网的发展还将不断降低信息成本，并进一步推动人口迁移，所以城市化进程加速的长期趋势不可避免。政策部门在制定发展战略、城乡发展规划和资源分配等方面应做长期的准备。单纯根据历史数据主观臆断城市化速度（如中国流行的把城镇化率的提高控制在每年0.8%以下的举措和观念），很可能使经济陷入无序城市化的泥沼，从而危害可持续发展，一如20世纪70年代以来非洲所经历的情况所证明的（Fay和Opal，2000）那样。显然，各国政府应该接受城市化加速的事实，把解决农村农民农业问题的视野扩展到城市里，积极主动地消除种种移民障碍，并通过改善公共服务（如为移民提供住房和医疗教育）和强化基础设施建设来应对数字鸿沟的负面影响，从而迎接更大的移民潮。

第九章
从城市化谈数字金融的涓滴效应*

在上一章中,我们从城市化的角度讨论了互联网发展的作用。正如我们所强调的,一方面我们要看到互联网发展带来了城市化的加速,但反过来,我们也需要看到数字鸿沟的存在,在客观上阻碍了城市化的进程。因此,需要采取办法来消除数字鸿沟的负面影响。本章我们继续从城市化的视角展开,谈谈如何通过数字金融的涓滴效应来消除数字鸿沟的负面影响。

一 为什么要发挥数字金融的涓滴效应?

在前文我们提到,互联网革命是人类文明史上继蒸汽技术革命和电力技术革命之后的又一次重大革命,给全球经济和人们的生活带来了全方位的冲击。然而,互联网的发展对不同群体的影响不同。对于能够接触互联网的群体,互联网发展显著改善了他们的生活质量,使得他们的生活更加便捷和有效率。不过,也有一些群体无法接触互联网,使得互联网的发展似乎与他们无关。不仅如此,由于互联网发展的迅速,使得这些群体无法享受到互联网带来的越来越多的红利,这在客观上造成了机会不平等,甚至带来了收入分配的恶化。例如,无法接触互联网的求职者难以顺利找到工作,因为大部分企业均把招聘公告第一时间发布在网上,造成了能够接触互联网与无法接触互联网的求职者之间的机会不平等。事实上,数字鸿沟在各个方面,例如在

---

* 本章内容主要来自 Zhang X., Y. Tan, Z. Hu, C. Wang, G. Wan, 2020. The Trickle-down Effect of Fintech Development: From the Perspective of Urbanization, China & World Economy, 28 (1), pp. 23–40。

培训、教育、金融市场和其他服务行业，都造成了大量的机会不平等，最终演化为收入和财富分配的恶化。以往有大量研究也表明数字鸿沟的出现对全球和各国的经济增长，尤其是对贫富差距的影响不容忽视。有关中国的研究表明，数字鸿沟带来了机会不平等、收入差距拉大（邱泽奇等，2016）和贫困发生率的上升（许竹青等，2013）。这些影响随着5G的推出和物联网的发展将显得愈发严重。这就是为什么从1995年7月到2000年10月，美国国家远程通信和信息管理局多次把数字鸿沟列为美国首要的经济问题和人权问题（胡鞍钢和周绍杰，2002），经济学界也开始研究数字鸿沟的种种作用和影响（Hoffman et al.，2001；Kiiski 和 Pohjola，2002；Quibria et al.，2003）。

在上一章中，我们基于 Sjaastad（1962）的研究，从移居的心理和货币成本着手，开创性地将信息进而将互联网发展引进城市化研究，构建了一个包含信息成本的两部门一般均衡模型，导出互联网发展与城市化的联系。利用1960~2014年109个非OECD国家的数据，验证了理论模型的可靠性，从而得出了互联网发展在很大程度上可以解释城市化加速的发现和结论，进而也从反面说明了数字鸿沟将严重阻碍城市化的发展。这一发现，在目前国家之间存有严重的数字鸿沟面前，显得尤为关键，意味着如果能够缓解数字鸿沟的负面影响，发展中国家的城市化水平将能再上一个大的台阶。

那么，如何缓解数字鸿沟的负面影响呢？一种选择是采用公共财政的手段，使得那些无法接触互联网的群体能够接触互联网，直接缩小数字鸿沟。这种方法虽然直接，但耗资巨大，且存在因为选择问题而主动不接触互联网的群体。另外一种手段就是利用市场力量来决定资源分配和经济活动，只需要保证这样的经济活动能够溢出到那些原来无法接触互联网的群体。这就好比扶贫中的涓滴效应一样，贫困能够通过经济发展来解决，而不一定非得靠再分配政策来调解（Dollor 和 Kray，2002）。

那么，如何通过市场力量来缓解数字鸿沟的负面影响呢？在本章中，我们将证明数字金融的发展具有这种能力，我们称其为数字金融的涓滴效应。在过去的5~10年里，依托信息、大数据和云计算等创新技术，中国的数字金融经历了快速发展，例如支付宝、微信支付等，这大幅改善了金融服务的可得性和便利性，特别是对于原先无法接触到金融的群体而言，从而推动了中国普惠金融的发展。事实上，随着互联网而不断发展的数字金融的确有可能通过其普惠性起到提升消费的作用。李继尊（2015）认为，数字金融可以降低传统金融对物理网点的依赖，具有更强的地理穿透性和低成本优势，有助于改善金融服务的普惠性。焦瑾璞（2014；焦瑾璞等，2015）指出，移动互联网的普及为广大欠发达地区提供普惠金融创造了条件，尤其是数字货币在增加金融服务覆盖面、降低服务成本等方面发挥了重要作用。数字金融的发展还可能通过促进经济增长或创业产生收入溢出或涓滴效应，进而增加消费。张勋等（2019）发现数字金融的发展通过促进创业机会均等化实现了居民收入的包容性增长。

值得指出的是，数字金融所实现的这种普惠性特征，可以溢出到无法接触互联网的群体中。例如，数字金融的发展，可以带来区域的经济增长，提供更多的就业机会，这显然有助于全体居民的福利上升，而不仅仅是那些能够接触互联网的居民的福利上升（Kapoor，2013）。因此，数字金融的发展有可能产生涓滴作用，这也是以往文献所没有讨论过的一个重要问题。本研究的目标之一，是试图弥补文献在这些方面的不足或缺失，探讨数字金融如何缓解数字鸿沟可能对城市化造成的负面影响，因此具有重大的现实和政策意义。

本研究的贡献或创新主要体现在以下几个方面。

第一，尽管有文献研究互联网发展或数字鸿沟与城市化的关系，但本研究聚焦数字金融发展和数字鸿沟对城市化的综合影响，这是现有文献尚未涉及的领域，是本研究在问题视角上的一个创新。

第二，本研究从数字鸿沟的视角，研究了数字金融影响城市化的异质性问题，突破了相关文献里的同质化假设，揭示了数字金融发展对城市化影响的渠道。这是本研究在传导机制方面的创新。

第三，本研究从城市化的视角，证实了数字金融发展是通过产生就业机会和收入上的溢出效应，提升了无法接触到互联网家庭的非农就业水平，由此缓解了数字鸿沟的负面作用，并据此建议决策界大力推进数字金融发展。这是本研究在政策视角上的创新。

二 实证策略和数据

接下来，我们采用实证分析的方法来探讨数字金融发展的涓滴效应，即是否能够通过缓解数字鸿沟的负面影响来促进城市化。

（一）实证模型设定

我们先讨论模型设定，这主要分成两个部分。首先，与上一章类似，我们从微观视角来探讨数字鸿沟与城市化的关系；进而，我们讨论数字金融发展背景下的城市化问题，重点考察数字金融发展能否缓解数字鸿沟的负面影响。

1. 数字鸿沟、数字金融与城市化

我们首先建立数字鸿沟与居民就业决策之间的关系。用 $Occupation_{ijkt}$ 表示 t 年 k 市 j 家庭 i 个体的就业决策，取 0 代表在农业部门就业，反之则在非农部门就业，可以得到如下实证模型（9.1）：

$$Occupation_{ijkt} = \gamma_0 + \gamma_1 Internet_{ijkt} + \gamma'_2 X^{(1)}_{ijkt} + \gamma'_3 X^{(2)}_{jkt} + \gamma'_4 X^{(3)}_{kt} + \phi_i + \varphi_t + u_{ijkt} \quad (9.1)$$

在模型（9.1）中，i 表示原先在农业部门生产的个体，j 为其所在的家庭，k 为所居住的地区，t 表示时间。$Occupation_{ijkt}$ 衡量个体的就业选择，即选择留在农业部门还是转移到非农部门就业。$Internet_{ijkt}$ 表示能否接触到互联网的虚拟变量，$X^{(1)}_{ijkt}$、$X^{(2)}_{jkt}$ 和 $X^{(3)}_{kt}$ 分别为个人、家庭以及所在地区三个层面的控制变量，ϕ_i 表示个体固定效应，φ_t 表示年份固定效应，u_{ijkt} 为随机扰动项。我们预期 γ_1 为正，它衡量了能否接触到互联网对个人非农就业选择的总体作用，这也显示了数字鸿沟的影响。

接下来，为了探讨数字金融发展对城市化的影响，我们将模型（9.1）略微改动，得到下述的模型（9.2）：

$$Occupation_{ijkt} = \gamma_0 + \gamma_1 DF_{kt-1} + \gamma'_2 X^{(1)}_{ijkt} + \gamma'_3 X^{(2)}_{jkt} + \gamma'_4 X^{(3)}_{kt} + \phi_i + \varphi_t + u_{ijkt} \quad (9.2)$$

其中，DF_{kt} 即表示区域层面的数字金融发展程度。为了减弱反向因果的可能性，我们将数字金融发展变量滞后了一期。此外，由于我们分析的是地区层面的数字金融发展与个人就业选择（城市化）的关系，为了避免地区内部家庭之间的相关性对模型估计结果的影响，我们将稳健标准误聚类到地级市层面。这样一来，γ_1 衡量了数字金融发展对城市化的总体影响，我们同样预期 γ_1 显著为正。

关于控制变量，在个人层面包括其性别、年龄、教育年限、政治面貌、婚姻状况和健康水平，这些都是影响居民消费的经典变量。由于控制了个体层面的固定效应，而性别和政治面貌等变量的观察值几乎不随时间变化，所以这些变量的系数难以估计。此外，由于个人的年龄可以表示为家庭固定效应和时间固定效应的线性组合，其系数也无法估计。为了缓解遗漏变量偏误，参考 Zhang 等（2017），我们在模型（9.1）中控制了年龄的平方项。在家庭层面，我们控制了家庭人均实际收入、家庭存款、家庭人口规模、家庭中的少儿（16 岁以下）人数比例和老年（60 岁以上）人数比例。地区层面上，所在的村、镇或社区的经济状况和人口总量被纳入考虑，这是影响城市化的宏观变量。

2. 数字金融的涓滴效应

接下来，我们聚焦数字金融的涓滴效应。显然，如果个体能够接触互联网，那么他们能够获得更多的信息，能够更有效率地做出非农就业的决策。不过，如前文所言，数字金融的发展可能具有涓滴效应，这种涓滴效应使得无法接触互联网的个体也能在数字金融发展中获益。因此，为了考察数字金融发展的涓滴效应，我们需要考虑数字金融对个体就业决策的异质性影响。这可以通过加入数字金融发展与个体能否接触到互联网的虚拟变量的交互项（9.3）来实现：

$$Occupation_{ijkt} = \beta_0 + \beta_1 Fintech_{k,t-1} + \beta_2 Fintech_{k,t-1} \times Internet_{ijkt} \\ + \beta'_3 X^{(1)}_{ijkt} + \beta'_4 X^{(2)}_{jkt} + \beta'_5 X^{(3)}_{kt} + \phi_i + \varphi_t + u_{ijkt} \quad (9.3)$$

在模型（9.3）中，β_1 衡量数字金融发展对无法接触到互联网的个体的非农就业决策的影响。一般而言，如果没有数字金融发展的影响，数字鸿沟所引致的机会不均等会阻碍个体的非农就业。那么，控制住个体间能否接触到互

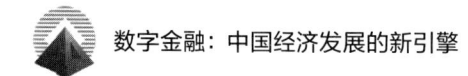

联网的异质性之后，那些无法接触到互联网的个体的非农就业决策如何受数字金融发展的影响呢？答案取决于β_1的方向和显著性。模型（9.3）的第二个关键系数为β_2，它衡量数字金融对能够接触到互联网的个体的非农就业的额外影响。如果β_2为负，则能够接触互联网的个体从数字金融发展中获益更多，导致了更高概率的非农就业决策；反之亦然。

（二）内生性考量

以上模型有可能存在内生性问题。一方面，数字鸿沟和非农就业决策之间可能存在内生性。最可能的原因是个体经济条件影响了是否有能力接触互联网，同时也影响了非农就业决策。不过，所有模型均控制了家庭收入和家庭财富变量，以切断这种内生性。另一方面，不同个体对新事物/风险的接受程度往往有差别，这不但影响数字金融的发展，也影响非农就业行为，而且这类因素很难量化。为了克服由第三方因素可能导致的内生性问题，我们利用数据的面板特征，构建固定效应模型，尽力控制那些不随时间变化的个体层面的遗漏变量，减少估计偏差。

反向因果也有可能存在。个体做出非农就业决策所导致的收入提升或许会使互联网朝着更便利与低成本的方向进步，进而促进数字金融的发展。对此，我们采用工具变量估计方法。我们所选取的工具变量为利用地理信息系统（GIS）计算得到的距离类型的变量，分别是家庭所在地区与杭州的球面距离，以及家庭所在地区与省会的球面距离。这两类工具变量与本地区的数字金融发展程度显然具备相关性。首先，众所周知，以支付宝为代表的数字金融的发展起源于杭州，因此杭州的数字金融发展处于领先位置，可以预期，在地理上距离杭州越近，数字金融的发展程度应越好。此外，省会通常是一个省的经济中心，也是数字金融发展中心，距离省会城市越近，数字金融的发展也应越好。其次，从外生性的角度考虑，我们首先利用家庭调查数据，控制所在的村、镇或社区一级的经济发展指标和人口总量指标，尽可能地减少遗漏变量，切断地理距离与个体非农就业决策之间的联系。在控制了这些变量之后，预期距离变量更加外生。

（三）数据

我们使用三方面的数据。第一方面数据来自北京大学中国社会科学调查中心的中国家庭追踪调查（China Family Panel Studies，CFPS）。具有全国代表性的CFPS始于2010年，之后每两年进行一次，通过跟踪收集个体、家庭、社区三个层面的数据，反映社会经济和人口状况。CFPS覆盖25个省/直辖市/自治区的162个县，目标样本规模为16000户，调查对象包含了样本家庭中的全部成员。具体说来，成人问卷采集的信息包括个人的性别、年龄、受教育年限、民族、婚姻状况、健康水平和互联网的使用等；家庭问卷和家庭关系问卷采集的信息包括家庭收入、家庭存款、家庭规模、抚养比等；社区问卷采集的村/社区信息包括村/社区经济状况[①]和人口总量等。表9-1是CFPS相关变量的统计描述。

表9-1 CFPS相关变量的统计描述

变量	2012年 样本	2012年 均值	2012年 标准差	2016年 样本	2016年 均值	2016年 标准差
非农就业决策	9122	47.5	0.499	10621	55.4	0.497
能否接触互联网（接触=1）	9122	0.031	0.174	10621	0.232	0.422
年龄（岁）	9122	45.590	11.583	10621	47.602	11.475
婚姻状况（有配偶=1）	9122	0.909	0.288	10621	0.908	0.290
健康水平（健康=1）	9122	0.614	0.486	10621	0.622	0.485
ln（家庭人均收入）（元）	9122	9.948	1.277	10621	10.064	1.293
ln（家庭存款）（元）	9122	7.896	2.587	10621	5.786	4.810
家庭规模（人）	9122	4.552	1.802	10621	4.710	2.055
少儿比例	9122	0.192	0.198	10621	0.194	0.188
老年人比例	9122	0.137	0.224	10621	0.195	0.264
ln（村/社区总人口）（人）	9122	7.534	0.784	10621	7.491	0.771
村/社区经济状况（评分）	9122	4.290	1.217	10621	4.252	1.261

① 定义为访员所观察到的村/社区经济状况，取值为1到7，1为很穷，7为很富。

在 CFPS 数据中，与本文相关的最重要的两个变量是个体就业决策和是否接触到互联网。个体就业决策为虚拟变量，它取 0 当个体选择在农业部门就业，取 1 当个体选择在非农部门就业。为了更好地识别数字金融发展与城市化的实证关系，我们删去了那些在样本期内一直在非农部门就业的个体。从表 9-1 中可以看出，非农就业占比从 2012 年的 47.5% 上升到 2016 年的 55.4%。为反映数字鸿沟，我们使用成人问卷中能否接触互联网的回答作为代理变量。表 9-1 显示，2016 年互联网覆盖率为 23.2%，比 2012 年的 3.1% 有显著增长。

我们使用的第二方面的数据为数字金融发展的相关指标，我们采用了第一部分所介绍的中国数字普惠金融发展指数。它采用蚂蚁金服的交易账户大数据，具有相当的代表性和可靠性。表 9-2 报告了 2011 年和 2018 年各省的数字普惠金融指数值。可以看到，全国平均数字普惠金融指数从 2011 年的 40.00 上升到 2018 年的 300.21，各省的指数也均有较大幅度的增长，表明中国的数字金融经历了快速发展。但是，地区和各省之间差异也比较明显，东部发展程度最高，中部次之，西部最低。不过，从近几年的增长速度看，西部和中部地区的发展明显加快。这在一定程度上体现了数字金融发展的普惠性，可能有助于缓解数字鸿沟的负面作用。

表 9-2 中国数字金融的发展

省份	数字普惠金融指数 2011 年	数字普惠金融指数 2018 年	省份	数字普惠金融指数 2011 年	数字普惠金融指数 2018 年
全国（平均）	40.00	300.21	河南	28.4	295.76
北京	79.41	368.54	湖北	39.82	319.48
天津	60.58	316.88	湖南	32.68	286.81
河北	32.42	282.77	广东	69.48	331.92
山西	33.41	283.65	广西	33.89	289.25
内蒙古	28.89	271.57	海南	45.56	309.72
辽宁	43.29	290.95	重庆	41.89	301.53
吉林	24.51	276.08	四川	40.16	294.30
黑龙江	33.58	274.73	贵州	18.47	276.91

续表

省份	数字普惠金融指数 2011	数字普惠金融指数 2018	省份	数字普惠金融指数 2011	数字普惠金融指数 2018
上海	80.19	377.73	云南	24.91	285.79
江苏	62.08	334.02	西藏	16.22	274.33
浙江	77.39	357.45	陕西	40.96	295.95
安徽	33.07	303.83	甘肃	18.84	266.82
福建	61.76	334.44	青海	18.33	263.12
江西	29.74	296.23	宁夏	31.31	272.92
山东	38.55	301.13	新疆	20.34	271.84

本文所使用的第三方面的数据为工具变量数据，即家庭所在地区与杭州的平均球面距离以及家庭所在地区与省会的球面距离。我们将上述三方面数据依据地市进行合并，最终获得的样本为2012年、2014年和2016年的家庭数据，以及2011年、2013年和2015年的数字普惠金融发展指数。

三 数字鸿沟、数字金融与城市化

在接下来的两节中，我们将分析数字鸿沟、数字金融与城市化之间的关系。我们首先估算数字鸿沟对非农就业的影响；其次分析数字金融发展对非农就业的作用，接着处理内生性；最后探讨异质性影响，重点聚焦数字金融发展能否缓解数字鸿沟的负面作用。

（一）数字鸿沟与城市化：基准回归

表9-3报告了模型（9.1）的估算结果。在第（1）列中，我们只考虑了能否接触互联网这个单一变量，在第（2）（3）（4）列，我们逐步控制了个体特征、家庭特征和所在地区的经济水平。我们发现，在所有的回归中，能否接触互联网指标的系数估算值均为正且显著，表明相对于无法接触

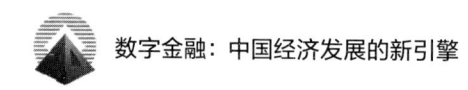

互联网的个体而言，接触互联网有助于提升非农就业的概率。换句话说，数字鸿沟阻碍了农村居民的城市化。所以，如果能够填补或消除数字鸿沟，那城市化水平预期就能够得到提升。从经济显著性上看，消除数字鸿沟将提升非农就业水平 5.08 个百分点。

表 9-3 数字鸿沟与城市化：基准回归

因变量 非农就业决策	（1）	（2）	（3）	（4）
能否接触互联网	0.0508 ***	0.0503 ***	0.0509 ***	0.0508 ***
	(0.0106)	(0.0106)	(0.0106)	(0.0105)
年龄^2		-0.0003 ***	-0.0004 ***	-0.0004 ***
		(0.0001)	(0.0001)	(0.0001)
婚姻状况		0.0243	0.0285	0.0284
		(0.0290)	(0.0290)	(0.0290)
健康水平		0.0075	0.0067	0.0066
		(0.0072)	(0.0071)	(0.0071)
家庭人均收入(对数)			0.0348 ***	0.0349 ***
			(0.0027)	(0.0027)
家庭存款(对数)			0.0010	0.0011
			(0.0008)	(0.0008)
家庭规模			-0.0096 ***	-0.0097 ***
			(0.0034)	(0.0034)
少儿比例			-0.0069	-0.0067
			(0.0218)	(0.0218)
老年人比例			0.0463 **	0.0457 **
			(0.0201)	(0.0200)
村/社区总人口				0.1037
				(0.0723)
村/社区经济状况				-0.0345 ***
				(0.0108)
个体固定效应	是	是	是	是
年份固定效应	是	是	是	是
观测值数量	30646	30646	30646	30646
R^2	0.0053	0.0071	0.0173	0.0178

注：括号内是稳健标准误；*** 代表 $p<0.01$，** 代表 $p<0.05$，* 代表 $p<0.1$。

(二)数字金融发展与城市化

在探讨了数字鸿沟与个体非农就业决策,即城市化的关系之后,我们估算模型(9.2),考察数字金融发展如何影响城市化。与模型(9.1)一致,我们控制了个体固定效应和时间固定效应。考虑到同一城市内的家庭之间可能存在相关性,模型的稳健标准误被聚类到地市一级。表9–4报告了回归结果。

表9–4 数字金融发展与城市化

因变量 非农就业决策	(1)	(2)	(3)	(4)
数字金融发展	0.0045*** (0.0016)	0.0047*** (0.0016)	0.0043*** (0.0016)	0.0043*** (0.0015)
年龄^2		-0.0004*** (0.0001)	-0.0004*** (0.0001)	-0.0004*** (0.0001)
婚姻状况		0.0101 (0.0309)	0.0149 (0.0311)	0.0149 (0.0311)
健康水平		-0.0007 (0.0090)	-0.0013 (0.0089)	-0.0013 (0.0089)
家庭人均收入(对数)			0.0354*** (0.0037)	0.0355*** (0.0037)
家庭存款(对数)			0.0012 (0.0010)	0.0012 (0.0010)
家庭规模			-0.0100** (0.0042)	-0.0101** (0.0042)
少儿比例			-0.0070 (0.0281)	-0.0066 (0.0283)
老年人比例			0.0516** (0.0234)	0.0511** (0.0234)
村/社区总人口				0.0823 (0.1018)
村/社区经济状况				-0.0316* (0.0163)
个体固定效应	是	是	是	是
年份固定效应	是	是	是	是
观测值数量	26825	26825	26825	26825
R^2	0.0072	0.0093	0.0191	0.0195

注:括号内是2010年所在的城市层面的稳健标准误;*** 代表 $p<0.01$,** 代表 $p<0.05$,* 代表 $p<0.1$。

与表9-3一致，在表9-4的第（1）列中，我们只考虑了数字金融发展（滞后一期），在第（2）（3）（4）列，我们逐步控制了个体特征、家庭特征和所在地区的经济水平。估算结果表明，在所有的回归中，数字金融发展的系数是正向且显著的，表明数字金融的发展有助于促进城市化。

（三）内生性问题

模型（9.2）由于引入了数字金融发展这一内生变量而有可能导致估计偏差，我们采用两个工具变量——家庭所在地区与杭州的平均球面距离以及家庭所在地区与省会的球面距离，来解决这一问题。有必要指出，模型（9.2）中的内生变量，即数字金融发展是随年份而变化的，但我们所选取的工具变量并不随时间变化，这使得第二阶段估计失效。因此，我们将工具变量与除了所在城市之外的全国层面相应的数字金融发展指数的均值进行交互，获得新的随时间而变化的工具变量。

表9-5报告了第一阶段的回归结果。与预期相符，这两类距离的工具变量都与数字金融发展显著负相关，意味着离数字金融发展中心越远，数字金融的发展水平越低。同时，大部分控制变量与数字金融发展不相关，这也表明了距离变量与内生变量之间具有直接相关性。

表9-5 数字金融发展与城市化：工具变量模型第一阶段回归

因变量 数字金融发展（对数）	（1）	（2）	（3）	（4）
城市到杭州的球面距离×全国（除本市）数字金融发展均值	-0.0337*** (0.0085)	-0.0335*** (0.0084)	-0.0334*** (0.0084)	-0.0334*** (0.0084)
城市到省会的球面距离×全国（除本市）数字金融发展均值	-0.0152*** (0.0024)	-0.0152*** (0.0023)	-0.0152*** (0.0023)	-0.0152*** (0.0023)
年龄^2		0.0036** (0.0017)	0.0041** (0.0018)	0.0041** (0.0018)
婚姻状况		0.0589 (0.3171)	0.0775 (0.3171)	0.0762 (0.3152)
健康水平		0.1202 (0.1008)	0.1246 (0.1015)	0.1249 (0.1017)

续表

因变量 数字金融发展（对数）	（1）	（2）	（3）	（4）
家庭人均收入（对数）			0.1224 (0.0749)	0.1235 (0.0754)
家庭存款（对数）			-0.0141 (0.0200)	-0.0138 (0.0200)
家庭规模			-0.0276 (0.0570)	-0.0277 (0.0571)
少儿比例			-0.1218 (0.4503)	-0.1286 (0.4502)
老年人比例			-0.4816 (0.3934)	-0.4730 (0.3903)
村/社区总人口				-2.7624 (4.1007)
村/社区经济状况				0.0010 (0.7059)
家庭固定效应	是	是	是	是
城市固定效应	是	是	是	是
年份固定效应	是	是	是	是
观测值数量	26825	26825	26825	26825
R^2	0.9947	0.9947	0.9947	0.9947

注：括号内是2010年所在的城市层面的稳健标准误；***代表$p<0.01$，**代表$p<0.05$，*代表$p<0.1$。

表9-6报告了第二阶段回归结果。与表9-4相一致，第（1）列只考虑数字金融发展的影响，第（2）（3）（4）列逐步控制了个体特征、家庭特征和所在地区的经济水平。我们首先考察工具变量的有效性：（1）在所有回归中，第一阶段检验弱工具变量的F统计量均大于16，表明工具变量满足相关性要求；（2）检验外生性的Hansen统计量的p值均大于0.10，无法拒绝工具变量满足外生性的原假设。所以，本文所选取的工具变量是有效的。

表9-6 数字金融发展与城市化：工具变量模型第二阶段回归

因变量 非农就业决策	（1）	（2）	（3）	（4）
数字金融发展	0.0082***	0.0085***	0.0077**	0.0076**
	（0.0031）	（0.0031）	（0.0031）	（0.0030）
年龄^2		-0.0004***	-0.0004***	-0.0004***
		（0.0001）	（0.0001）	（0.0001）
婚姻状况		0.0110	0.0156	0.0157
		（0.0309）	（0.0310）	（0.0311）
健康水平		-0.0009	-0.0015	-0.0014
		（0.0089）	（0.0089）	（0.0089）
家庭人均收入（对数）			0.0346***	0.0347***
			（0.0038）	（0.0038）
家庭存款（对数）			0.0012	0.0012
			（0.0010）	（0.0010）
家庭规模			-0.0098**	-0.0098**
			（0.0041）	（0.0042）
少儿比例			-0.0093	-0.0089
			（0.0279）	（0.0281）
老年人比例			0.0536**	0.0531**
			（0.0235）	（0.0234）
村/社区总人口				0.0893
				（0.1020）
村/社区经济状况				-0.0312*
				（0.0167）
个体固定效应	是	是	是	是
年份固定效应	是	是	是	是
观测值数量	24086	24086	24086	24086
R^2	0.0048	0.0068	0.0172	0.0177
第一阶段F统计量	25.28	25.68	25.69	25.85
Hansen检验-p值	0.198	0.240	0.205	0.207

注：括号内是2010年所在的城市层面的稳健标准误；*** 代表 $p<0.01$，** 代表 $p<0.05$，* 代表 $p<0.1$；工具变量是距离变量与除所在城市外的数字金融发展指数的全国均值的交互项。

从估计结果看，数字金融发展显著促进了城市化。相对于基准回归结果，数字金融发展的系数更加显著，验证了估计结果的稳健性，而且该系数的估算值有所增加，但系数绝对值增加不到1倍，表明解释变量的测量误差不很严重（Angrist and Pischke，2009）。从经济显著性上看，当数字金融发展指数提升一个标准差时，城市化水平将提升17.1个百分点，提升幅度尚为稳定。

数字金融发展带来城市化的推进，存在两种可能的原因：一方面，数字金融发展部分反映了互联网发展，因此具有信息优势的可以接触互联网的个体能够进行非农就业的决策，使得数字金融发展促进了城市化；另一方面，如前文所说，数字金融发展也可能产生涓滴效应，带来区域经济发展，提供更多的就业机会，从而也促进了那些无法接触互联网的个体的非农就业决策。

观察控制变量，我们发现除了年龄之外，个体特征变量系数几乎不显著，可能的原因是这些变量对于大部分个体来说在短期内不随时间变化或者变化较小，其效应基本上被个体固定效应吸收了。年龄与城市化水平负相关，意味着年轻的居民更倾向于转移到非农部门就业。家庭层面的控制变量有助于解释非农就业决策，其中，家庭收入与城市化水平正相关，家庭规模则负相关，可能的原因是家庭规模越大，负担越大。最后我们发现村/社区的经济发展状况与非农就业决策负相关，这也符合城市化的"推拉"理论。

四 数字金融的涓滴效应

上节发现数字鸿沟的存在阻碍了无法接触到互联网的个体的非农就业决策，但数字金融的发展有助于提升城市化水平。那么一个自然的问题就出现了：数字鸿沟对城市化的负面作用能否被数字金融的发展所缓解呢？如前文所言，这取决于数字金融发展对城市化的促进作用，究竟是因为能够接触互联网的个体的信息优势，还是由于数字金融所可能产生的涓滴效应。接下来，我们进一步挖掘数字鸿沟的存在对数字金融与非农就业决策之间可能产生的异质性影响，重点考察数字金融的发展能否缓解数字鸿沟的负面作用。

（一）数字鸿沟、数字金融发展与非农就业决策的异质性

本节聚焦模型（9.3），尤其是关注能否接触到互联网的虚拟变量与地区层面数字金融发展的交互项，以揭示数字鸿沟可能产生的异质性影响。我们重点考察模型（9.3）中数字金融发展与能否接触互联网的交互项，以及数字金融发展变量本身的系数。如果数字金融发展与能否接触互联网的交互项系数为正，意味着存在数字鸿沟所产生的信息优势；此外，如果数字金融发展变量本身系数为正，意味着数字金融发展还可以产生涓滴效应，惠及那些无法接触互联网的个体，促进城市化。值得指出的是，由于数字金融发展变量本身存在内生性问题，这一交互项也可能面临内生性问题。为此，参照通常做法，我们使用数字金融发展的相应工具变量与家庭能否接触互联网的虚拟变量的交互项作为新的工具变量。这两个新的工具变量显然与交互项变量是相关的，我们将检验其外生性。此外，与上文一致，我们将模型的稳健标准误聚类到地市一级（见表9-7）。

表9-7 数字鸿沟的异质性：交互项模型估计结果

因变量 非农就业决策	（1）	（2）	（3）	（4）
数字金融发展	0.0077 ** (0.0030)	0.0081 *** (0.0031)	0.0072 ** (0.0030)	0.0072 ** (0.0030)
数字金融发展 * 能否接触互联网	0.0004 *** (0.0001)	0.0004 *** (0.0001)	0.0004 *** (0.0001)	0.0004 *** (0.0001)
年龄^2		-0.0004 *** (0.0001)	-0.0004 *** (0.0001)	-0.0004 *** (0.0001)
婚姻状况		0.0095 (0.0306)	0.0144 (0.0307)	0.0144 (0.0307)
健康水平		0.0001 (0.0089)	-0.0005 (0.0089)	-0.0005 (0.0089)
家庭人均收入（对数）			0.0345 *** (0.0038)	0.0346 *** (0.0038)
家庭存款（对数）			0.0011 (0.0010)	0.0011 (0.0010)

续表

因变量 非农就业决策	（1）	（2）	（3）	（4）
家庭规模			-0.0102** (0.0042)	-0.0103** (0.0042)
少儿比例			-0.0086 (0.0277)	-0.0082 (0.0278)
老年人比例			0.0593** (0.0236)	0.0588** (0.0236)
村/社区总人口				0.0888 (0.1027)
村/社区经济状况				-0.0307* (0.0166)
个体固定效应	是	是	是	是
年份固定效应	是	是	是	是
观测值数量	24086	24086	24086	24086
R^2	0.0080	0.0098	0.0201	0.0206
第一阶段 F 统计量	12.74	12.93	12.94	13.03
Hansen 检验 - p 值	0.384	0.438	0.393	0.398

注：括号内是 2010 年所在的城市层面的稳健标准误；*** 代表 $p<0.01$，** 代表 $p<0.05$，* 代表 $p<0.1$；家庭人均消费和家庭人均收入指标均进行了通胀调整；工具变量是距离变量与除本市外的相应数字金融发展变量的全国均值的交互项，以及这两个交互项与家庭能否接触互联网的交互项。

表9-7报告了模型（9.3）的估计结果。首先，弱工具变量检验以及过度识别检验显示工具变量是有效的，模型估计结果可信。其次，我们发现数字金融发展变量与能否接触互联网的交互项显著为正，意味着数字金融发展也具有互联网发展的信息优势，能够接触互联网的个体有更高的概率转移到非农部门就业，这是符合预期的，因为数字金融的发展本身依赖互联网，那些能够接触互联网的家庭将能够更便捷地享受数字金融发展的成果，城市化水平自然也因此有所提升；更重要的是，我们还发现数字金融发展变量本身系数也是显著为正的，这意味着无法接触互联网的个体也能由于数字金融发展的促进作用而转移到非农部门就业，这一发现初步验证了数字金融发展具备涓滴效应，能够惠及无法接触互联网的个体，带动他们选择非农就业的行为，促

进城市化。最后，表9-6中控制变量的系数方向大致与表9-5一致，表明模型的估计结果是稳健的。

（二）涓滴效应的背后机制

以上分析发现数字金融发展对城市化的正向作用溢出到无法接触互联网的家庭。接下来的问题是，数字金融发展是通过什么渠道产生溢出效应，从而缓解数字鸿沟的负面作用呢？根据 Harris 和 Todaro（1970）以及其他相关的城市化理论，决定城市化最重要的因素就是城乡收入差距，尤其是非农部门的就业水平。因此，如果数字金融发展促进了那些无法接触互联网的个体的城市化水平，那么这些转移劳动力的收入必然有所增加。

为了验证以上的逻辑，我们利用无法接触互联网的个体的样本，进行以下模型（9.4）的估计：

$$Income_{jkt} = \beta_0 + \beta_1 Fintech_{k,t-1} + \beta_2 Fintech_{k,t-1} \times Occupation_{jkt} \\ + \beta'_3 X^{(1)}_{jkt} + \beta'_4 X^{(3)}_{kt} + \phi_j + \varphi_t + u_{jkt} \quad (9.4)$$

在模型（9.4）中，我们考察那些受到数字金融发展影响而转移到非农部门就业但无法接触互联网的个体的收入变化情况。因为收入是定义在家庭层面上，因此我们在家庭层面上进行估计。非农就业决策的虚拟变量也相应修正为只要家庭中有1名成员转移至非农部门就业，该虚拟变量便赋值为1，否则为0。我们依然采用前述的工具变量估算法，还同时考虑了工具变量与非农就业决策的交互项作为新的工具变量。

表9-8展示了估计结果。我们发现数字金融发展变量与非农就业决策的交互项的系数显著为正，意味着对于那些转移到非农部门就业但无法接触互联网的群体，他们的收入因为数字金融的发展而有显著提升，进一步证实了数字金融发展对无法接触互联网的个体的涓滴效应，并促使了他们的城市化行为。此外，我们还发现数字金融发展变量本身也是正向且显著的，意味着数字金融的发展也能够提高那些没有转移到非农部门就业的个体，只不过转移到非农部门就业的个体的收入更高，这进一步证实了数字金融发展的普惠性和涓滴效应。

表 9-8 数字金融发展与转移劳动力的收入水平

因变量 家庭收入(对数)	(1)	(2)	(3)
数字金融发展	0.0148 ** (0.0062)	0.0159 ** (0.0062)	0.0160 *** (0.0062)
数字金融发展 * 非农就业决策	0.0032 *** (0.0004)	0.0031 *** (0.0004)	0.0031 *** (0.0004)
家庭存款(对数)		0.0258 *** (0.0037)	0.0257 *** (0.0037)
家庭规模		0.2353 *** (0.0181)	0.2356 *** (0.0182)
少儿比例		-0.4552 *** (0.0970)	-0.4535 *** (0.0972)
老年人比例		-0.1342 (0.0921)	-0.1343 (0.0924)
村/社区总人口			0.1993 (0.3597)
村/社区经济状况			0.1032 (0.0634)
个体固定效应	是	是	是
年份固定效应	是	是	是
观测值数量	10411	10411	10411
R^2	0.0178	0.0729	0.0735
第一阶段 F 统计量	14.24	14.24	14.29
Hansen 检验-p 值	0.167	0.174	0.172

注：括号内是 2010 年所在的城市层面的稳健标准误；*** 代表 $p<0.01$，** 代表 $p<0.05$，* 代表 $p<0.1$；工具变量是距离变量与除本市外的相应数字金融发展变量的全国均值的交互项，以及这两个交互项与非农就业决策的交互项；样本限制在无法接触互联网的个体。

最后，我们还关心在数字金融发展的帮助之下，那些无法接触互联网的个体一旦转移到非农部门就业，他们的就业类型会呈现什么样的一种形态，是倾向于受雇，还是在数字金融的帮助之下进行自主创业，变成非农部门的雇主呢？对这一问题的分析，有助于我们进一步了解数字金融的普惠性和涓滴效应的具体作用机制。

在表9-9中，我们继续将样本限制在无法接触互联网的个体，但将该样本拆分为在非农部门受雇和自雇两种类型，考察数字金融发展对这两类就业类型的影响。表9-9的第（1）（2）（3）列为非农受雇形式的估计结果，第（4）（5）（6）列为非农自雇形式的估计结果。我们发现，数字金融发展只对非农受雇有正向作用，而对非农自雇的影响并不显著。数字金融发展并没有促进无法接触互联网的群体的非农自雇行为，这也是符合直觉的，这类群体因为无法接触互联网，自然也就无法享受到数字金融给他们带来的金融便利性，这也同时说明，数字金融发展的涓滴效应，体现在所带动的区域经济发展所增加的受雇机会方面。

表9-9 数字金融的涓滴效应：就业类型

因变量 非农就业决策	受雇			自雇		
	（1）	（2）	（3）	（4）	（5）	（6）
数字金融发展	0.0085*** （0.0025）	0.0086*** （0.0025）	0.0077*** （0.0024）	-0.0011 （0.0023）	-0.0011 （0.0023）	-0.0011 （0.0023）
年龄^2		-0.0002 （0.0001）	-0.0002* （0.0001）		0.0000 （0.0001）	0.0000 （0.0001）
婚姻状况		0.0153 （0.0315）	0.0162 （0.0317）		-0.0133 （0.0208）	-0.0138 （0.0205）
健康水平		0.0006 （0.0090）	0.0002 （0.0089）		-0.0095 （0.0060）	-0.0095 （0.0060）
家庭收入（对数）			0.0413*** （0.0042）			-0.0022 （0.0024）
家庭存款（对数）			-0.0003 （0.0010）			0.0000 （0.0006）
家庭规模			-0.0107** （0.0045）			0.0008 （0.0027）
少儿比例			-0.0038 （0.0241）			0.0038 （0.0155）
老年人比例			0.0655*** （0.0224）			0.0087 （0.0127）
村/社区总人口			0.0442 （0.0849）			0.0118 （0.0267）

续表

因变量 非农就业决策	受雇			自雇		
	(1)	(2)	(3)	(4)	(5)	(6)
村/社区经济状况			-0.0264* (0.0159)			-0.0065 (0.0073)
个体固定效应	是	是	是	是	是	是
年份固定效应	是	是	是	是	是	是
观测值数量	15892	15892	15892	12525	12525	12525
R^2	0.0113	0.0114	0.0310	0.0048	0.0053	0.0057
第一阶段F统计量	24.28	24.53	24.63	25.77	26.01	26.42
Hansen 检验-p 值	0.952	0.937	0.987	0.195	0.195	0.195

注：括号内是2010年所在的城市层面的稳健标准误；*** 代表 $p<0.01$，** 代表 $p<0.05$，* 代表 $p<0.1$；工具变量是距离变量与除本市外的相应数字金融发展变量的全国均值的交互项；样本限制在无法接触互联网的个体。

五 小结

尽管我国的互联网发展迅速，但仍然有40.4%的人口无法接触到互联网，形成了所谓的数字鸿沟（Digital Divided）。国家地区之间以及国与国家之间的数字鸿沟也很严重。不难推断，数字鸿沟的出现对全球和各国的经济增长，尤其是对贫富差距的扩大将产生巨大的影响，这些影响随着5G的推出和物联网的发展显得愈发严重。在过去的5~10年里，依托信息、大数据和云计算等创新技术，中国的金融科技（尤其是数字金融）经历了快速发展，例如支付宝、微信支付等。这大幅改善了金融服务的可得性和便利性，特别是对于原先无法接触到金融市场的群体而言，从而推动了中国的普惠金融发展，使人们的生活变得更加便利。然而，金融科技的发展对于不同群体可能有不同的影响。对于能够使用互联网的群体，他们可以获取更多的工作机会和接受培训、教育等信息；然而无法使用互联网的群体则很难获取这些信息，客观上形成了数字鸿沟，造成了机会不均等和收入分配的日益恶化。

本研究探讨了如何缓解数字鸿沟的负面影响这一重要问题。本研究认为，与其分配公共资源来帮助弱势群体，不如以另外一种方式即让市场驱动资源分配和市场活动，使数字金融发展能够产生涓滴效应，进而减轻数字鸿沟的负面影响。本研究基于地理信息系统数据（GIS）、中国家庭追踪数据（CFPS）以及代表金融科技发展的中国城市层面的数字金融普惠指数，首先研究了数字鸿沟对个体职业决策的影响，由此探索数字鸿沟是否有助于促进中国的城镇化或者缺乏互联网是否会阻碍这一城镇化。研究结果发现使用互联网有助于个体从农业部门转向非农业部门，换句话说，数字鸿沟的存在阻碍了中国的城镇化进程。本研究进一步发现数字金融的发展可以产生涓滴效应，缓解数字鸿沟的影响，体现为数字金融的发展不仅可以促进城镇化，还可以同时促进无法接触互联网和能够接触互联网群体的非农就业。从作用机制来看，数字金融的发展之所以能够带来涓滴效应，在于金融科技的发展创造了更多的就业机会，提升了非农部门的工资性收入，从而也能够促进无法接触互联网群体的非农就业，对无法使用互联网的群体产生涓滴效应，从而有助于中国的城镇化进程。

就政策意义而言，本研究认为：第一，数字金融发展对促进经济增长、缓解数字鸿沟的影响，进而对推动我国的城镇化具有重要作用，因此需要大力推进；第二，需要特别关注数字金融发展对非农受雇这种就业类型的作用，因为这是数字金融发展带来涓滴效应，从而促进非农就业的重要机制；第三，在推进数字金融发展的过程当中，能以相对经济的方式缩小数字鸿沟，也是加速我国城镇化进程的重要手段。

第十章
再谈数字金融的涓滴效应：
居民消费的视角

上一章节从城镇化的视角探讨了数字金融发展的涓滴效应，发现数字金融的发展不仅可以促进城镇化，还提升了非农部门的工资性收入，可以同时促进无法接触互联网和能够接触互联网群体的非农就业，从而有助于中国的城镇化进程。在本章中，我们继续从另外一个视角——居民消费，来探讨数字金融发展的涓滴效应，以期能够更全面地分析数字金融发展的经济效应。

一 数字金融发展为何能够"涓滴"到居民消费？

在第七章中，我们已经说明了研究居民消费的重要性。毋庸置疑，国内需求或消费直接关系到中国经济增长的持续性。一方面，受2008年爆发的全球金融危机的影响，国际贸易的增长率一直没有完全恢复；另一方面，中短期内难以抗拒的逆全球化浪潮和愈发严峻的国际局势，使得中国必须减少对外部经济的依赖性，千方百计解决内需不振的问题。李克强总理在第十三届全国人民代表大会第二次会议上所做的政府工作报告中指出，促进并形成强大的国内市场，持续释放内需潜力，充分发挥消费的基础性作用，是2019年政府工作的重要任务之一。在第七章中我们也发现，数字金融的发展有利于居民消费的提升，但问题在于数字金融的发展依赖于互联网，因此数字鸿沟的存在可能会阻碍数字金融发展对居民消费的正向影响。

如前文所言，中国目前尚有40.4%的人口无法接触到互联网（中国互联网协会，2019），国内的数字鸿沟问题显然很严重。根据世界银行发布的数据，国家之间的数字鸿沟问题也很严重。截至2017年，发达经济体如英国的互联网普及率为94.6%，日本为90.9%，德国为84.4%，美国为75.2%；但转型和发展中国家的互联网普及率则较低，巴西为67.5%，南非为56.2%，印度仅有34.5%。以往研究也表明，数字鸿沟的出现对全球和各国的经济增长，尤其是对贫富差距扩大的影响不容忽视。美国国家远程通信和信息管理局多次把数字鸿沟列为美国首要的经济问题和人权问题（胡鞍钢和周绍杰，2002）。经济学界也开始研究数字鸿沟的种种作用和影响。

不过，如前文所言，数字金融的发展也可能产生涓滴效应。这主要有两个方面的原因。

第一，如第七章所说，传统的消费理论（如Duesenbery的相对收入假说、Friedman的持久收入假说、Modigliani的生命周期理论以及Hall的随机游走理论等）主要有两点发现：一是消费随着收入的提升而提升；二是消费倾向于跨期平滑。基于第一点可以推断，任何有助于提升家庭收入的因素都有可能提升消费，包括我们接下来所探讨的数字金融发展。

第二，给定第一点，如果数字金融发展会产生涓滴作用，那么它就可能涓滴到无法接触互联网的家庭从而提高其收入水平，进而对他们的消费产生影响。事实上，伴随着互联网而不断发展的数字金融，的确有可能通过其普惠性起到提升消费的作用。李继尊（2015）认为，数字金融可以降低传统金融对物理网点的依赖，具有更强的地理穿透性和低成本优势，有助于改善金融服务的普惠性。焦瑾璞（2014；焦瑾璞等，2015）指出，移动互联网的普及为广大欠发达地区提供普惠金融创造了条件，尤其是数字货币在增加金融服务覆盖面、降低服务成本等方面发挥了重要作用。数字金融的发展还可能通过促进经济增长或创业产生收入溢出或涓滴效应，进而增加消费。张勋等（2019）发现数字金融的发展通过促进创业机会均等化实现了居民收入的包容性增长。北京大学数字金融研究中心课题组（2019）认为，数字金融的发展有可能以低成本辐射到原来传统金融服务无法惠及的地区，带动

第十章 再谈数字金融的涓滴效应：居民消费的视角

这些地区的经济发展。还有研究发现，数字金融可以促进经济增长（Kapoor，2013），有助于缩小城乡收入差距（宋晓玲，2017），以及推动创业（谢绚丽，2018）。

以上这些研究，其实都说明数字金融可能有助于增加居民收入进而对居民消费产生涓滴作用，因为无法接触互联网的群体往往也是社会的弱势群体。遗憾的是，尽管已经有人研究涉及数字鸿沟（或互联网）对消费的影响，也有人研究数字金融发展对消费的影响，但尚未有文献将数字鸿沟与数字金融发展结合起来，以探讨其对消费的综合影响。特别重要的是，数字金融预期能够帮助那些接触互联网的家庭提升消费，但中国互联网的普及率仅为59.6%，仍然存在严重的一级数字鸿沟，这就带来了一个重要且尚未研究的问题：给定严重的数字鸿沟，数字金融是否也能够促进无法接触互联网的家庭的消费增长？如果回答为"是"，其背后存在什么样的传导机制？有必要指出，现有文献没有从数字鸿沟的视角考察数字金融对消费的异质性影响，零星的异质性讨论主要集中在城乡、学历等方面，而非核心的数字鸿沟。考虑到数字金融是由互联网技术推动的，忽略数字鸿沟可能会带来模型设定和估算偏误，进而影响研究结果的可靠性和实用价值。本研究的目标之一，是试图弥补文献在这些方面的不足或缺失，即研究数字鸿沟对居民消费的影响，进而探讨如何缓解数字鸿沟对消费可能造成的负面影响，因此具有重大的现实和政策意义。

本研究的贡献或创新主要体现在以下几个方面。

第一，尽管有文献单独研究数字鸿沟抑或数字金融与消费的关系，但本研究聚焦数字金融发展和数字鸿沟对居民消费的综合影响，这是现有文献尚未涉及的领域，是本研究在问题视角上的一个创新。

第二，本研究从数字鸿沟的视角，研究了数字金融影响消费的异质性问题，突破了相关文献里的同质化假设，揭示了数字金融发展至消费的影响渠道。这是本研究在传导机制方面的创新。

第三，本研究从居民消费的视角，证实了数字金融发展是通过产生收入溢出效应，提升了无法接触到互联网家庭的消费水平，由此缓解了数字鸿沟的负面作用。据此建议决策界大力推进数字金融发展。这是本研究在政策视角上的创新。

二 实证策略和数据

接下来，我们采用实证分析的方法来探讨数字金融发展的涓滴效应，即是否能够通过缓解数字鸿沟的负面影响来促进居民消费。

（一）实证模型设定

首先我们讨论模型设定，这主要分成两个部分：首先，我们探讨数字鸿沟与居民消费的关系；进而，我们讨论数字金融发展背景下居民消费的变化问题。

1. 数字鸿沟与居民消费

我们首先建立数字鸿沟与居民消费之间的关系。用 Con_{ijt} 表示 t 年 j 市 i 家庭的人均实际消费水平，并取对数纠偏，可以得到如下实证模型（10.1）：

$$ln(Con_{ijt}) = \alpha_0 + \alpha_1 Internet_{ijt} + \alpha' X_{ijt} + \phi_i + \varphi_t + u_{ijt} \qquad (10.1)$$

在模型（10.1）中，$Internet_{ijt}$ 是能否接触到互联网的虚拟变量，X_{ijt} 表示户主个人、家庭以及家庭所在地区的控制变量，ϕ_i 表示家庭固定效应，φ_t 表示年份固定效应，u_{ijt} 为随机扰动项。我们预期 α_1 为正，它衡量了能否接触到互联网对家庭人均消费的总体作用，显示数字鸿沟的影响。关于控制变量，在户主层面包括其性别、年龄、教育年限、政治面貌、婚姻状况和健康水平，这些都是影响居民消费的经典变量。由于控制了家庭层面的固定效应，而户主的性别和政治面貌等变量的观察值几乎不会随时间变化，所以这些变量的系数难以估计。此外，由于户主的年龄可以表示为家庭固定效应和时间固定效应的线性组合，其系数也无法估计。为了缓解遗漏变量偏误，参考 Zhang 等（2017），我们在模型（10.1）中控制了年龄的平方项。

在家庭层面，我们控制了家庭人均实际收入、家庭财富、家庭人口规模、家庭中的少儿（16岁以下）人数比例和老年（60岁以上）人数比例。显然，家庭收入、家庭财富规模和家庭人口规模越高，家庭消费水平越高；家庭中的少儿人数比例和老年人数比例即通常意义上的人口抚养比。人口抚养比越高，家庭负担越重，消费水平通常越低。地区层面上，所在的村、镇或社区的经济状况和人口规模被纳入考虑，这是影响家庭消费的宏观变量。此外，考虑到传统金融对家庭消费的影响，模型中还加入了地区层面的金融发展变量（以金融机构贷款余额与GDP的比值衡量）。最后，考虑到区域经济发展水平的差别，我们还控制了城市层面的固定效应。

2. 数字鸿沟、数字金融与居民消费

接下来，我们聚焦数字金融发展与居民消费的关系，以及数字鸿沟在其中可能产生的异质性影响。用 $DF_{j,t-1}$ 表示家庭所在地级市的数字金融发展程度①，将其加入模型（10.1）可以得到如下新的实证模型（10.2）：

$$ln(Con_{ijt}) = \beta_0 + \beta_1 DF_{j,t-1} + \beta_2 Internet_{ijt} + \beta' X_{ijt} + \phi_i + \phi_t + u_{ijt} \tag{10.2}$$

为了减弱反向因果的可能性，我们将数字金融发展变量滞后了一期。此外，由于我们分析的是地区层面的数字金融发展与家庭消费的关系，为了避免地区内部家庭之间的相关性对模型估计结果的影响，我们将稳健标准误聚类到地级市层面。这样一来，β_1 衡量了数字金融发展对家庭消费的总体影响，我们预期 β_1 显著为正。

在模型（10.1）和（10.2）的基础上，我们进一步沿着两个思路考虑数字金融对居民消费的异质性影响。首先，这可以通过加入数字金融发展与家庭能否接触到互联网的虚拟变量的交互项来实现，即模型（10.3）：

$$\begin{aligned}ln(Con_{ijt}) = &\gamma_0 + \gamma_1 DF_{j,t-1} + \gamma_2 DF_{j,t-1} \times Internet_{ijt} \\ &+ \gamma_3 Internet_{ijt} + \gamma' X_{ijt} + \phi_i + \varphi_t + u_{ijt}\end{aligned} \tag{10.3}$$

在模型（10.3）中，γ_1 衡量数字金融发展对无法接触到互联网家庭的消费水平的影响。一般而言，如果没有数字金融发展的影响，数字鸿沟所引致的机

---

① 使用省级层面指标的实证结果是稳健的。

会不均等会降低居民消费。那么，控制住家庭间能否接触到互联网的异质性之后，那些无法接触到互联网的家庭消费水平是否受数字金融发展的影响呢？答案取决于 γ_1 的方向和显著性。模型（10.3）的第二个关键系数为 γ_2，它衡量数字金融对能够接触到互联网家庭的消费水平的额外影响。如果 γ_2 为负，则无法接触互联网的家庭从数字金融发展中获益更多，导致了更高水平的消费；反之亦然。

在模型（10.3）中，可能存在一部分家庭由于相关条件如经济状况和人力资本的改善，从无法接触互联网变为能够接触互联网，这时 γ_2 就可能涵盖这些条件变化所导致的影响。为了避免这一问题，在第二个思路中，我们仅保留那些在样本期之内均可以接触和均无法接触到互联网的观察值，并通过子样本回归来评估数字金融对这两类群体的消费水平是否存在异质性影响。对子样本分析的可信性的一个担忧是，家庭自身可以选择是否接入互联网，可能带来与家庭偏好相关的自选择问题。但由于偏好在短期内难以出现显著改变，而模型又控制了家庭层面的固定效应，预期能够在相当程度上缓解可能的由自选择所带来的估计偏误。

（二）内生性考量

以上模型有可能存在内生性问题。首先，数字鸿沟和家庭消费之间可能存在内生性。最可能的原因是家庭经济条件影响了家庭是否有能力接触互联网，同时也影响了消费。不过，所有模型均控制了家庭收入和家庭财富变量，以切断这种内生性。其次，不同家庭对新事物/风险的接受程度往往有差别，这不但影响数字金融的发展，也影响消费行为，而且这类因素很难量化。为了克服由第三方因素所导致的内生性，我们利用数据的家庭面板特征，构建固定效应模型，尽力控制那些不随时间变化的家庭层面的遗漏变量，减少估计偏差。

反向因果也有可能存在。居民消费的增加或许会使互联网朝着更便利与低成本的方向进步，进而促进数字金融的发展。对此，我们采用工具变量估计方法。本文所选取的工具变量为利用地理信息系统（GIS）所计算得到的距离类型变量,分别是家庭所在地区与三大核心城市——北京、杭州和深圳的球面距离,以及家庭所在地区与省会的球面距离。这两个变量与本地区的数字金融发展程度具备相关性:众所周知,以支付宝为代表的数字金融的发展起源于杭州,因此可以预期,在地理上距离杭州越近,数字金融的发展程度应越好;北京和深圳也都是数字金融发展较好的地区。之所以选择深圳而不是广州,是因为深圳离广州较近,同时深圳还是腾讯集团的总部,数字金融发展水平比较高。之所以没有选择上海,是因为上海离杭州较近,纳入上海使得平均球面距离整体偏向华东地区。此外,省会通常是一个省的经济中心,也是数字金融发展中心,距离省会城市越近,数字金融的发展也应越好。从外生性的角度考虑,我们首先利用家庭调查数据,控制所在的村、镇或社区一级的经济发展指标和人口总量指标,尽可能地减少遗漏变量,同时进一步控制城市层面的固定效应和区域层面的传统金融发展程度,以期切断地理距离与居民消费水平之间的联系。在控制了这些变量之后,预期距离变量更加外生。

(三)数据

我们使用三方面的数据。第一方面数据来自北京大学中国社会科学调查中心的中国家庭追踪调查(China Family Panel Studies,CFPS)。具有全国代表性的 CFPS 始于 2010 年,之后每两年进行一次,通过跟踪收集个体、家庭、社区三个层面的数据,反映社会经济和人口状况。CFPS 覆盖 25 个省/直辖市/自治区的 162 个县,目标样本规模为 16000 户,调查对象包含了样本家庭中的全部成员。具体说来,成人问卷采集的信息,包括个人的性别、年龄、受教育年限、民族、婚姻状况、健康水平和互联网的使用等;家庭问卷和家庭关系问卷采集的信息,包括家庭收入、家庭财富[1]、家庭规模、抚养比等;社区问卷采集的村/社区信息,包括村/社区经济状况[2]和人口总量等。表 10-1 是 CFPS 相关变量的统计描述。

---

[1] 家庭财富定义为家庭在银行或其他信用机构的储蓄、股票、基金和债券的总余额。
[2] 定义为访员所观察到的村/社区经济状况,取值为 1 到 7,1 为很穷,7 为很富。

表 10-1   CFPS 相关变量的统计描述

变量	2012 年 样本	2012 年 均值	2012 年 标准差	2016 年 样本	2016 年 均值	2016 年 标准差
家庭人均消费(元,对数)	6565	18.112	23.874	7032	20.283	25.401
家庭能否接触互联网(接触=1)	6565	0.346	0.476	7032	0.618	0.486
年龄(岁)	6565	52.164	12.349	7032	55.463	12.647
受教育年限(年)	6565	6.894	4.740	7032	6.712	4.714
婚姻状况(有配偶=1)	6565	0.892	0.310	7032	0.871	0.335
健康水平(健康=1)	6565	0.801	0.399	7032	0.815	0.388
家庭人均收入(元,对数)	6565	1.292	1.424	7032	1.740	1.724
家庭财富(元,对数)	6565	3.321	7.554	7032	4.911	10.662
家庭规模(人)	6565	3.776	1.726	7032	3.796	1.846
少儿比例	6565	0.137	0.163	7032	0.133	0.161
老年人比例	6565	0.201	0.318	7032	0.254	0.338
村/社区经济状况(评分)	6565	4.376	1.152	7032	4.732	1.339
村/社区总人口(人,对数)	6565	7.907	0.969	7032	7.897	0.940

注：消费和收入数据均经通胀调整。

在 CFPS 数据中，与本文相关的最重要的两个变量是居民消费和是否接触互联网。居民消费变量以家庭为单位，直接来自 CFPS 数据库中的家庭问卷，包括食品衣着等生活支出，也包括教育、医疗、娱乐性支出，但不包含转移性支出或建房购房贷款支出等非消费性支出。从表 10-1 中可以看出，2016 年中国家庭人均消费性支出比 2012 年有所上升。为反映数字鸿沟，我们使用成人问卷中能否接触互联网的回答作为代理变量。考虑到网络信息通常具有溢出效应，如果一个家庭中有成员能上网，我们便定义该家庭能够接触到互联网。表 10-1 显示，2016 年家庭互联网覆盖率为 61.8%，与中国互联网协会（2019）的估算值（59.6%）相差不大，比 2012 年的 34.6% 增长近一倍。[①]

[①] 另外一种衡量指标为是否使用过手机，但这会大大高估接触互联网的家庭比重，因为有一部分群体虽然使用手机，但不接触互联网。我们也可以采用使用互联网的频率以及浏览和使用的具体内容等相关指标，如上文所言，这些指标更多地反映了二级数字鸿沟。基于中国目前尚有 40.4% 的人口无法接触到互联网的事实，我们认为研究一级数字鸿沟显得更为基础，也更为迫切。因此，本文仍然聚焦一级数字鸿沟，即信息的可接入性问题。

本文使用的第二方面的数据为城市层面的经济指标。首先，为了考虑传统金融发展对居民消费的影响，我们控制了城市层面的金融机构贷款余额与GDP的比例。其次，也是更为重要的，为了刻画数字金融发展对居民消费的影响，我们采用了北京大学数字金融研究中心的中国数字普惠金融发展指数。它采用蚂蚁金服的交易账户大数据，具有相当大的代表性和可靠性。

本文所使用的第三方面的数据为工具变量数据，即家庭所在地区与北京、杭州和深圳的平均球面距离以及家庭所在地区与省会的球面距离。我们将上述三方面数据依据地市进行合并，最终获得的样本为2012年、2014年和2016年的家庭数据，以及2011年、2013年和2015年的数字普惠金融发展指数。

三 数字鸿沟、数字金融与居民消费

在接下来的两节中，我们将分析数字鸿沟、数字金融与居民消费之间的关系。我们首先估算数字鸿沟对居民消费的影响，其次分析数字金融发展对居民消费的作用，接着处理内生性问题，最后探讨异质性影响，重点聚焦数字金融发展能否缓解数字鸿沟的负面消费作用。

（一）数字鸿沟与居民消费：基准回归

表10-2报告了模型（10.1）的估算结果。在第（1）列中，我们只考虑了家庭能否接触互联网这个单一变量，在第（2）（3）（4）列，我们逐步控制了户主特征、家庭特征和所在地区的经济水平。我们发现，在所有的回归中，家庭能否接触互联网的指标的系数估算值均为正且显著，表明相对于无法接触互联网的家庭而言，接触互联网有助于提升家庭人均消费水平。换句话说，数字鸿沟扩大了居民的消费差距。所以，如果能够填补或消除数字鸿沟，居民的消费水平预期能够得到提升。从经济显著性上看，消除数字鸿沟将提升家庭人均消费7.23个百分点。

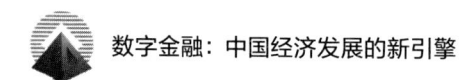

表10-2　数字鸿沟与居民消费：基准回归

因变量 家庭人均消费(对数)	(1)	(2)	(3)	(4)
家庭能否接触互联网	0.2126*** (0.0204)	0.2134*** (0.0203)	0.0724*** (0.0183)	0.0723*** (0.0183)
年龄^2		-0.0654 (0.0524)	-0.0626 (0.0433)	-0.0626 (0.0433)
受教育年限		0.0144 (0.0152)	0.0134 (0.0169)	0.0133 (0.0169)
婚姻状况		0.5072*** (0.0805)	0.2966*** (0.0747)	0.2967*** (0.0748)
健康水平		-0.0829*** (0.0252)	-0.1030*** (0.0235)	-0.1026*** (0.0235)
家庭人均收入(对数)			-0.0002 (0.0117)	-0.0002 (0.0116)
家庭财富(对数)			0.0051*** (0.0018)	0.0051*** (0.0018)
家庭规模			0.3627*** (0.0109)	0.3625*** (0.0110)
少儿比例			-0.2337*** (0.0856)	-0.2317*** (0.0856)
老年人比例			-0.1463*** (0.0531)	-0.1457*** (0.0531)
村/社区经济状况				-0.0194 (0.0148)
村/社区总人口				0.0126 (0.0873)
城市贷款/GDP				0.0069 (0.0109)
家庭固定效应	是	是	是	是
城市固定效应	是	是	是	是
年份固定效应	是	是	是	是
观测值数量	20652	20652	20652	20652
R^2	0.0144	0.0218	0.1689	0.1690

注：括号内是稳健标准误；*** 代表 $p<0.01$，** 代表 $p<0.05$，* 代表 $p<0.1$；家庭人均消费和家庭人均收入指标均进行了通胀调整。

观察控制变量，我们发现户主的年龄和教育年限的变量系数几乎不显著，可能的原因是这些变量对于大部分家庭来说在短期内不会随时间变化或者变化较小，其效应基本上被家庭固定效应吸收了。婚姻家庭的消费水平明显要高，健康水平则与居民家庭人均消费水平呈负相关关系。家庭层面的控制变量有助于解释居民消费，其中，家庭财富和家庭规模与消费呈正相关，但少儿抚养比和老年抚养比的提升倾向于降低消费。① 最后，我们发现地区的经济发展状况对居民消费影响较小，特别是以贷款/GDP 所衡量的传统金融发展水平与居民消费的关系并不显著。②

（二）数字金融发展与居民消费

在探讨了数字鸿沟与居民消费的关系之后，我们估算模型（10.2），考察在给定家庭能否接触互联网的状况之下，数字金融发展如何影响居民消费。

---

① 一种担忧是，儿童的消费可能大于成年人的消费。为支撑本文的实证结果，我们进行了两方面的工作。首先，我们搜寻了相关文献，发现了与本文相似的结论。例如，马光荣和周广肃（2014）在研究新农保对家庭储蓄率的影响时，发现少儿抚养比的增加倾向于提高储蓄率，降低消费水平；易行健和周利（2018）在研究数字金融发展对家庭消费的影响时，同样发现少儿抚养比的提升降低消费。其次，在未报告的结果中，我们发现少儿抚养比与家庭人均消费之间的单变量相关关系确实显著为正，且这一关系并不受家庭能否接触互联网、户主特征和家庭收入/财富变量的影响。少儿抚养比与家庭人均消费之间的关系变为显著负相关，当且仅当我们进一步控制了以家庭人数来代表的家庭规模变量，而家庭规模变量系数为正且显著。此外，少儿抚养比和家庭规模变量之间的相关系数为 0.47，意味着人口越多的家庭，少儿抚养比也往往越高。因此，少儿抚养比的上升有可能具有一定的消费规模效应：部分养育少儿的消费品（如儿童用品、书籍、玩具、衣服等）往往可以传承，意味着少儿抚养比的增加在边际上降低家庭人均消费。

② 我们的模型中可能存在数字金融变量与家庭收入之间的多重共线性问题，不过这个问题对本文的主要发现和结论影响不大，因为：（1）我们是先考察数字金融与家庭消费的单变量回归，再逐步加入户主层面、家庭层面和地区层面的变量，前两组回归模型不含家庭收入变量，没有多重共线性问题；（2）多重共线性不影响估计值的无偏性（unbiasedness），只影响估计效率（efficiency），即往往使相关变量的显著性下降，但估算结果显示，数字金融发展指标和家庭收入变量都是显著的，说明多重共线性问题并不严重；（3）多重共线性是个普遍存在的问题（自变量之间相关系数全为 0 的情况很罕见），尤其是在使用时间序列数据的情况下，这里的关键在于共线性的程度，而共线程度与数据性质和样本大小紧密相关。在诸如本文使用大样本和面板数据，而且核心变量的系数又一直显著的情况下，多重共线性问题可能不很重要。

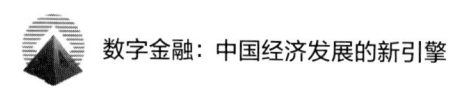

数字金融发展对居民消费的影响可能包含了互联网的影响。控制家庭接触互联网的指标，有助于探讨数字金融发展之中的金融因素，如电子商务、移动支付等对居民消费的额外影响。考虑到同一城市内的家庭之间可能存在相关性，模型的稳健标准误被聚类（Cluster）到地市一级。表10-3报告了回归结果。

表10-3 数字金融发展与居民消费

因变量 家庭人均消费(对数)	(1)	(2)	(3)	(4)
数字金融发展	0.0113***	0.0115***	0.0109***	0.0108***
	(0.0024)	(0.0024)	(0.0022)	(0.0022)
家庭能否接触互联网	0.2201***	0.2211***	0.0801***	0.0801***
	(0.0236)	(0.0234)	(0.0189)	(0.0191)
年龄^2		-0.0714	-0.0680	-0.0680
		(0.0527)	(0.0427)	(0.0427)
受教育年限		0.0158	0.0149	0.0149
		(0.0150)	(0.0188)	(0.0188)
婚姻状况		0.5126***	0.3027***	0.3026***
		(0.0861)	(0.0808)	(0.0808)
健康水平		-0.0835***	-0.1033***	-0.1031***
		(0.0246)	(0.0232)	(0.0231)
家庭人均收入(对数)			-0.0019	-0.0018
			(0.0154)	(0.0154)
家庭财富(对数)			0.0042**	0.0042**
			(0.0018)	(0.0018)
家庭规模			0.3620***	0.3619***
			(0.0125)	(0.0125)
少儿比例			-0.2431***	-0.2418***
			(0.0845)	(0.0847)
老年人比例			-0.1518***	-0.1514***
			(0.0541)	(0.0540)
村/社区经济状况				-0.0130
				(0.0170)
村/社区总人口				0.0184
				(0.1238)
城市贷款/GDP				0.0028
				(0.0106)

续表

因变量 家庭人均消费(对数)	(1)	(2)	(3)	(4)
家庭固定效应	是	是	是	是
城市固定效应	是	是	是	是
年份固定效应	是	是	是	是
观测值数量	20652	20652	20652	20652
R^2	0.0210	0.0286	0.1749	0.1750

注：括号内是家庭2010年所在的城市层面的稳健标准误；*** 代表 $p<0.01$，** 代表 $p<0.05$，* 代表 $p<0.1$；家庭人均消费和家庭人均收入指标均进行了通胀调整。

与表10-2一致，在表10-3的第（1）列中，我们只考虑了数字金融发展（滞后一期）和家庭能否接触互联网两个自变量，在第（2）（3）（4）列，我们逐步控制了户主特征、家庭特征和所在地区的经济水平。估算结果表明，在所有的回归中，家庭接触互联网的指标仍然是正向且显著的，进一步证实了数字鸿沟对居民消费的影响。更重要的是，在控制了家庭接触互联网指标的基础上，我们发现数字金融发展的系数也是正向且显著的，表明数字金融的发展有助于促进居民消费，这与易行健和周利（2018）的发现是一致的。

（三）内生性问题

模型（10.2）引入了数字金融发展这一内生变量而有可能导致估计偏差，我们采用两个工具变量——家庭所在地区与北京、杭州和深圳的平均球面距离以及家庭所在地区与省会的球面距离，来解决这一问题。有必要指出，模型（10.2）中的内生变量，即数字金融发展是随年份而变化的，但我们所选取的工具变量并不随时间变化，这使得第二阶段估计失效。因此，我们将工具变量与除了所在城市之外的全国层面相应的数字金融发展指数的均值进行交互，获得新的随时间而变化的工具变量。

表10-4报告了第一阶段的回归结果。与预期相符，这两类距离的工具变量都与数字金融发展显著负相关，意味着离数字金融发展中心越远，数字金融的发展水平越低。同时，大部分控制变量与数字金融发展不相关，这也表明了距离变量与内生变量之间具有直接相关性。

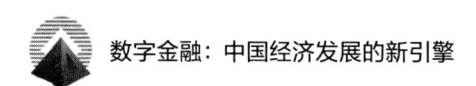

表 10-4　数字金融发展与居民消费：工具变量模型第一阶段回归

因变量 数字金融发展（对数）	（1）	（2）	（3）	（4）
城市到杭州的球面距离×全国（除本市）数字金融发展均值	-0.0937*** (0.0231)	-0.0937*** (0.0230)	-0.0933*** (0.0230)	-0.0978*** (0.0239)
城市到省会的球面距离×全国（除本市）数字金融发展均值	-0.0197*** (0.0036)	-0.0197*** (0.0036)	-0.0197*** (0.0036)	-0.0197*** (0.0035)
家庭能否接触互联网	-0.0896 (0.1474)	-0.0918 (0.1471)	-0.0989 (0.1548)	-0.1151 (0.1539)
年龄^2		0.5337 (0.3638)	0.5284 (0.3636)	0.5259 (0.3617)
受教育年限		-0.1105 (0.1083)	-0.1131 (0.1074)	-0.1132 (0.1073)
婚姻状况		0.0008 (0.3821)	-0.0350 (0.3764)	0.0288 (0.3795)
健康水平		0.0136 (0.1453)	0.0065 (0.1460)	0.0155 (0.1443)
家庭人均收入（对数）			0.0524 (0.0669)	0.0643 (0.0676)
家庭财富（对数）			0.0149 (0.0211)	0.0125 (0.0208)
家庭规模			0.0162 (0.0634)	0.0112 (0.0641)
少儿比例			-0.0369 (0.5413)	-0.0182 (0.5317)
老年人比例			0.3036 (0.3762)	0.2957 (0.3739)
村/社区经济状况				0.1250 (0.3008)
村/社区总人口				-3.0794* (1.7626)
城市贷款/GDP				0.6279 (0.6403)

续表

因变量 数字金融发展(对数)	(1)	(2)	(3)	(4)
家庭固定效应	是	是	是	是
城市固定效应	是	是	是	是
年份固定效应	是	是	是	是
观测值数量	20652	20652	20652	20652
R^2	0.9951	0.9951	0.9951	0.9951

注：括号内是家庭2010年所在的城市层面的稳健标准误；*** 代表 $p<0.01$，** 代表 $p<0.05$，* 代表 $p<0.1$；家庭人均消费和家庭人均收入指标均进行了通胀调整。

表10-5报告了第二阶段回归结果。与表10-3相一致，第（1）列只考虑数字金融发展以及家庭能否接触互联网对家庭人均消费的影响，第（2）（3）（4）列逐步控制了户主特征，家庭特征和所在地区的经济水平。我们首先考察工具变量的有效性：（1）在所有回归中，第一阶段检验弱工具变量的F统计量均大于16，表明工具变量满足相关性要求；（2）检验外生性的Hansen统计量的p值均大于0.10，无法拒绝工具变量满足外生性的原假设。所以，本文所选取的工具变量是有效的。

表10-5 数字金融发展与居民消费：工具变量模型第二阶段回归

因变量 家庭人均消费(对数)	(1)	(2)	(3)	(4)
数字金融发展	0.0185*** (0.0041)	0.0188*** (0.0040)	0.0174*** (0.0038)	0.0172*** (0.0037)
家庭能否接触互联网	0.2250*** (0.0238)	0.2260*** (0.0237)	0.0848*** (0.0193)	0.0848*** (0.0194)
年龄^2		-0.0752 (0.0544)	-0.0713 (0.0444)	-0.0713 (0.0444)
受教育年限		0.0167 (0.0150)	0.0158 (0.0187)	0.0158 (0.0187)
婚姻状况		0.5161*** (0.0863)	0.3063*** (0.0807)	0.3060*** (0.0808)

续表

因变量 家庭人均消费(对数)	（1）	（2）	（3）	（4）
健康水平		-0.0840***	-0.1035***	-0.1034***
		(0.0246)	(0.0232)	(0.0231)
家庭人均收入(对数)			-0.0028	-0.0028
			(0.0152)	(0.0152)
家庭财富(对数)			0.0037**	0.0037**
			(0.0017)	(0.0017)
家庭规模			0.3616***	0.3615***
			(0.0124)	(0.0123)
少儿比例			-0.2487***	-0.2478***
			(0.0846)	(0.0848)
老年人比例			-0.1551***	-0.1548***
			(0.0547)	(0.0548)
村/社区经济状况				-0.0092
				(0.0173)
村/社区总人口				0.0219
				(0.1256)
城市贷款/GDP				0.0003
				(0.0115)
家庭固定效应	是	是	是	是
城市固定效应	是	是	是	是
年份固定效应	是	是	是	是
观测值数量	17621	17621	17621	17621
R^2	0.0184	0.0258	0.1727	0.1729
第一阶段F统计量	16.08	16.14	16.15	16.63
Hansen检验-p值	0.969	0.988	0.697	0.679

注：括号内是家庭2010年所在的城市层面的稳健标准误；*** 代表$p<0.01$，** 代表$p<0.05$，* 代表$p<0.1$；家庭人均消费和家庭人均收入指标均进行了通胀调整；工具变量是距离变量与除所在城市外的数字金融发展指数的全国均值的交互项。

从估计结果看，数字金融发展显著促进了居民消费。相对于基准回归结果，数字金融发展的系数更加显著，验证了估计结果的稳健性，而且该系数的估算值有所增加，但系数绝对值增加不到1倍，表明解释变量的测量误差不很严重（Angrist and Pischke，2009）。从经济显著性上看，当数字金融发展指数提升一个标准差时（2012年为15.58），家庭人均消费将提升26.8~28.8个百分点，提升幅度尚为稳定。

四 数字金融有助于缓解数字鸿沟的影响吗？

上节发现数字鸿沟的存在使无法接触互联网家庭的消费水平下降，但数字金融的发展有助于促进居民消费（这类似于增长的"涓滴效应"：尽管增长有可能带来不均等的拉升，使贫困上升，但增长本身又可能通过"涓滴效应"来减少贫困，其综合效果使贫困下降）。接下来，我们进一步挖掘数字鸿沟的存在对数字金融与居民消费之间可能产生的异质性影响，重点考察数字金融的发展能否缓解数字鸿沟的负面作用。

（一）数字鸿沟、数字金融发展与居民消费的异质性

本节聚焦模型（10.3），尤其是关注家庭能否接触到互联网的虚拟变量与地区层面的数字金融发展的交互项，以揭示数字鸿沟可能产生的异质性影响（见表10-6）。值得指出的是，由于数字金融发展变量本身存在内生性问题，这一交互项也可能面临内生性问题。为此，参照通常做法，我们使用数字金融发展的相应工具变量与家庭能否接触互联网的虚拟变量的交互项作为新的工具变量。这两个新的工具变量显然是与交互项变量相关的，我们将检验其外生性。此外，与上文一致，我们将模型的稳健标准误聚类到地市一级。

表10-6 数字鸿沟的异质性：交互项模型估算结果

因变量 家庭人均消费（对数）	（1）	（2）	（3）	（4）
数字金融发展	0.0139 *** (0.0037)	0.0144 *** (0.0036)	0.0147 *** (0.0035)	0.0146 *** (0.0034)
数字金融发展 * 家庭能否接触互联网	-0.0023 *** (0.0003)	-0.0023 *** (0.0003)	-0.0014 *** (0.0003)	-0.0014 *** (0.0003)
家庭能否接触互联网	0.0500 (0.0411)	0.0431 (0.0411)	0.0776 ** (0.0360)	0.0775 ** (0.0360)

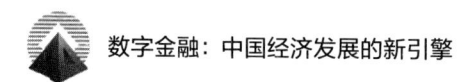

续表

因变量 家庭人均消费(对数)	(1)	(2)	(3)	(4)
年龄^2		-0.0867 (0.0553)	-0.0781* (0.0452)	-0.0781* (0.0452)
受教育年限		0.0144 (0.0149)	0.0145 (0.0186)	0.0145 (0.0186)
婚姻状况		0.5018*** (0.0850)	0.2973*** (0.0801)	0.2972*** (0.0802)
健康水平		-0.0827*** (0.0243)	-0.1025*** (0.0231)	-0.1024*** (0.0230)
家庭人均收入(对数)			-0.0023 (0.0152)	-0.0023 (0.0151)
家庭财富(对数)			0.0031* (0.0017)	0.0031* (0.0017)
家庭规模			0.3578*** (0.0124)	0.3577*** (0.0124)
少儿比例			-0.2288*** (0.0844)	-0.2279*** (0.0846)
老年人比例			-0.1252** (0.0555)	-0.1250** (0.0556)
村/社区经济状况				-0.0083 (0.0170)
村/社区总人口				0.0051 (0.1219)
城市贷款/GDP				0.0016 (0.0106)
家庭固定效应	是	是	是	是
城市固定效应	是	是	是	是
年份固定效应	是	是	是	是
观测值数量	17621	17621	17621	17621
R^2	0.0280	0.0352	0.1766	0.1766
第一阶段F统计量	18.39	18.44	18.43	18.69
Hansen检验-p值	0.562	0.533	0.631	0.629

注：括号内是家庭2010年所在的城市层面的稳健标准误；*** 代表$p<0.01$，** 代表$p<0.05$，* 代表$p<0.1$；家庭人均消费和家庭人均收入指标均进行了通胀调整；工具变量是距离变量与除本市外的相应数字金融发展变量的全国均值的交互项，以及这两个交互项与家庭能否接触互联网的交互项。

表10-6报告了模型（10.3）的估计结果。首先，弱工具变量检验以及过度识别检验显示工具变量是有效的，模型估计结果可信；其次，家庭能否接触互联网对家庭人均消费的影响仍然为正且显著，表明接触互联网对居民消费的正向影响是稳健的；再次，我们发现数字金融发展变量的系数 γ_1 显著为正，意味着无法接触互联网的家庭的消费随着数字金融发展有所提升，更重要的是，数字金融发展变量与能否接触互联网的虚拟变量的交互项系数 γ_2 为负且显著，表明相对于能够接触互联网的家庭而言，数字金融发展对无法接触到互联网家庭人均消费的促进效应更大，这初步显示出数字金融发展能够缓解数字鸿沟对居民消费带来的负向影响。直观上，数字金融的发展依赖于互联网的普及，是互联网发展所衍生出来的新业态，如果居民接触不到互联网，看似难以从数字金融发展中获益，但表10-6的结果却显示出这些家庭的人均消费水平提升了，且提升作用比能够接触互联网的家庭更大。当然，将数字金融发展变量的系数 γ_1（0.0146）和交互项系数 γ_2（-0.0014）相加，可以看出数字金融发展对能够接触互联网的家庭的人均消费也有正向影响（0.0134），这是符合预期的，因为数字金融的发展本身依赖互联网，那些能够接触互联网的家庭能够便捷地享受数字金融发展的成果，消费水平自然也有所提升。以上发现表明，数字金融发展不仅影响了能够接触互联网的家庭，还影响到无法接触互联网的家庭，我们将在下文进一步讨论这种现象的背后原因。最后，表10-6中控制变量的系数方向大致与表10-7一致，表明模型的估计结果是稳健的。

表10-6的交互项模型分析有两方面的假设：第一，以能否接触到互联网来区分的两类家庭在其他层面上不存在差异，特别是不存在其他因素对家庭消费作用上的异质性，但这通常难以满足，因而在同一个模型设定下估计的模型可能会有偏误；第二，可能存在一部分家庭由于相关条件如经济状况和人力资本的改善，从无法接触互联网变为能够接触互联网，从而使得 γ_2 部分地反映这些条件变化所导致的额外影响。基于这两方面的考虑，我们进行子样本稳健性分析。具体而言，我们仅保留那些在样本期四年之内均可以接触或均无法接触到互联网的观察值，进行子样本的异质性估计，考察数字

金融发展对这两类群体的消费水平是否存在不同影响。

表10-7报告了子样本的估算结果。表10-7的第（1）（2）列是在样本期内一直能够接触到互联网的家庭的估计结果，第（3）（4）列是一直不能接触到互联网的家庭的估计结果。结果表明，不同的控制因素（如婚姻状况、年龄等）对家庭消费的影响确有不同。更重要的是，我们发现与表10-6一致，两类家庭的消费水平，特别是无法接触到互联网的家庭，都因为数字金融的发展而有所提升，并且后者提升效应比能够接触互联网家庭的提升程度更大，这为数字金融能够缓解数字鸿沟的负面影响，并对无法接触互联网的家庭带来溢出效应提供了新的证据。我们将在接下来的小节中重点分析在数字鸿沟存在的条件下，数字金融发展如何提升两类家庭的消费，特别注重数字金融发展缓解数字鸿沟对消费的负面作用的背后机制。

表10-7 数字鸿沟的异质性：子样本分析

因变量 家庭人均消费（对数）	（1）	（2）	（3）	（4）
	家庭能够接触互联网		家庭无法接触互联网	
数字金融发展	0.0090 **	0.0083 ***	0.0173 ***	0.0166 ***
	(0.0036)	(0.0032)	(0.0051)	(0.0046)
年龄^2	-0.0760	-0.0750	-0.1481 *	-0.1175 **
	(0.0689)	(0.0643)	(0.0777)	(0.0561)
受教育年限	0.0245	0.0231	0.0253	0.0164
	(0.0162)	(0.0173)	(0.0249)	(0.0246)
婚姻状况	0.3642 **	0.1592	0.5856 ***	0.3376 ***
	(0.1492)	(0.1366)	(0.1184)	(0.1102)
健康水平	-0.0875 *	-0.1200 ***	-0.0823 **	-0.1032 ***
	(0.0485)	(0.0435)	(0.0393)	(0.0376)
家庭人均收入（对数）		0.0270		0.0154
		(0.0198)		(0.0219)
家庭财富（对数）		0.0017		0.0016
		(0.0030)		(0.0034)
家庭规模		0.3145 ***		0.3819 ***
		(0.0204)		(0.0197)
少儿比例		-0.0643		-0.1982
		(0.1481)		(0.1937)

续表

因变量 家庭人均消费（对数）	（1）	（2）	（3）	（4）
	家庭能够接触互联网		家庭无法接触互联网	
老年人比例		-0.0245 (0.1106)		-0.1058 (0.0724)
村/社区经济状况		-0.0325 (0.0251)		-0.0112 (0.0260)
村/社区总人口		0.2344* (0.1242)		-0.2124 (0.2469)
城市贷款/GDP		0.0311** (0.0156)		-0.0308* (0.0187)
家庭固定效应	是	是	是	是
城市固定效应	是	是	是	是
年份固定效应	是	是	是	是
观测值数量	6598	6598	7151	7151
R^2	0.0363	0.1403	0.0286	0.1758
第一阶段 F 统计量	16.23	17.58	16.20	16.44
Hansen 检验 - p 值	0.720	0.623	0.387	0.732

注：括号内是家庭2010年所在的城市层面的稳健标准误；*** 代表 $p<0.01$，** 代表 $p<0.05$，* 代表 $p<0.1$；家庭人均消费和家庭人均收入指标均进行了通胀调整；工具变量是距离变量与除本市外的相应数字金融发展变量的全国均值的交互项。

（二）机制分析：数字鸿沟、数字金融与家庭收入的异质性

以上分析发现数字金融发展对居民消费的正向作用溢出到无法接触互联网的家庭。接下来的问题是，数字金融发展是通过什么渠道产生溢出效应，从而缓解数字鸿沟的负面作用？它提升消费的机制是什么？数字金融提升消费的机制在能够接触和无法接触互联网的两类家庭之间又是否存在差别？

根据经典消费理论（见文献综述），收入是消费最为重要的决定因素。因此，我们首先分析数字金融发展对无法接触互联网和能够接触互联网两类家庭收入的影响。依然采用前述的工具变量估算法，家庭人均收入经过城市层面的消费价格指数进行通胀调整，同时去除与家庭收入高度强相关，容易引发内生性问题的家庭财富变量，模型估算结果见表10-8。

表 10-8 数字鸿沟与家庭收入的异质性

因变量 家庭人均收入(对数)	(1)	(2)	(3)	(4)
	能够接触互联网		无法接触互联网	
数字金融发展	-0.0010 (0.0039)	-0.0004 (0.0036)	0.0161*** (0.0062)	0.0157*** (0.0060)
年龄^2	0.0511 (0.0809)	0.0487 (0.0770)	0.1556* (0.0918)	0.1567* (0.0952)
受教育年限	0.0372 (0.0569)	0.0380 (0.0563)	-0.0309 (0.0259)	-0.0306 (0.0256)
婚姻状况	-0.4102** (0.1885)	-0.3554* (0.1841)	0.1349 (0.1342)	0.1950 (0.1343)
健康水平	0.0228 (0.0552)	0.0435 (0.0529)	0.0066 (0.0500)	0.0056 (0.0502)
家庭规模		-0.0800*** (0.0223)		-0.0202 (0.0305)
少儿比例		-0.3618** (0.1544)		-0.6988** (0.2910)
老年人比例		-0.5067*** (0.1505)		-0.2286** (0.0938)
村/社区经济状况		-0.0287 (0.0359)		0.0142 (0.0425)
村/社区总人口		0.1392 (0.1519)		0.2791 (0.2733)
城市贷款/GDP		-0.0524*** (0.0187)		-0.0170 (0.0274)
家庭固定效应	是	是	是	是
城市固定效应	是	是	是	是
年份固定效应	是	是	是	是
观测值数量	6598	6598	7151	7151
R^2	0.1026	0.1140	0.0577	0.0623
第一阶段 F 统计量	16.23	17.51	16.20	16.48
Hansen 检验-p 值	0.332	0.389	0.801	0.788

注：括号内是家庭 2010 年所在的城市层面的稳健标准误；*** 代表 $p<0.01$，** 代表 $p<0.05$，* 代表 $p<0.1$；家庭人均消费和家庭人均收入指标均进行了通胀调整；工具变量是距离变量与除本市外的相应数字金融发展变量的全国均值的交互项。

表10-8显示，数字金融的发展对不同类型家庭的收入影响存在显著差异。对于能够接触互联网的家庭而言［见第（1）（2）列］，数字金融对收入水平没有显著影响。这与张勋等（2019）的发现一致，可能是因为该类家庭早已能够获得足够的金融资源，数字金融发展对他们的增收作用不大。更为重要的是，这个发现意味着，由数字金融发展带来的该类家庭消费的增加，是由收入之外的其他变量或机制所引起的。

表10-8的第（3）（4）列显示，对于无法接触互联网的家庭而言，数字金融对收入水平存在正向且显著的影响。这说明，尽管存在数字鸿沟，但数字金融的发展能够缓解数字鸿沟的负面影响，给这类家庭带来收入上的溢出效应，进而帮助解释了表10-7所发现的数字金融发展对这些家庭消费的提升作用。

（三）数字金融发展如何缓解数字鸿沟？收入溢出效应的讨论

以上分析发现，数字金融同时提升了能够接触和无法接触互联网家庭的消费水平，且对后者提升作用更大。显然，数字金融发展至消费的传导机制在这两类家庭之间是不同的，接下来将揭示这些机制。

先从无法接触互联网的家庭着手，力图解释前述的收入溢出效应。为此，将家庭收入分解为工资性收入、经营性收入、财产性收入和转移性收入（人均收入，且经通胀调整），并估算数字金融发展对这些分项收入的影响，结果见表10-9[1]。表10-9的第（1）（2）（3）列为针对分项收入的两阶段最小二乘法估计结果，而进一步考虑到部分样本存在分项收入为0的情况[2]，我们使用了工具变量Tobit方法进行估算，结果报告在表10-9的第（2）列和第（4）列。估算结果表明，数字金融发展主要提升了这类家庭的

---

[1] 限于篇幅，我们没有报告财产性收入和转移性收入的估计结果。数字金融发展对这两类收入的估计结果均不显著。

[2] 在7151个无法接触互联网的家庭样本中，有3459个样本具有工资性收入（占48.4%），有3336个样本具有农业经营性收入（占46.7%），有953个样本具有非农经营性收入（占13.3%），有848个样本具有财产性收入（占11.9%）。

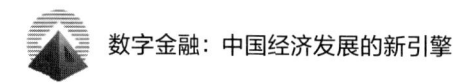

工资性收入和经营性收入，特别是农业经营性收入，从而带来了收入上的溢出效应。

对于工资性收入的溢出效应，一个可能的解释是，数字金融的普惠性带来了区域经济增长和需求，尤其是对原先落后的地区而言（参见文献综述），而增长一方面能够产生工作机会，另一方面往往伴随着经济结构变迁，增加对非农劳动力的需求，带动工资水平的提升。显然，只要无法接触互联网的家庭有适龄劳动力，就可以分享这种溢出效应。

表10-9 数字金融发展的收入溢出效应：基于无法接触到互联网家庭的样本

因变量 家庭人均收入（对数）	(1) 2SLS	(2) IV Tobit	(3) 2SLS	(4) IV Tobit
	工资性收入		农业经营性收入	
数字金融发展	0.0484 (0.0352)	0.0586** (0.0265)	0.0520* (0.0280)	0.0848** (0.0387)
年龄^2	0.2086 (0.2569)	-0.1487*** (0.0193)	-0.1427 (0.2618)	-0.0567*** (0.0173)
受教育年限	-0.1275 (0.1868)	0.0117 (0.0335)	0.0163 (0.1329)	-0.1461*** (0.0414)
婚姻状况	0.2159 (0.5511)	0.0484 (0.3958)	-0.1690 (0.3694)	3.8005*** (0.4250)
健康水平	0.2586 (0.2270)	1.4438*** (0.3112)	0.1736 (0.1559)	0.4536 (0.3184)
家庭规模	1.2366*** (0.1168)	1.9731*** (0.1275)	0.3555*** (0.0794)	0.6425*** (0.0802)
少儿比例	-5.9551*** (1.2049)	-8.6712*** (0.9903)	0.6918 (0.8284)	-2.6433*** (0.8176)
老年人比例	-1.9693*** (0.4313)	-8.4020*** (0.5456)	0.0393 (0.3003)	-1.7238*** (0.4608)
村/社区经济状况	0.1037 (0.1826)	0.4660*** (0.1383)	0.0772 (0.1233)	-0.2767* (0.1521)
村/社区总人口	-0.1879 (0.8011)	-0.2286 (0.2149)	-1.6235** (0.7611)	-3.1446*** (0.4415)
城市贷款/GDP	-0.1518** (0.0772)	-0.4299** (0.1712)	-0.0558 (0.1778)	-0.0135 (0.2168)

续表

因变量 家庭人均收入（对数）	（1）	（2）	（3）	（4）
	2SLS	IV Tobit	2SLS	IV Tobit
	工资性收入		农业经营性收入	
家庭固定效应	是	是	是	是
城市固定效应	是	是	是	是
年份固定效应	是	是	是	是
观测值数量	7151	7151	7151	7151
R^2	0.0890	/	0.0704	/
第一阶段 F 统计量	16.48	/	16.48	/
Hansen 检验 – p 值	0.566	/	0.808	/

注：样本限定在一直未能接触互联网的家庭；括号内是家庭 2010 年所在的城市层面的稳健标准误；*** 代表 p < 0.01，** 代表 p < 0.05，* 代表 p < 0.1；家庭人均消费和家庭人均收入指标均进行了通胀调整；工具变量是距离变量与除本市外的相应数字金融发展变量的全国均值的交互项。

对于经营性收入的溢出效应，可以从集约边际（Intensive Margin）和扩展边际（Extensive Margin）两个视角来解释。从集约边际的角度看，上段提及的数字金融的普惠性，有助于原先有经营性业务的家庭扩展市场规模，进而提升经营收入；从扩展边际的角度看，数字金融发展所带来的内需提升，可以强化家庭的创业行为，从而增加家庭的经营性收入。那么，为什么数字金融的发展特别有助于增加无法接触到互联网家庭的农业经营性收入呢？这可能与中国的二元经济体制相关。众所周知，中国的城市偏向一直非常严重，户籍制度造成了农村和城市的分割，有相当一部分农村家庭由于收入和人力资本偏低或是基础设施建设不完善等，仍然无法接触互联网。但数字金融的发展以及信息和电子商务的普及，使得农产品可以通过地方政府、中间商以及电商企业进行网络销售。在这一过程中，未必需要每个农村家庭都接触互联网。

为了进一步解释这些收入溢出效应，我们可以考察数字金融与没有接触互联网的家庭就业结构的关系。表 10 – 10 中显示了数字金融发展对家庭内部三种就业指标的影响。这里，家庭内部就业率定义为家庭就业人数与家庭适龄劳动力人数之比，以衡量数字金融能否促进家庭就业程度的提升。值得注意的是，此处的就业既包括受雇，也包括务农和自雇，即衡量广义上的就业程度。表10-10的第（1）列显示，数字金融的发展并没有提升无法接触互联网的家庭的整体就业程度。不过，当进一步研究数字金融发展对家庭就业结构的影响时，我们发现数字金融发展降低了家庭中农业自雇人数的占比（定义为农业自雇人数与家庭就业人数之比），同时显著增加了非农受雇人数的比重（定义为非农业受雇人数与家庭就业人数之比），这一正一负相反的作用使得数字金融对家庭整体就业程度的影响失去了显著性。

表10-9显示数字金融发展显著增加了农业经营性收入，但表10-10却表明数字金融发展降低了农业自雇人数，对这看似矛盾的发现可以做如下解释：数字金融发展带来了经济增长，经济增长带来经济结构转型（所谓的Kuznets事实），结构转型带来农业自雇人数的减少，这使得农业劳动生产率有所改善，而农业劳动生产率决定农业经营收入。综上，数字金融的普惠性促进了区域经济发展，带来了农业向非农业的就业结构转型，进而产生了工资性收入和农业经营性收入上的溢出效应，从而促进了消费。

表10-10 数字金融发展与家庭就业：基于无法接触到互联网的家庭样本

因变量 家庭就业指标	（1） 就业人数/ 劳动者人数	（2） 农业自雇人数/ 就业人数	（3） 非农业受雇人数/ 就业人数
数字金融发展	-0.0006 (0.0025)	-0.0215*** (0.0046)	0.0074* (0.0040)
年龄^2	-0.0218 (0.0133)	-0.0071 (0.0386)	0.0048 (0.0295)
受教育年限	-0.0003 (0.0036)	-0.0112 (0.0084)	-0.0094 (0.0237)
婚姻状况	-0.0464* (0.0255)	0.0277 (0.0534)	-0.0211 (0.0419)
健康水平	-0.0038 (0.0094)	0.0030 (0.0140)	0.0100 (0.0137)
家庭人均收入（对数）	0.0023 (0.0037)	-0.0220*** (0.0078)	0.0274*** (0.0059)

续表

因变量 家庭就业指标	（1） 就业人数/ 劳动者人数	（2） 农业自雇人数/ 就业人数	（3） 非农受雇人数/ 就业人数
家庭财富（对数）	0.0005 (0.0008)	-0.0021 (0.0017)	-0.0003 (0.0018)
家庭规模	-0.0080* (0.0048)	-0.0364*** (0.0063)	0.0239*** (0.0053)
少儿比例	0.1157** (0.0567)	0.0707 (0.0824)	-0.0169 (0.0974)
老年人比例	0.0303 (0.0238)	0.1372*** (0.0370)	-0.0942*** (0.0354)
村/社区经济状况	-0.0053 (0.0104)	-0.0310* (0.0176)	0.0303* (0.0157)
村/社区总人口	0.1693** (0.0691)	-0.0053 (0.1802)	0.0102 (0.1571)
城市贷款/GDP	0.0025 (0.0033)	0.0061 (0.0108)	-0.0085 (0.0066)
家庭固定效应	是	是	是
城市固定效应	是	是	是
年份固定效应	是	是	是
观测值数量	7151	7151	7151
R^2	0.1935	0.6623	0.1112
第一阶段F统计量	16.19	16.19	16.19
Hansen检验-p值	0.110	0.220	0.892

注：样本限定在一直未能接触互联网的家庭；括号内是家庭2010年所在的城市层面的稳健标准误；*** 代表 $p<0.01$，** 代表 $p<0.05$，* 代表 $p<0.1$；家庭人均消费和家庭人均收入指标均进行了通胀调整；工具变量是距离变量与除本市外的相应数字金融发展变量的全国均值的交互项。

（四）支付便利性与居民消费

第三小节分析了数字金融发展对无法接触互联网的家庭的影响。接下来分析数字金融发展对于那些能够接触互联网家庭的消费的影响。前文发现这些家庭的收入并没有因数字金融的发展而提升，那么是什么帮助增加了他们的消费呢？我们知道，数字金融的普及能够改善支付便利性。特别是随着支付宝和微信等移动支付的普及,居民只需要简单地使用手机,就可以完成购物,大大提升了支付便利性,降低了购物成本。当然,数字金融促进消费还有其他可能的渠道,如金融发展可以优化资源分配,放松流动性约束,使消费者能够方便地利用金融市场实现消费跨期平滑,进而增加需求。我们对这两个机制或渠道进行实证检验。

在表10-11中,我们采用中国数字普惠金融指数的子指数,探讨两个机制对居民消费的影响。对于支付便利性的机制,我们采用数字支持服务程度的子指数进行衡量,因为该子指数包含了以移动支付占比来衡量的支付便利性;对于流动性约束机制,我们利用使用深度中的征信业务发展指数进行衡量,征信业务是信贷业务展开的前提,因而与流动性约束相关。在克服内生性的前提下,工具变量估计结果显示,仅有代表支付便利性[第(1)(2)列]的数字支持服务程度指数的系数显著为正,而代表流动性约束机制[第(4)(5)列]的指数的系数不显著,意味着数字金融发展至消费的传导机制之一在于支付便利性。这与前文的发现也是自洽的,因为支付便利性的改善本身并不影响收入。在第(3)列中,我们发现数字金融发展带来了家庭更加频繁的网购行为(定义为0~1虚拟变量,若家庭有成员一周进行一次或更多次网购,则定义为1,否则为0),进一步证实了支付便利性的机制。在给定收入不变的前提下,数字金融发展仍然能够通过提升支付便利性来增加消费,显示了数字金融发展对拉动内需的重要作用。

表10-11 数字金融发展与居民消费:基于能够接触到互联网家庭的样本

因变量	(1)	(2)	(3)	(4)	(5)
	居民消费		网购频繁	居民消费	
支付便利性	0.0080 ** (0.0037)	0.0080 *** (0.0030)			
数字金融发展			0.0040 *** (0.0014)		
预防性储蓄				0.0025 (0.0026)	0.0028 (0.0027)

续表

因变量	(1)	(2)	(3)	(4)	(5)
	居民消费	居民消费	网购频繁	居民消费	居民消费
年龄^2	-0.0696	-0.0686	0.0219	-0.0708	-0.0719
	(0.0663)	(0.0620)	(0.0349)	(0.0690)	(0.0643)
受教育年限	0.0305*	0.0295*	-0.0056	0.0228	0.0215
	(0.0159)	(0.0172)	(0.0138)	(0.0163)	(0.0175)
婚姻状况	0.3600**	0.1528	-0.0719	0.3763**	0.1717
	(0.1465)	(0.1345)	(0.0685)	(0.1487)	(0.1361)
健康水平	-0.0907*	-0.1207***	0.0183	-0.0849*	-0.1183***
	(0.0487)	(0.0433)	(0.0249)	(0.0483)	(0.0436)
家庭收入		0.0255	-0.0144		0.0262
		(0.0206)	(0.0089)		(0.0196)
家庭财富		0.0012	0.0004		0.0022
		(0.0030)	(0.0018)		(0.0029)
家庭规模		0.3154***	0.0542***		0.3145***
		(0.0208)	(0.0125)		(0.0206)
少儿比例		-0.0709	-0.1415*		-0.0448
		(0.1486)	(0.0850)		(0.1476)
老年人比例		-0.0512	-0.2681***		-0.0188
		(0.1181)	(0.0702)		(0.1309)
村/社区经济状况		-0.0237	-0.0027		-0.0321
		(0.0270)	(0.0199)		(0.0277)
村/社区总人口		0.3081**	-0.1223		0.2038
		(0.1505)	(0.0788)		(0.1249)
城市贷款/GDP		0.0009	0.0048		0.0308**
		(0.0305)	(0.0118)		(0.0151)
家庭固定效应	是	是	是	是	是
城市固定效应	是	是	是	是	是
年份固定效应	是	是	是	是	是
观测值数量	6598	6598	6598	6598	6598
R^2	0.0061	0.1108	0.1023	0.0337	0.1365
第一阶段F统计量	24.36	24.37	17.58	19.88	19.91
Hansen检验-p值	0.299	0.432	0.565	0.0637	0.133

注：样本限定在能够接触互联网的家庭；括号内是家庭2010年所在的城市层面的稳健标准误；*** 代表 $p<0.01$，** 代表 $p<0.05$，* 代表 $p<0.1$；家庭人均消费和家庭人均收入指标均进行了通胀调整；工具变量是距离变量与除本市外的相应数字金融发展变量的全国均值的交互项。

五　小结

中国的内需不振，严重影响了中国经济增长的可持续性，这在中美博弈愈发激化的今天提振内需显得更为重要。与此同时，第三次技术革命带来了数字鸿沟，后者被发现拖累了消费需求。为此，显然需要严谨而规范的研究，以便帮助政府制定合适的政策，在不影响技术革命推进的前提下，缓解数字鸿沟的负面作用。

本研究的主要贡献是证实了数字金融的发展有助于缓解数字鸿沟对消费的负面影响，还详细分析了从数字金融发展至消费的传导机制。更为具体地说，本研究利用中国家庭追踪调查（CFPS）数据，发现数字鸿沟降低了无法接触互联网的家庭的消费水平。本研究将中国数字普惠金融发展指数和CFPS数据相结合，通过克服内生性问题的工具变量估计，证实了随着数字金融的发展，中国居民消费有显著增加。更重要的是，本研究发现即便存在数字鸿沟，数字金融的发展仍然有助于提升无法接触互联网的家庭的消费水平，初步证实了数字金融发展有助于缓解数字鸿沟的负面影响。从机制上看，对于接触互联网的家庭而言，数字金融主要通过提升支付便利性来促进消费；对于无法接触互联网的家庭而言，则是通过改善数字金融的普惠性促进了区域经济发展，带来了农业到非农业的就业结构转型，进而产生了工资性收入和农业经营性收入增加的溢出效应，缓解了数字鸿沟的负面作用，从而促进了消费。

本文的政策含义是直截了当的：首先，数字金融发展对促进经济增长、缓解数字鸿沟有积极的影响，进而对提升居民消费具有重要作用，因此需要大力推进；其次，需要特别关注数字金融发展对就业结构转型的作用，因为这是数字金融发展带来收入溢出效应，从而促进居民消费的重要机制；最后，在推进数字金融发展的过程当中，要重点关注如何提升支付便利性，以进一步增加内需。

第十一章
涓滴效应的潜在局限：家庭贫困的视角[*]

以上两章证实了数字金融发展的涓滴效应，即能够缓解数字鸿沟的负面作用。既然数字金融发展能够缓解数字鸿沟的负面作用，那是否就不需要去弥合数字鸿沟了呢？直觉告诉我们并非如此，举个极端例子，如果数字鸿沟过于严重，我们自然不寄希望于数字金融发展能够解决这一问题，这甚至会使数字金融的发展基础都可能消失。不过，当互联网发展或数字鸿沟弥合到一定程度时，数字金融发展能够进一步缓解数字鸿沟的负面影响。

还有另外一种情况可能会导致数字金融的涓滴效应失效，即贫困且没有接触过互联网的群体可能因能力的缺失，且不要说数字金融发展的溢出效应，就连经济发展的红利都无法享有。在这种情况下，类似于精准扶贫的思路，即提升人力资本、缩小数字鸿沟就成为帮助这些贫困群体的根本举措。作为本部分的最后一章，我们对这一问题展开探讨。

一 贫困：无法回避的世纪难题

众所周知，如何消除贫困是人类社会发展过程中面临的重要难题之一。早期的贫困主要关注收入和财富，然而仅从收入上扶贫，往往会出现返贫现象。随着对贫困认识的不断深化，贫困概念的界定从收入维度逐步转向能力贫困、权利贫困，再到目前谈及的知识贫困，其内涵与边界在不断地深入和拓展。Sen（1976）提出了"能力贫困"的概念，认为基本能力和权利被剥

---

[*] 本章内容主要来自何宗樾、张勋、万广华《数字金融、数字鸿沟与多维贫困》，《统计研究》2020年第10期，第79~89页。

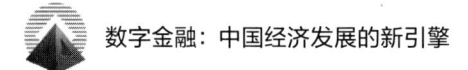

夺是家庭贫困的根本原因，2001年他进一步提出了以能力方法为标准定义贫困的多维贫困理论。联合国开发计划署（UNDP）界定了"权利贫困"，权利贫困涵盖了个体在政治、文化、经济、社会等方面权利缺乏导致的贫困。这一概念不仅考虑到了个体生理的因素，还考虑到了社会、文化、环境和心理等因素，是对收入贫困内涵的进一步探索。胡鞍钢和李春波（2001）提出了知识贫困的概念，认为知识鸿沟是对未能获得有效知识、信息和通信资源的个体或群体的"知识剥夺"。

目前国内外关于贫困的研究中有一个重要方向就是对贫困的识别，家庭或个体在收入水平（王春超和叶琴，2014）、就业机会（郭熙保和周强，2016）、生活质量（王小林和Alkire，2009）、教育与健康水平（章元等，2013）等方面的缺失都被纳入贫困的多维特征。另一类研究集中讨论致贫因素。在宏观层面上，主要考察经济发展、产业结构（汪三贵和胡联，2014）、社会制度（郭熙保和周强，2016）、金融市场（崔艳娟和孙刚，2012）、空间区位（马振邦等，2018）、生态环境（帅传敏等，2017）等方面的致贫因素。在微观层面，则重点关注个体禀赋、资源禀赋的异质性对家庭或特定群体贫困的影响。在此基础上，国内外研究者进一步探讨了减贫政策与途径。传统的经济学理论认为经济增长是缓解贫困的关键性因素，贫困群体能够从经济增长的"涓滴效应"中获益。此外，宏观政策对贫困治理也发挥了积极的影响，特别是政府救助政策（卢盛峰和卢洪友，2018）、基础设施建设（高颖和李善同，2006）以及政府基本公共服务（刘穷志，2007）等。

近年来，国际组织将"多维贫困"作为贫困识别和评估的新标准。我国虽未明确公布多维扶贫标准，但是在贫困治理实践中，政府出台的一系列扶贫政策和反贫困措施均贯穿着"多维治理"的理念，即从多个视角探究致贫因素，从多个维度展开扶贫攻坚实践，不断丰富和拓展中国特色扶贫开发道路（陈宗胜，2018）。2011年，中共中央、国务院印发《中国农村扶贫开发纲要（2011~2020年）》（国发〔2001〕23号），首次提出到2020年稳定实现"两不愁"和"三保障"的总体目标。这标志着政府减贫工作进入了多维扶贫阶段（沈扬扬等，2018）。2015年，中共中央、国务院印发《关于打赢脱贫攻坚战的决定》，明确提出到2020年在现行标准下实现贫困人口全面脱贫，总体目标涵盖了生活质量、收入、教育、医疗、住房等多维目标。2016年国务院印发《"十三五"脱贫攻坚规划》（国发〔2016〕64号），进一步明确了通过就业、教育、养老、医疗以及社会保障等公共服务供给、产业发展、生态治理、科技创新等各领域配套政策措施开展专项扶贫，有效拓宽贫困治理路径，推进精准扶贫、精准脱贫，巩固和提升脱贫成效。2018年中共中央、国务院进一步出台了《关于打赢脱贫攻坚战三年行动的指导意见》，政策上环环相扣、层层递进，不断完善国家贫困治理战略布局，为世界减贫实践提供了丰富的可鉴经验。

二 数字金融能否成为解决贫困的新思路？

在脱贫战役中，普惠金融是一个重要目标。金融市场可以降低交易的搜寻成本，增加居民投融资渠道，实现家庭风险分散和风险转移，从而改善家庭贫困状况（崔艳娟和孙刚，2012）。金融发展的过程中，普惠金融是一个重要目标，对减贫也有重要作用。杨艳林和付晨玉（2019）从个体贫困视角，探讨了中国农村普惠金融发展的减贫效应。研究表明，农村普惠金融通过提高贫困个体的收入间接改善了贫困的状态。事实上，贫困群体通常难以借助教育、信息扩散、知识外溢等效应来提升其经济能力，以至于人力资本积累极低，缺乏应对风险和不确定性的能力，无法从技术创新行为中获利。此时，如果金融没有普惠性，那么不能触及金融的群体不仅无法从中获益，而且脱贫的机会可能还会被挤占。

近年来，互联网所推动的数字经济发展，对居民经济行为的影响是巨大和深远的。作为互联网与金融的结合体，数字金融本身也具有金融的属性。以支付宝、微信支付为代表的数字金融产业的兴起，使得中国居民的经济金融服务的可获得性显著增强，特别是对于原本受到金融排斥、信贷歧视的群体而言。相较于传统金融服务，数字金融的发展更有利于发挥金融的基础功能，让更多的人以合理的成本获取更加公平的金融服务，拓宽其投融资渠道；同时，数字金融的发展有助于分散或规避金融风险，优化资产配置效率，提升经济收益。

以往文献认为数字金融具有普惠特征，不过这些文献基本上都是描述性的，有待于经验数据的验证。李继尊（2015）认为，近年来由电子商务和通信技术的快速发展所推动的中国互联网金融，可以降低传统金融对物理网点的依赖，具有更强的地理穿透性和低成本优势，因此可以推动普惠金融。焦瑾璞（2014；焦瑾璞等，2015）也指出，移动互联网的普及为广大欠发达地区提供普惠金融服务创造了条件，尤其是数字货币在增加金融服务覆盖面、降低服务成本等方面发挥了重要作用，从而有助于优化金融资产配置，改善中小企业的融资状况，在促进金融稳定的同时实现整体盈利水平的提高（王颖和陆磊，2012）。因此，互联网基础设施的发展使得数字鸿沟缩小、应用覆盖性增强，也触发了互联网红利的差异（邱泽奇等，2016）。

数字金融的这些特性，尤其是其普惠性，意味着数字金融发展在脱贫战役中可以发挥重要作用。2019年，中共中央、国务院印发《数字乡村发展战略纲要》，指出进一步解放和发展数字化生产力，积极探索数字扶贫；着力发挥信息技术创新的扩散效应、信息和知识的溢出效应、数字技术释放的普惠效应；着力弥合城乡"数字鸿沟"。可以说，数字金融发展是大势所趋，为国家脱贫攻坚战略提供了新的思路和助力。不过，评估数字金融减贫作用的文献则相对匮乏，现有的文献主要从互联网的可触达性展开分析。Toffler（1990）研究了数字经济的发展导致信息、网络技术的拥有程度和应用程度以及创新能力的差别，进而造成信息落差和贫富进一步呈两极分化的趋势。胡鞍钢和周绍杰（2002）发现数字鸿沟的扩大伴随着全球贫困差距的扩大。罗延锦和茶洪旺（2018）基于省级面板数据，发现有61.6%的贫困指数变化可以通过数字鸿沟指数的变化来解释。数字金融，按照其"数字+金融"的定义，或许能为居民减贫提供新的思路。因而，本文试图从微观视角展开讨论，丰富和拓展现有研究。

第十一章 涓滴效应的潜在局限：家庭贫困的视角

然而，数字金融在脱贫战役中的角色可能远比预期的要复杂。一方面，数字金融深刻改变了金融的触达能力和便捷性，具备更加包容的特性。如前面两章所分析的，数字金融发展可能具有涓滴效应。但是，对于极度贫困的群体，数字金融发展是否也能对他们产生涓滴效应呢？这是需要实证分析来回答的问题。事实上，极端贫困的群体，恰恰有可能由于收入低下和教育健康等人力资本缺乏等问题，无法接触到互联网，从而无法享受数字金融发展的益处。这种"互联网"偏向或数字鸿沟，显然不利于贫困群体脱贫，甚至有可能加深多维贫困。更进一步讲，面临"数字劣势"的群体中，不同群体是否存在异质性表现？究竟哪一类子群体更容易因为数字金融发展而被剥夺获利机会，哪一类群体又因为数字金融发展而能够提升福利水平。回答这一问题不仅具有理论意义，而且在实践层面也是相当有价值的，至少有利于在政策层面上实现"精准数字扶贫"。

因此，对数字金融发展与居民多维贫困之间关系的研究极为关键而紧迫。遗憾的是，虽然有人对传统金融与贫困的关系做了大量的探讨，但是相关文献多是基于宏观层面的数据，难以建立微观主体、数字背景和贫困之间的因果链条（罗延锦和茶洪旺，2018）。少数从微观角度展开的研究，在评估数字金融的减贫效应时，未能精准识别数字经济获益者的群体特征，分析的精准性不足（杨艳林和付晨玉，2019）。

基于以上讨论，本研究力图在以下几个方面有所创新。

第一，在互联网革命和数字经济发展的背景下，本文首次利用由北京大学数字金融研究中心和蚂蚁金服研究院共同编制的中国数字普惠金融指数，研究数字金融的发展与家庭贫困的关系，综合评估数字金融发展的经济效应。

第二，将中国数字普惠金融指数与中国家庭追踪调查数据（CFPS）相结合，从微观层面考察数字金融对家庭贫困的影响，丰富关于数字金融经济效应微观机制的探讨。

第三，挖掘数字金融发展影响家庭贫困的背后机制和异质性，丰富关于贫困决定因素的文献。

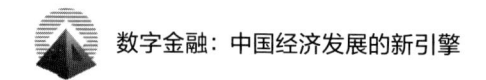

三 实证策略和数据

接下来,我们对数字金融发展与家庭贫困之间的关系进行实证分析,重点识别数字鸿沟所导致的异质性。

1. 实证模型设定:数字金融发展与家庭贫困

为了探讨数字金融发展与家庭贫困状态的关系,我们首先建立两者关系的实证模型。用 I_{ijt} 表示第 t 年 j 市 i 家庭是否处于贫困状态的虚拟变量,处于贫困状态则取值为1,家庭所在地区的数字金融发展程度用 DF_{jt} 表示,我们可以得到如下实证模型:

$$I_{ijt} = \gamma_0 + \gamma_1 DF_{j,t-1} + \gamma'_2 X_{ijt} + \phi_i + \varphi_t + u_{ijt} \tag{11.1}$$

在模型(11.1)中,X_{ijt} 表示户主个人、家庭以及家庭所在地区的控制变量,ϕ_i 表示家庭固定效应,φ_t 表示年份固定效应,u_{ijt} 为随机扰动项。由于我们分析的是地区层面的数字金融发展与家庭贫困的关系,为了避免地区内部家庭之间的相关性对模型估计结果的影响,我们将稳健标准误聚类到地区层面,此外,将数字金融发展进程滞后一期,以缓解反向因果问题。这样一来,γ_1 衡量数字金融的发展对家庭贫困状态的总体影响。

除了分析数字金融发展与贫困状态的关系之外,我们还可以进一步分析数字金融发展对贫困程度的影响。以 A_{ijt} 表示贫困程度的指标,参考模型(11.1),我们进一步构建实证模型(11.2):

$$A_{ijt} = \mu_0 + \mu_1 DF_{j,t-1} + \mu'_2 X_{ijt} + \phi_i + \varphi_t + u_{ijt} \tag{11.2}$$

在模型(11.2)中,与模型(11.1)一致,为了避免地区内部家庭之间的相关性对模型估计结果的影响,我们将稳健标准误聚类到地区层面。由此,μ_1 衡量了数字金融的发展对家庭贫困程度的影响。

模型(11.1)和模型(11.2)将宏观变量与微观变量相结合,考察数字金融发展对家庭贫困状态和贫困程度的影响,这种方法近年来越来越受到学术界的重视(见聂辉华等,2009),因为从宏观层面研究数字金融发展与地区贫困的问题，时常会面临诸如反向因果等内生性的问题，原因在于减贫和经济发展的同时也会对更高水平的数字金融发展提出需求。因此，从微观家庭层面来探讨数字金融如何影响家庭贫困的问题，有利于内生性问题的缓解。从逻辑上讲，数字金融的发展可以影响家庭贫困状况和程度，但家庭贫困状况和程度乃至于收入水平却很难影响一个地区的数字金融发展状况。在数字金融经济效应的研究上，易行健和周利（2018）以及张勋等（2019）也采用中国数字普惠金融发展指数和CFPS数据相结合的方法，分别分析了数字金融发展对家庭消费以及家庭收入的包容性增长的影响。这两篇论文的分析框架为本研究提供了方法论上的基础。

如前文所述，还有很多因素会影响家庭贫困，诸如个体禀赋、家庭资源禀赋以及宏观环境等（章元等，2013；郭熙保和周强，2016），这意味着我们需要在模型中控制一系列与贫困相关的变量。这些变量主要包括户主层面、家庭层面以及地区层面的因素。在户主层面，我们意图控制户主的性别、年龄、教育年限、政治面貌和婚姻状况等影响家庭贫困的变量。然而，由于我们控制了家庭层面的固定效应，加上户主的性别、教育年限和政治面貌等变量的观察值几乎在短时间内不变，所以这些变量的系数难以估计。此外，由于户主的年龄可以表示为家庭固定效应和时间固定效应的线性组合，其系数也无法估计。为了缓解遗漏变量偏误，参考Zhang等（2017），我们控制了年龄的平方项。在家庭整体层面，我们控制了家庭规模、家庭人均收入、家庭中的少儿（16岁以下）人数比例和老年（60岁以上）人数比例即通常意义上的人口抚养比，人口抚养比越高，家庭负担越重，贫困程度可能越深。为了进一步区分数字金融和传统金融对家庭收入的不同影响，我们还引入了家庭层面的银行存款规模作为传统金融发展程度的代理变量。同时，引入家庭人均收入作为家庭资源禀赋的代理变量。地区层面上，所在的村、镇或社区的总人口和经济状况被纳入考虑，这是影响家庭贫困状态和程度的重要宏观变量。我们会依次加入家庭户主层面、家庭整体层面和地区层面的影响因素，以验证关键解释变量（数字金融的发展）估计值的稳定性。

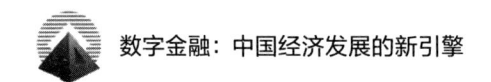

(二) 多维贫困指数的构建

如前文所言，贫困是多维的。因此，我们根据多维贫困理论，构建用于衡量家庭贫困状态和贫困程度的相关指标。其中，Alkire 和 Foster（2011）提供了一个经典的分析框架，对多维贫困进行测度和分解。我们参考该框架，构建了反映多维贫困状态变量的指标 I，该指标既能反映个体福利被剥夺的情况，也可以从能力视角反映个体能力被剥夺的情况，具体表达模型（11.3）如下：

$$I(x_{ij}^t, w_j, z_j, k) = I(c_i^t \geq k) = I\left[\left(\sum_{j=1}^{d} g_{ij}^t(z)\right) \geq k\right] \quad (11.3)$$

在模型（11.3）中，k 为维度，指标 I 即反映了个体是否处于 k 维贫困状态的指示函数：若个体在 k（及以上）个维度上处于贫困状态（即 $c_i^t \geq k$，其中 c_i^t 为个体 i 在多个维度上的贫困状态的指示函数的加总值），则有 $I = 1$；否则 $I = 0$，表示个体 i 不处于 k 维贫困状态。我们按照通行的做法，考察 $k = 3$ 时的多维贫困状态。

在衡量个体是否在不同维度上处于贫困状态时，根据模型（11.3），x_{ij}^t 表示第 t 年 i 个体 j 指标的取值，w_j 为指标权重，z_j 为指标 j 的被剥夺临界值，从而 $g_{ij}^t(z)$ 为单个贫困维度的指示函数，如果 $x_{ij}^t < z$，则设定 $g_{ij}^t(z) = 1$，表示个体在第 j 项指标这一维度上处于贫困状态，否则不处于贫困状态。

除了多维贫困状况之外，Alkire 和 Foster（2011）还构建了多维贫困程度的指标 A，该指标以家庭的平均被剥夺份额来衡量，具体表达式（11.4）为：

$$A = \sum_{j=1}^{d} w_j g_{ij}^t(z) \quad (11.4)$$

与模型（11.3）一致，$g_{ij}^t(z)$ 为单个贫困维度的指示函数，w_j 为指标权重，我们采用权重方法进行赋权。这样一来，指标 A 就衡量了以不同维度的贫困指标所构建的家庭平均贫困程度，也称多维贫困深度。

表 11-1 为多维贫困指标不同维度的构成情况，可以看出，不同于早期以收入来衡量贫困的单一指标，多维贫困指标包括了教育、健康、保险、就

业、生活质量和资产等多个维度（郭熙保和周强，2016；周强和张全红，2017；沈扬扬等，2018），可以更加全面地反映家庭贫困的状况。

表 11-1 多维贫困指标的构成

贫困维度	指标	指标解释	临界值
教育	人均受教育水平	家庭16岁以上成员的平均受教育年限	6年
健康	自评健康	家庭成员中不健康人口的比例	100%
保险	医疗保险	家庭成员未参加医疗保险的比例	100%
就业	就业状态	家庭成年劳动力失业的比例	100%
收入	人均收入	家庭成员人均年纯收入（2010年为基期）	2300元
生活质量	做饭燃料	清洁燃料可得性	1 = 不可得 0 = 可得
	饮用水	清洁水源可得性	
资产	住房	从政府、单位获得住房，或已购买住房	

注：劳动力在本文中被界定为16~60岁具有劳动能力的个体。

（三）内生性考量

我们利用模型（11.3）和（11.4）所构建的多维贫困指标，结合模型（11.1）和（11.2），来估计数字金融的发展对家庭多维贫困状态和程度的总体影响。不过，上述模型有可能遭遇遗漏变量和内生性问题。比如，不同家庭对新事物/风险的接受程度往往有差别，这不但影响数字金融的发展，也影响家庭贫困的状况和程度，而且这类因素很难被度量。为了尽可能克服由第三方因素导致的内生性问题，我们利用数据的家庭面板特征，构建固定效应模型，控制那些不随时间变化的家庭层面的遗漏变量，减少对估计结果造成的影响。

反向因果也有可能存在，因为贫困的缓解、家庭收入的提升以至于区域经济的发展，或许会使互联网朝着更便利与低成本的方向进步，进而促进数字金融的发展。因此，我们采用工具变量估计方法。我们所选取的工具变量为利用地理信息系统（GIS）所计算得到的距离类型的变量，分别是家庭所在地区与杭州的球面距离，以及家庭所在地区与省会的球面距离。这两类工具变量与本地区的数字金融发展程度显然具备相关性。众所周知，以支付宝为代表的数字金融的发展在杭州起源，因此杭州的数字金融发展应处于领先位置，可以预期，在地理上距离杭州越近，数字金融发展的程度应越好；此外，省会通常是一个省的经济中心，也应是数字金融发展中心，距离省会城市越近，数字金融的发展也应越好。因此，这两个指标与数字金融发展紧密相关。

另外，我们还必须说明这两个距离变量的外生性，即不会通过一些遗漏变量（Omitted Variables），特别是经济发展水平，影响家庭贫困，从而满足排他性约束（Exclusion Restriction）。首先，杭州仅仅是中国经济发展的重要城市之一，因此，与杭州的距离越小并不意味着经济发展水平越高；其次，与省会距离较近的地区，一般也都是经济上比较发达的地区。对于这一问题，我们解决的办法是：利用家庭调查数据，控制所在的村、镇或社区的一些经济发展指标，尽可能地减少遗漏变量，从而切断地理距离与家庭多维贫困之间可能产生的联系。我们认为，在控制了这些变量之后，地理距离变量更加外生。

（四）数据

为了利用模型（11.3）和（11.4）估算家庭的多维贫困状态，以及估计模型（11.1）和（11.2），我们使用三方面的数据。

第一部分数据是区域层面的数字金融发展程度。中国数字金融的发展极大地提高了金融服务的可得性和便利性，特别是对于原先无法接触到金融的群体来说。我们使用中国数字普惠金融指数来描述中国数字金融的发展概况，该指数采用了蚂蚁金服的交易账户大数据，具有相当的代表性和可靠性。中国的数字金融经历了快速发展，但是，地区和各省之间差异也比较明显，东部发展程度最高，中部次之，西部最低。不过，从近几年的增长速度来看，西部和中部地区的发展明显加快。落后地区的数字金融可得性显著提升，这表明我国的数字金融发展带来了普惠金融。当然，这种普惠性最终能否起到降低家庭多维贫困的效果，还有赖于下文的实证分析。

本文所使用的第二部分数据为工具变量数据，如前文所说，为家庭所在地区与杭州的球面距离以及家庭所在地区与省会的球面距离，这些数据通过地理信息系统计算后获得。

第十一章 涓滴效应的潜在局限：家庭贫困的视角

第三部分数据来自北京大学中国社会科学调查中心执行的中国家庭追踪调查（China Family Panel Studies，CFPS）数据。该调查自2010年正式展开访问后，每两年进行一次跟踪调查，通过跟踪收集个体、家庭、社区三个层次的数据，反映中国社会经济和人口教育的变迁。CFPS调查问卷分为社区问卷、家庭问卷、成人问卷和少儿问卷四种主体问卷形式，覆盖25个省/直辖市/自治区的162个县，目标样本规模为16000户，调查的对象包括了样本家庭中的全部成员。本文研究中国数字金融发展对家庭多维贫困的影响，并通过成人问卷、家庭问卷和社区问卷等三个层面考虑影响贫困的相关因素。本文按照通行的方法对家庭数据进行处理：（1）我们直接删除了无法识别的样本，如社区编码、家庭编码、个体编码、城乡编码、省份编码等标识变量缺失的样本；（2）通过家庭主事者和财务回答人来识别户主身份，作为家庭的代表性个体，保留户主年龄在16岁以上的家庭。在此基础上，我们将这三部分数据按照家庭所在城市和时间进行数据匹配。这样的匹配有助于我们较为精准地识别数字金融发展对家庭贫困的影响，而不仅仅是粗略地从宏观层面考察地区数字金融与贫困的关系。结合两组数据的共同时间区间，我们最终选定的样本区间为2012年、2014年和2016年的家庭数据以及与之相对应的数字普惠金融发展指数。最后，我们仅保留三年均进入调查的样本数据，以便在时间维度上考察贫困的状态与深度。表11-2是CFPS相关变量的统计性描述。

表11-2 CFPS相关变量的统计性描述

变量	2012 样本量	2012 均值	2012 标准差	2016 样本量	2016 均值	2016 标准差
多维贫困状态	5330	0.237	0.425	5330	0.200	0.400
多维贫困深度	5330	0.172	0.161	5330	0.156	0.155
户主性别（男性=1）	5330	0.751	0.432	5330	0.751	0.432
户主年龄（岁）	5330	52.737	11.738	5330	56.780	11.723
婚姻状况（已婚=1）	5330	0.894	0.308	5330	0.877	0.328
家庭规模（人）	5330	3.901	1.796	5330	3.830	1.878
少儿比例	5330	0.138	0.162	5330	0.128	0.157
老年人比例	5330	0.124	0.256	5330	0.179	0.302
家庭存款（元,对数）	5330	8.206	2.705	5330	6.520	4.887

续表

变量	2012 样本量	2012 均值	2012 标准差	2016 样本量	2016 均值	2016 标准差
家庭人均收入(元,对数)	5330	8.604	1.369	5330	9.008	1.285
家庭就业状况(就业=1)	5330	0.741	0.438	5330	0.744	0.436
村/社区经济状况(评分)	5330	4.398	1.091	5330	4.398	1.091
村/社区人口状况(人)	5330	3943.155	4451.048	5330	4117.405	5060.809
城乡虚拟变量(城镇=1)	5330	0.430	0.495	5330	0.457	0.498

在CFPS数据中，与本文最相关的变量是多维贫困的测度。多维贫困变量以家庭为单位，直接来自CFPS数据库中的家庭问卷，包括受教育程度、健康水平、医疗保险、就业状态、生活质量和家庭资产等多个维度的贫困状态，本文基于A-F指标法来构建家庭贫困指标。从表11-2中可以看出，2016年我国多维贫困发生率约为0.200，比2012年多维贫困发生率0.237略有下降。我们关心数字金融的发展能否带来多维贫困发生率和贫困程度的下降。

本文使用的其他影响家庭多维贫困的变量可在以下三类问卷中获得。其中，户主性别、年龄和婚姻状况等变量可在成人问卷中获得；家庭收入、家庭人口规模、家庭中的少儿（16岁以下）人数比例和老年（60岁以上）人数比例、家庭存款规模等可在家庭问卷和家庭关系问卷中获得；村/社区经济状况、人口状况可在社区问卷中获得。

四 数字金融发展与多维贫困：基准分析

接下来，我们将分析数字金融的发展与多维贫困的关系。在基准分析之后，我们将分区间段讨论数字金融发展对多维贫困的影响，之后进行内生性和测量误差方面的稳健性分析。在第四小节，我们将着重探讨数字金融影响多维贫困的背后机制。

（一）数字金融发展与多维贫困

首先，我们根据模型（11.1）和（11.2）进行线性最小二乘回归。在所有回归中，我们均加入了家庭和时间双重固定效应。同时，考虑到残差在城市内部存在相关性，因此，参照标准的处理方法，我们将稳健标准误聚类到市级层面。表11-3报告了数字金融发展与多维贫困的基准回归结果。

表11-3 数字金融发展与多维贫困：基准回归

因变量	多维贫困状态		多维贫困程度	
	(1)	(2)	(3)	(4)
数字金融发展	0.111***	0.112***	0.0318**	0.0317**
	(0.0390)	(0.0388)	(0.0137)	(0.0138)
户主年龄^2	8.36e-05	8.37e-05	4.88e-05**	4.86e-05**
	(7.23e-05)	(7.20e-05)	(2.02e-05)	(2.02e-05)
婚姻状况	-0.0442*	-0.0449*	-0.00674	-0.00649
	(0.0255)	(0.0258)	(0.00854)	(0.00847)
家庭规模	-0.0299***	-0.0300***	-0.0151***	-0.0152***
	(0.00372)	(0.00370)	(0.00128)	(0.00127)
少儿比例	0.142***	0.141***	0.0674***	0.0676***
	(0.0464)	(0.0464)	(0.0109)	(0.0109)
老年人比例	0.243***	0.243***	0.133***	0.133***
	(0.0287)	(0.0287)	(0.00812)	(0.00811)
家庭存款	-0.000554	-0.000560	-0.000268	-0.000264
	(0.000924)	(0.000924)	(0.000259)	(0.000259)
家庭人均收入	-0.0897***	-0.0897***	-0.0412***	-0.0411***
	(0.00557)	(0.00556)	(0.00119)	(0.00119)
村/社区经济状况		-0.0199		-0.00902
		(0.0353)		(0.00889)
村/社区人口状况		0.0273		-0.00843
		(0.0264)		(0.0140)
家庭固定效应	是	是	是	是
年份固定效应	是	是	是	是
样本量	15990	15990	15990	15990
R^2	0.116	0.117	0.268	0.268

注：括号内为稳健标准误，且在市级层面聚类；*** $p<0.01$，** $p<0.05$，* $p<0.1$。

在表11-3的第（1）（2）列中，我们考察了数字金融发展与家庭多维贫困状态的关系，控制变量涉及户主特征、家庭整体特征和所在地区的经济特征。我们意外地发现，数字金融发展的系数显著为正，表明从整体而言，数字金融发展加剧了家庭贫困的发生。其他控制变量的系数也大致符合预期：家庭规模的作用为负，而抚养负担的影响显著为正。

我们进一步依据模型（11.2），从多维贫困程度的角度来探讨数字金融发展与家庭的多维贫困深度的关系，以检验模型的稳健性。表11-3第（3）（4）列报告了数字金融发展对多维贫困程度的影响。估计结果显示，数字金融发展的指标依然是显著为正的，一方面表明我们的基准分析结果是稳健的；另一方面也意味着数字金融发展不仅提高了贫困发生的概率，还可能加深了多维贫困的程度。

一方面，互联网的普惠以及信息基础设施的搭建，使得弱势社会经济群体获得更多的服务和赋能，极大缩小了其与市场的距离；另一方面，基于数字和技术驱动的信用体系，为弱势群体提供了金融基础设施，可以放松家庭面临的信贷约束。但是，我们的研究却发现，数字金融的发展加剧了贫困。这不得不令人深思，数字金融在多年的发展过程中是否一直在提升贫困发生的概率和加深贫困的程度？这一关系究竟是数字金融本身的发展滞后，还是数字金融的发展存在结构性问题？我们在接下来的篇幅中将做进一步分析。

（二）数字金融发展影响多维贫困的趋势

以上初步发现是，数字金融发展可能加深了家庭贫困。进一步的问题是，数字金融在多年的发展过程中是否一直在提升贫困发生的概率和加深贫困的程度。为了判断数字金融在不同年份对贫困可能产生的不同作用，我们通过引入数字金融发展与时间虚拟变量的交互项进行分时间段的比较分析。表11-4报告了数字金融发展与家庭多维贫困关系的变化趋势分析结果。

与表11-3一致，表11-4的第（1）（2）列研究数字金融发展与家庭贫困状态的关系，第（3）（4）列则从家庭贫困程度的角度展开分析。与表11-3不同的是，在表11-4中，我们讨论了数字金融发展与多维贫困在年份区间上的异质性。

表 11-4 数字金融发展与多维贫困：变化趋势

因变量	多维贫困状态		多维贫困程度	
	(1)	(2)	(3)	(4)
数字金融发展	-0.0355 (0.0928)	0.00290 (0.0707)	-0.0341 (0.0257)	-0.000666 (0.0212)
数字金融发展*2014年虚拟变量	0.0638** (0.0286)		0.0110 (0.00990)	
数字金融发展*2016年虚拟变量	0.0986** (0.0486)		0.0414*** (0.0142)	
数字金融发展*2014和2016年虚拟变量		0.0774** (0.0345)		0.0229** (0.0111)
户主年龄^2	6.55e-05 (7.13e-05)	6.83e-05 (7.12e-05)	4.16e-05** (1.98e-05)	4.41e-05** (1.97e-05)
婚姻状况	-0.0445* (0.0257)	-0.0449* (0.0258)	-0.00618 (0.00839)	-0.00646 (0.00840)
家庭规模	-0.0303*** (0.00371)	-0.0303*** (0.00373)	-0.0153*** (0.00129)	-0.0153*** (0.00128)
少儿比例	0.144*** (0.0457)	0.144*** (0.0459)	0.0685*** (0.0107)	0.0683*** (0.0108)
老年人比例	0.242*** (0.0288)	0.242*** (0.0288)	0.133*** (0.00813)	0.133*** (0.00811)
家庭存款	-0.000726 (0.000887)	-0.000721 (0.000887)	-0.000316 (0.000245)	-0.000311 (0.000247)
家庭人均收入	-0.0899*** (0.00557)	-0.0898*** (0.00555)	-0.0412*** (0.00119)	-0.0412*** (0.00119)
村/社区经济状况	-0.0174 (0.0358)	-0.0168 (0.0357)	-0.00867 (0.00892)	-0.00808 (0.00905)
村/社区人口状况	0.0212 (0.0256)	0.0225 (0.0258)	-0.0110 (0.0133)	-0.00984 (0.0138)
家庭固定效应	是	是	是	是
年份固定效应	是	是	是	是
样本量	15990	15990	15990	15990
R^2	0.118	0.117	0.270	0.269

注：括号内为稳健标准误，且在市级层面聚类（Cluster）；*** $p<0.01$，** $p<0.05$，* $p<0.1$。

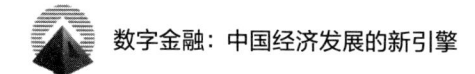

在表 11-4 的第（1）列和第（3）列中，我们引入了 2014 年和 2016 年两个时间虚拟变量，将其与数字金融发展变量进行交互，考察数字金融发展在不同年份对家庭贫困所可能产生的不同影响。值得指出的是，在控制了这两个虚拟变量之后，数字金融发展变量本身的系数实际上衡量了 2012 年数字金融发展与家庭贫困的关系。分析结果显示：首先，与表 11-3 不同，数字金融发展变量本身不显著，表明在 2012 年，数字金融发展与家庭贫困状态和贫困程度不相关，意味着数字金融并不会一直导致家庭贫困并带来家庭贫困程度的提升；其次，数字金融发展与 2014 年和 2016 年的时间虚拟变量的系数均为正，其中，数字金融发展在 2014~2016 年均显著导致了家庭贫困，且在 2016 年显著加深了家庭贫困程度；再次，数字金融发展与 2016 年时间虚拟变量的估计系数比 2014 年变量的估计系数大得多，也更显著，意味着数字金融发展对家庭贫困的影响逐年增大；最后，在第（2）列和第（4）列中，我们选用 2014 年和 2016 年的共同时间虚拟变量与数字金融发展进行交互，同样发现该系数不论在家庭贫困状态还是家庭贫困深度的回归中均显著为正，进一步证实了我们的结论：数字金融致贫现象日益严重。这进一步呼唤我们对其背后机制展开分析。

（三）内生性讨论

在探讨数字金融加剧家庭贫困的原因之前，我们还需要对模型进行内生性分析。如前文所述，数字金融与家庭多维贫困之间的关系可能受到内生性的影响，从而导致估计系数的偏误。因此，我们采用工具变量估计方法，以保证我们所识别的相关关系也是因果关系。我们选取的工具变量是所在城市到杭州的距离和所在城市到所在省省会的距离。这两个工具变量在相关性和外生性上都是城市数字金融发展的合意工具变量。不过，在估计之前，有一点必须指出：模型（11.1）中的内生变量，即数字金融发展是随年份变化的变量，但我们所选取的工具变量是不随时间变化的，这使得通常的第二阶段估计失效。因此，我们将工具变量与全国层面相应的数字金融发展指数的均值进行交互，作为新的具有时间变化效应的工具变量。

第十一章 涓滴效应的潜在局限：家庭贫困的视角

我们首先从统计学的角度检验了两者的相关性。在表11-5中，我们报告了第一阶段的回归结果。很明显，这两类距离的工具变量都与数字金融发展显著负相关，意味着离数字金融发展中心越远，数字金融的发展水平越低。这是符合预期的。

表11-5 数字金融与多维贫困：第一阶段回归

因变量数字金融发展	（1）	（2）	（3）	（4）
城市到杭州的球面距离×全国数字金融发展均值	-0.0735*** (0.0186)	-0.0732*** (0.0186)	-0.0733*** (0.0185)	-0.0732*** (0.0186)
城市到省会的球面距离×全国数字金融发展均值	-0.0141*** (0.00314)	-0.0140*** (0.00310)	-0.0140*** (0.00310)	-0.0141*** (0.00309)
户主年龄^2		5.30e-05* (2.97e-05)	5.66e-05* (2.95e-05)	5.58e-05* (2.93e-05)
婚姻状况		0.000417 (0.00563)	0.000419 (0.00574)	0.00167 (0.00601)
家庭规模			0.00128 (0.000906)	0.00134 (0.000894)
少儿比例			-0.0101 (0.00918)	-0.00970 (0.00911)
老年人比例			-0.00697 (0.00540)	-0.00718 (0.00547)
家庭存款			-0.000261 (0.000292)	-0.000252 (0.000291)
家庭人均收入			0.00148 (0.000990)	0.00146 (0.000995)
村/社区经济状况				0.0208 (0.0257)
村/社区人口状况				-0.0433** (0.0193)
家庭固定效应	是	是	是	是
年份固定效应	是	是	是	是
样本量	15990	15990	15990	15990
R^2	0.992	0.992	0.992	0.992

注：括号内为稳健标准误，且在市级层面聚类（Cluster）；*** $p<0.01$，** $p<0.05$，* $p<0.1$。

表11-6报告了采用工具变量估计的第二阶段回归结果。与表11-3一致，第（1）（2）列，从多维贫困发生的角度来分析数字金融发展与多维贫困状态的关系，控制变量涉及户主特征，家庭特征和所在地区的经济特征；第（3）（4）列，从多维贫困程度的角度来探讨数字金融发展与家庭多维贫困深度的关系，以检验模型的稳健性。

我们首先考察工具变量的有效性。我们发现，首先，在所有的回归中，第一阶段的考虑异方差的弱工具变量检验f统计量均大于10，表明工具变量满足相关性特征；其次，检验外生性的Hansen统计量的p值均大于0.10，无法拒绝工具变量满足外生性的原假设。这两类检验联合说明了本文所选取的工具变量是有效的。

表11-6 数字金融与多维贫困：工具变量回归

因变量	多维贫困状态		多维贫困程度	
	（1）	（2）	（3）	（4）
数字金融发展	0.196*** (0.0605)	0.194*** (0.0586)	0.0660*** (0.0167)	0.0666*** (0.0164)
户主年龄^2	7.02e-05 (7.14e-05)	7.08e-05 (7.12e-05)	4.34e-05** (2.06e-05)	4.31e-05** (2.05e-05)
婚姻状况	-0.0443* (0.0254)	-0.0451* (0.0258)	-0.00678 (0.00847)	-0.00655 (0.00841)
家庭规模	-0.0300*** (0.00369)	-0.0301*** (0.00367)	-0.0152*** (0.00128)	-0.0152*** (0.00128)
少儿比例	0.142*** (0.0459)	0.141*** (0.0459)	0.0675*** (0.0108)	0.0677*** (0.0109)
老年人比例	0.243*** (0.0287)	0.243*** (0.0287)	0.133*** (0.00816)	0.133*** (0.00815)
家庭存款	-0.000588 (0.000921)	-0.000594 (0.000921)	-0.000282 (0.000258)	-0.000278 (0.000258)
家庭人均收入	-0.0900*** (0.00558)	-0.0900*** (0.00558)	-0.0413*** (0.00118)	-0.0412*** (0.00118)
村/社区经济状况		-0.0218 (0.0351)		-0.00980 (0.00885)

续表

因变量	多维贫困状态		多维贫困程度	
	（1）	（2）	（3）	（4）
村/社区人口状况		0.0295		-0.00748
		(0.0269)		(0.0143)
家庭固定效应	是	是	是	是
年份固定效应	是	是	是	是
样本量	15990	15990	15990	15990
R²	0.116	0.116	0.267	0.267
First stage F-stat	29.21	30.00	29.21	30.00
Hansen p value	0.774	0.799	0.911	0.885

注：括号内为稳健标准误，且在市级层面聚类（Cluster）；*** $p<0.01$，** $p<0.05$，* $p<0.1$。

从估计结果上看，我们依然发现数字金融的发展不仅加剧了家庭贫困的发生，还加剧了家庭贫困的深度，并且这一结果在考虑了可能的内生性问题之后依然存在。此外，我们发现数字金融发展的估计系数更加显著，证实了估计结果的稳健性。不仅如此，数字金融发展的估计系数也有所扩大，但扩大程度不多（系数绝对值提升不到1倍），表明解释变量的测量误差程度较弱（Angrist和Pischke，2008）。综上，可以表明我们的估计结果是稳健的，没有受到内生性的过多干扰。

五 背后机制：数字鸿沟所导致的异质性

数字金融发展导致贫困发生的概率提高，也加深了多维贫困的程度。这一发现似乎是反直觉的，也在一定程度上与近年来文献所论证的数字金融发展的诸多普惠性所带来的经济效益（黄益平和黄卓，2018；谢绚丽等，2018；易行健和周丽，2019；张勋等，2019）相违背。这意味着我们必须对这一发现的背后原因进行分析，以更好地刻画和评估数字金融发展在中国经济增长中的作用。

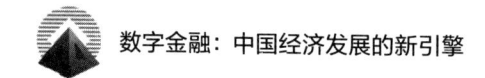

（一）数字鸿沟的存在导致数字金融增贫

如前文所言，数字金融发展之所以加剧了多维贫困，一种可能的原因是数字金融发展本身滞后。不过，发展滞后本身是一个总量问题，如果数字金融发展加剧贫困的原因的确是数字金融发展滞后，那么数字金融发展应该对全体居民都产生负面影响，但这与以往的研究完全矛盾。此外，中国的数字金融发展在全球处于领先地位是有目共睹的，把贫困的加剧归咎于数字金融发展滞后并不合理。

排除滞后问题，数字金融发展也可能具有结构性问题，特别是对贫困群体不利的结构性问题。如前文所言，数字金融原本具有的普惠性可以惠及不同群体，使得不同群体都能够享受金融服务的便利性。而正如前面所分析的，这种溢出效应还可以进一步惠及那些无法接触互联网的群体。但这里的问题在于，无法接触互联网的群体本身可能也具有一定的异质性特征：对于那些极端贫困，位于贫困线以下的居民来说，他们不仅不具备接触互联网的条件，甚至可能因为物质资本和人力资本过低的缘故，无法享受数字金融的溢出效应，而且他们本来所拥有的机会和资源也可能被挤占，从而使得数字金融发展不利于其脱贫，甚至有可能加深其贫困。

基于这一逻辑，在表 11-7 中，我们按照能否接触到互联网，将家庭样本分为两个群体。为了避免选择性偏误，我们只保留在样本期间内一直可以接触互联网以及一直没有接触互联网的家庭。表 11-7 的第（1）（2）列为一直没有接触互联网的家庭，第（3）（4）列则为一直能够接触互联网的家庭。我们发现，数字金融对家庭多维贫困概率的提高效应主要来自无法接触互联网的家庭，对于一直能够接触互联网的家庭，数字金融对贫困发生概率的影响为负，虽然并不显著，但这证实了我们的猜想，表明能否接触到互联网的确是家庭脱贫的前提条件，同时也说明，数字金融发展所产生的涓滴效应存在一定的局限，对于那些极端贫困，位于贫困线以下的家庭，仍要努力改善他们的人力资本水平，同时缩小数字鸿沟。

表 11-7 数字鸿沟与多维贫困

因变量 多维贫困状态	无法接触互联网		能够接触互联网	
	(1)	(2)	(3)	(4)
数字金融发展	0.266***	0.263***	-0.0177	-0.0172
	(0.0854)	(0.0833)	(0.0388)	(0.0389)
户主年龄^2	0.000178*	0.000178*	0.000105	0.000106
	(9.91e-05)	(9.88e-05)	(9.46e-05)	(9.35e-05)
婚姻状况	-0.0501	-0.0513	-0.000485	-0.000565
	(0.0327)	(0.0332)	(0.0106)	(0.00989)
家庭规模	-0.0319***	-0.0320***	0.00170	0.00173
	(0.00429)	(0.00426)	(0.00998)	(0.00993)
少儿比例	0.173***	0.173***	-0.0194	-0.0196
	(0.0615)	(0.0614)	(0.0319)	(0.0313)
老年人比例	0.282***	0.282***	-0.0255	-0.0285
	(0.0316)	(0.0316)	(0.0182)	(0.0181)
家庭存款	-0.000560	-0.000579	-0.000114	-0.000123
	(0.00114)	(0.00114)	(0.000809)	(0.000790)
家庭人均收入	-0.103***	-0.103***	-0.0174	-0.0173
	(0.00544)	(0.00543)	(0.0111)	(0.0110)
村/社区经济状况		-0.0266		-0.0473
		(0.0414)		(0.0315)
村/社区人口状况		0.0636		0.0115
		(0.0479)		(0.0202)
家庭固定效应	是	是	是	是
年份固定效应	是	是	是	是
样本量	11853	11853	1125	1125
R^2	0.131	0.131	0.017	0.018
First stage F-stat	23.73	24.17	45.68	48.75
Hansen p value	0.913	0.868	0.939	0.943

注：括号内为稳健标准误，且在市级层面聚类（Cluster）；*** $p<0.01$，** $p<0.05$，* $p<0.1$。

（二）数字金融增加了哪方面的贫困？

表 11-7 表明，数字鸿沟使得数字金融的发展不利于那些未接触互联网的家庭脱贫。更为严重的是，数字金融非但不能帮助这些家庭脱贫，反而加

剧了这些家庭的贫困程度,这可能意味着这些家庭的一些脱贫机会由于数字鸿沟而遭到了挤占和剥夺。那么,究竟是哪些脱贫机会遭到了挤占呢?本节进一步对此展开分析。

如前文所示,多维贫困由教育、健康、保险、就业、收入、生活质量和资产多维度构成,这也为我们进一步分析数字鸿沟所带来的多维贫困背后的机制提供了便利。在表 11-8 中,我们依次从这七个维度出发,分析数字鸿沟影响多维贫困的内在机制。我们将样本限制在面临数字鸿沟,即未接触互联网的家庭。我们发现,仅有代表就业维度的家庭成年劳动力就业状态以及代表收入维度的家庭人均收入的系数是显著的。其中,第(4)列显示,数字金融的发展带来了家庭成年劳动力就业的下降,这意味着数字金融的发展可能剥夺了这些家庭的就业机会。我们猜测这存在两方面的原因:首先,技术变革可能本身对劳动力市场就存在负向冲击(Acemoglu 等,2011),这使得本身就存在数字鸿沟的群体在这场技术变革中处于更加不利的位置;其次,数字金融发展可能带给接触互联网的群体更多的信息优势,从而可能挤占了未接触互联网的群体的就业机会。这两方面原因的综合造成了存在数字鸿沟的群体的就业机会下降。

表 11-8 数字金融通过数字鸿沟影响多维贫困的内在机制

因变量 各个维度	(1) 教育年限	(2) 医疗维度	(3) 保险维度	(4) 就业维度	(5) 家庭收入	(6) 生活维度	(7) 住房维度
数字金融 发展	-0.127 (0.207)	-0.0334 (0.0402)	-0.00897 (0.0217)	-0.167** (0.0787)	1.084*** (0.284)	0.0377 (0.110)	-0.0481 (0.0873)
户主 年龄^2	0.000969*** (0.000248)	1.48e-05 (4.54e-05)	-4.38e-05 (3.97e-05)	-0.000395*** (7.79e-05)	0.000279 (0.000315)	-2.31e-05 (7.50e-05)	0.000101 (7.10e-05)
婚姻状况	0.0630 (0.0979)	0.0121 (0.0124)	-0.00976 (0.0161)	0.0435* (0.0249)	0.0532 (0.105)	0.0798** (0.0348)	-0.0480* (0.0288)
家庭规模	0.182*** (0.0173)	-0.00489*** (0.00119)	-0.00152 (0.00108)	0.0603*** (0.00561)	0.0242 (0.0183)	0.00501 (0.00361)	-0.00654** (0.00317)
少儿比例	-0.898*** (0.191)	-0.0146 (0.0120)	0.0108 (0.0171)	-0.406*** (0.0432)	-0.770*** (0.143)	-0.0577 (0.0452)	0.0593* (0.0341)

续表

因变量	（1）	（2）	（3）	（4）	（5）	（6）	（7）
各个维度	教育年限	医疗维度	保险维度	就业维度	家庭收入	生活维度	住房维度
老年人比例	-1.020***	0.0794***	0.0336***	-0.636***	-0.233***	0.0277	-0.00442
	（0.106）	（0.0195）	（0.0130）	（0.0316）	（0.0740）	（0.0305）	（0.0186）
家庭存款	0.00319	-0.00110***	-0.000393	0.000365	0.0202***	-0.00334***	0.000432
	（0.00249）	（0.000428）	（0.000456）	（0.000951）	（0.00370）	（0.00117）	（0.000704）
村/社区经济状况	0.00345	-0.00714	-0.00940	-0.00176	0.0930	-0.0535	0.0292
	（0.131）	（0.0208）	（0.0123）	（0.0444）	（0.150）	（0.0422）	（0.0253）
村/社区人口状况	0.209	0.0130	-0.00483	0.0306	0.0827	-0.0291	0.0161
	（0.164）	（0.0169）	（0.0317）	（0.0419）	（0.174）	（0.0619）	（0.0445）
家庭固定效应	是	是	是	是	是	是	是
年份固定效应	是	是	是	是	是	是	是
样本量	11853	11853	11853	11853	11853	11853	11853
R^2	0.182	0.009	0.007	0.143	0.060	0.015	0.003
First stage F-stat	24.19	24.19	24.19	24.19	24.19	24.19	24.19
Hansen p value	0.413	0.0306	0.124	0.563	0.948	0.689	0.155

注：分析样本为面临数字鸿沟，即未接触互联网的家庭；括号内为稳健标准误，且在市级层面聚类（Cluster）；3）***$p<0.01$，**$p<0.05$，*$p<0.1$。

第（5）列的结果恰好相反，数字金融的发展尽管使未接触互联网的群体失去了就业机会，却从总体上提升了这些家庭的人均收入。这两者并不必然矛盾，因为数字金融对贫困的影响可能存在群体间的异质性：数字金融的发展尽管可能会挤占一部分面临"数字劣势"的群体的就业机会，但也可能带动另一部分面临"数字劣势"的群体的收入提升，只不过这种收入提升更可能是接触互联网的群体受数字金融发展影响所产生的溢出效应，而非数字金融发展的直接效应，关于这一点，我们在前面已经有详细讨论，此处不再赘述。

（三）基于不同群体的异质性分析

以上研究表明，数字金融尽管具有涓滴效应，但难以对贫困线以下的居民产生溢出效应,这意味着在无法接触互联网的群体中也存在着一定的异质性。我们可以进一步分析,究竟是哪一类子群体受到的负面影响更严重。回答这一问题不仅具有理论意义,而且在实践层面也是相当有价值的,因为这有利于在政策层面上实现"精准数字扶贫"。

1. 城乡异质性

首先,考察数字鸿沟与家庭贫困的城乡异质性。城乡分割使得城乡居民在禀赋、收入和机会上都有显著差别。为此,我们将样本按照常住地分为城乡两部分,考察数字金融发展的影响。

表11-9的分析表明,数字金融发展对无法接触互联网的家庭的影响具有城乡层面的异质性。首先,对于农村居民而言,数字金融的发展并没有挤占他们的就业机会,同时还给他们带来了收入溢出效应。观察现实,农村居民往往本身具有一定的禀赋,如拥有土地,即使非农就业机会被挤占,也可继续进行农业生产,因此就业状态不受影响。其次,数字金融发展还被证明能够带动那些接触互联网群体的创新创业行为(谢绚丽等,2018),因此可能会更多地从农村居民中采购原材料(如农产品),从而提升农村居民的收入,这一点在上一章数字金融缓解数字鸿沟,推动经济结构转型方面已有详细论述,表明数字金融的发展具有相当强的渗透力,即使是在面临"数字劣势"的农村居民当中。这也说明数字金融发展并非一定会造成面临"数字劣势"的群体的处境恶化,更多地可能是带来了社会分工的深化,使得不同群体根据他们的比较优势选择不同的社会角色。

表11-9 数字鸿沟与家庭贫困的城乡异质性

因变量	(1) 农村样本	(2) 城镇样本	(3) 农村样本	(4) 城镇样本
	就业机会		家庭收入	
数字金融发展	-0.148 (0.131)	-0.227*** (0.0657)	1.630*** (0.401)	0.100 (0.347)
户主年龄^2	-0.000472*** (9.18e-05)	-5.05e-05 (0.000139)	0.000470 (0.000337)	-0.000593 (0.000448)

续表

因变量	(1) 农村样本	(2) 城镇样本	(3) 农村样本	(4) 城镇样本
	就业机会		家庭收入	
婚姻状况	0.0855*** (0.0328)	-0.0632* (0.0359)	0.105 (0.138)	0.0894 (0.118)
家庭规模	0.0538*** (0.00623)	0.102*** (0.0134)	0.0438** (0.0203)	-0.0509* (0.0302)
少儿比例	-0.372*** (0.0467)	-0.650*** (0.127)	-0.875*** (0.173)	-0.220 (0.296)
老年人比例	-0.704*** (0.0335)	-0.400*** (0.0569)	-0.261*** (0.0925)	-0.104 (0.151)
家庭存款	0.00103 (0.00111)	-0.00134 (0.00241)	0.0230*** (0.00434)	0.0141*** (0.00414)
村/社区经济状况	-0.000129 (0.0518)	-0.0672 (0.0752)	0.109 (0.173)	0.0271 (0.272)
村/社区人口状况	0.101 (0.0682)	-0.0568 (0.0449)	0.513* (0.283)	-0.267** (0.112)
家庭固定效应	是	是	是	是
年份固定效应	是	是	是	是
样本量	8926	2635	8926	2635
R^2	0.160	0.126	0.055	0.104
First stage F-stat	9.861	145.5	9.861	145.5
Hansen p value	0.859	0.222	0.983	0.327

注：分析样本为面临数字鸿沟，即未接触互联网的家庭；括号内为稳健标准误，且在市级层面聚类（Cluster）；*** $p<0.01$，** $p<0.05$，* $p<0.1$。

其次，对于无法接触互联网的城镇居民而言，数字金融的发展一方面挤占了其就业机会，另一方面也无法给他们带来收入溢出效应。根据中国互联网络信息中心发布的《中国互联网络发展状况统计报告》（以下简称为《互联网发展报告》），截至2017年底，我国整体网民规模为7.72亿，网络普及率达到55.8%，其中城镇网民占比73.0%。因此，从政策层面上来看，我们要格外重点关注城镇地区无法接触互联网的群体，因为数字金融的发展可能会导致这部分群体失业且无法增收，由此引发社会不稳定。考虑到数字金融的作用不仅仅是提供就业，还可以带来与金融相关的一系列其他业务，如投资、保险、信贷等，尽可能地缩小数字鸿沟对全社会来讲有相当可观的好处。

2. 人口特征的异质性

我们进一步分析数字鸿沟在户主特征层面的异质性。从性别的异质性来看，我国互联网使用倾向于男性，这意味着网络覆盖率对男性更高，也更有可能使男性享受数字金融服务，获得更多潜在机会和收益。表11-10报告了按照性别划分的异质性分析结果。我们发现，在面临"数字劣势"时，女性群体一方面被挤占了更多的就业机会，另外一方面也无法从数字金融发展的溢出效应中获益。而男性群体的收入溢出效应则非常显著，表现出显著的性别异质性。这意味着我们要更加关注女性群体的数字扶贫问题。

表 11-10　数字鸿沟与多维贫困的性别异质性

因变量	（1）女性样本	（2）男性样本	（3）女性样本	（4）男性样本
	就业机会		家庭收入	
数字金融发展	-0.245**	-0.146	0.662	1.259***
	(0.107)	(0.0922)	(0.407)	(0.347)
户主年龄^2	-0.000273**	-0.000425***	0.000594	0.000223
	(0.000122)	(8.88e-05)	(0.000603)	(0.000392)
婚姻状况	0.0574	0.0220	0.294*	-0.0696
	(0.0352)	(0.0339)	(0.162)	(0.132)
家庭规模	0.0780***	0.0557***	-0.0452	0.0420**
	(0.0127)	(0.00573)	(0.0410)	(0.0184)
少儿比例	-0.372***	-0.413***	-0.906***	-0.733***
	(0.0977)	(0.0526)	(0.331)	(0.161)
老年人比例	-0.426***	-0.712***	-0.228*	-0.234***
	(0.0496)	(0.0330)	(0.136)	(0.0817)
家庭存款	-0.000259	0.000490	0.0121*	0.0232***
	(0.00213)	(0.00102)	(0.00631)	(0.00378)
村/社区经济状况	0.0307	-0.00959	-0.317	0.205
	(0.0561)	(0.0496)	(0.243)	(0.170)

续表

因变量	（1）女性样本	（2）男性样本	（3）女性样本	（4）男性样本
	就业机会	就业机会	家庭收入	家庭收入
村/社区人口状况	0.000760	0.0501	-0.191	0.364*
	(0.0580)	(0.0581)	(0.138)	(0.214)
家庭固定效应	是	是	是	是
年份固定效应	是	是	是	是
样本量	2865	8988	2865	8988
R^2	0.106	0.160	0.084	0.056
First stage F-stat	57.75	19.23	57.75	19.23
Hansen p value	0.862	0.486	0.892	0.985

注：分析样本为面临数字鸿沟，即未接触互联网的家庭；括号内为稳健标准误，且在市级层面聚类；*** $p<0.01$，** $p<0.05$，* $p<0.1$。

互联网报告还指出，我国网民的年龄结构特征明显，以青年和中年为主，对高龄人群覆盖不足。2017年，对10~39岁的网络覆盖率为73.0%，40~49岁占比13.2%，50岁以上占比不足10%。表11-11进一步分析了按照年龄划分的异质性分析结果，我们使用户主年龄作为年龄的代理变量。根据2019年世界卫生组织确定的年龄分段，我们将样本分为青年样本（45岁以下）、中年样本（45~65岁）和老年样本（65岁以上）。从户主年龄的异质性出发，我们发现，在处于"数字劣势"时，中年群体的就业比例有所减少，但收入有所增加，意味着中年群体更容易受到数字金融发展的影响；青年群体不论是在就业还是收入上受到数字金融影响都比较小，这与青年群体的经济活动调整空间较大有关。这些发现都是符合直觉的。

表11-11 数字鸿沟与多维贫困的年龄异质性

因变量	（1）青年样本	（2）中年样本	（3）老年样本	（4）青年样本	（5）中年样本	（6）老年样本
	就业机会	就业机会	就业机会	家庭收入	家庭收入	家庭收入
数字金融发展	-0.154	-0.161*	-0.107	2.356	1.187***	0.612*
	(0.206)	(0.0966)	(0.0703)	(1.445)	(0.376)	(0.324)

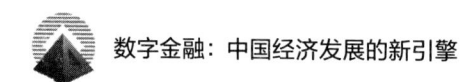

续表

因变量	(1) 青年样本	(2) 中年样本	(3) 老年样本	(4) 青年样本	(5) 中年样本	(6) 老年样本
	就业机会			家庭收入		
户主年龄^2	-0.000413 (0.000310)	-0.000143 (0.000155)	0.000233 (0.000233)	0.00477 (0.00328)	-9.06e-05 (0.000667)	0.00233*** (0.000889)
婚姻状况	0.0235 (0.112)	0.0184 (0.0338)	0.0862** (0.0436)	-0.121 (0.412)	0.0473 (0.111)	0.144 (0.254)
家庭规模	0.0131 (0.0182)	0.0444*** (0.00548)	0.100*** (0.0133)	0.0182 (0.0807)	0.0342 (0.0225)	-0.00121 (0.0344)
少儿比例	-0.258** (0.102)	-0.200*** (0.0554)	-1.106*** (0.124)	0.281 (0.436)	-0.864*** (0.204)	-0.856* (0.503)
老年人比例	-0.0512 (0.152)	-0.680*** (0.0439)	-0.493*** (0.0690)	-0.664 (0.719)	-0.158* (0.0878)	-0.276 (0.207)
家庭存款	-0.00416* (0.00245)	0.000894 (0.00118)	0.00326 (0.00203)	0.0131 (0.00982)	0.0197*** (0.00444)	0.0189*** (0.00657)
村/社区经济状况	0.0522 (0.0780)	-0.0441 (0.0477)	0.107* (0.0600)	0.246 (0.462)	0.0807 (0.177)	0.196 (0.209)
村/社区人口状况	0.100 (0.0832)	0.0446 (0.0501)	0.0104 (0.0788)	0.540** (0.254)	0.124 (0.221)	-0.0302 (0.294)
家庭固定效应	是	是	是	是	是	是
年份固定效应	是	是	是	是	是	是
样本量	1193	7174	2670	1193	7174	2670
R^2	0.106	0.139	0.204	0.085	0.047	0.080
First stage F-stat	9.523	18.17	49.61	9.523	18.17	49.61
Hansen p value	0.419	0.691	0.861	0.151	0.782	0.985

注：分析样本为面临数字鸿沟，即未接触互联网的家庭；括号内为稳健标准误，且在市级层面聚类（Cluster）；***p<0.01，**p<0.05，*p<0.1。

3. 人力资本的异质性

在表 11-12 中，我们按照户主的人力资本状况划分样本，进一步探讨数字鸿沟与多维贫困在人力资本层面的异质性。一方面，人力资本水平越高的群体具备较好的学习能力，受到数字鸿沟的影响越小；另一方面，人力资本水平越低的群体越有可能从事提供原材料和农产品等能够受到数字金融发展溢出效应的行业。考虑到中国已实行了9年义务教育，我们以受教育年限

9 年为界进行划分,结果与预期一致:人力资本水平较高的群体并没有因为数字金融的发展而被挤占工作机会,收入水平还有一定程度的提升;人力资本水平较低的群体一方面被挤占了就业机会,但另一方面也能够得到数字金融发展的溢出效应。

表 11-12　数字鸿沟与多维贫困的人力资本异质性

因变量	(1) 低学历样本	(2) 高学历样本	(3) 低学历样本	(4) 高学历样本
	就业机会	就业机会	家庭收入	家庭收入
数字金融发展	-0.173** (0.0819)	-0.00993 (0.233)	0.936*** (0.247)	2.512* (1.363)
户主年龄^2	-0.000381*** (8.08e-05)	-0.000543** (0.000215)	0.000357 (0.000309)	-0.000657 (0.000926)
婚姻状况	0.0513* (0.0279)	-0.0348 (0.0815)	0.0553 (0.116)	-0.0455 (0.332)
家庭规模	0.0620*** (0.00566)	0.0418*** (0.0157)	0.0235 (0.0192)	0.0263 (0.0467)
少儿比例	-0.419*** (0.0440)	-0.243 (0.161)	-0.761*** (0.143)	-0.843* (0.480)
老年人比例	-0.644*** (0.0311)	-0.532*** (0.111)	-0.261*** (0.0770)	0.165 (0.226)
家庭存款	0.000492 (0.00100)	-0.000739 (0.00217)	0.0212*** (0.00393)	0.0148** (0.00748)
村/社区经济状况	-0.00137 (0.0469)	-0.0172 (0.0835)	0.140 (0.156)	-0.333 (0.263)
村/社区人口状况	0.0632 (0.0466)	-0.174** (0.0731)	0.0494 (0.195)	0.288 (0.212)
家庭固定效应	是	是	是	是
年份固定效应	是	是	是	是
样本量	10590	1263	10590	1263
R^2	0.150	0.091	0.060	0.049
First stage F-stat	25.34	14.97	25.34	14.97
Hansen p value	0.716	0.294	0.871	0.697

注:分析样本为面临数字鸿沟,即未接触互联网的家庭;括号内为稳健标准误,且在市级层面聚类;*** $p<0.01$,** $p<0.05$,* $p<0.1$。

六 小结

基于互联网数字经济和数字金融的发展，使金融服务的可得性和便利性得到大幅度改善。在本章的研究之前，我们发现数字金融的发展不但可以带来居民收入和居民消费的增长，也可以通过涓滴效应，惠及无法接触互联网的群体，促进他们的消费水平提高和城镇化进程。不过，数字金融的涓滴效应在面对贫困人口的时候具有局限性，因为这些人口既缺乏接入互联网的条件，又难以享受数字金融发展的溢出效应。

在本章中，立足于文献，首次利用中国数字普惠金融发展指数和中国家庭追踪调查（CFPS）的匹配数据，通过克服内生性的工具变量估计法，探讨了数字经济发展对家庭多维贫困的影响。我们发现数字金融发展提升了贫困发生的概率，也加深了多维贫困的程度，且影响逐年增大。进一步研究表明，数字金融发展使能够接触互联网的居民挤占了未能接触互联网居民原先可能获得的资源和机会，恰恰是这种数字鸿沟使得位于贫困线附近的居民由于数字金融的发展而愈加贫困。观察背后机制，我们发现数字金融发展主要导致面临"数字劣势"的贫困居民失业概率的提升。从异质性分析来看，城镇居民、女性以及中老年人等特定群体，若无法接触互联网，不仅会由于数字金融的发展被挤占就业机会，也无法获得数字金融发展所带来的收入溢出效应，从而使其贫困发生的概率有所提升。

本研究的政策含义是非常明显的。首先，数字鸿沟可能会加剧贫困发生率，因此在推进数字金融发展的同时，应着力提高数字金融服务的覆盖率和可得性。其次，应重点关注城镇居民、女性以及中老年人等群体的"数字劣势"问题，防止此类群体因数字金融发展而丧失就业机会，进而引发社会不稳定。最后，在推进数字金融服务覆盖率的同时，也要注重人力资本水平的提升，使居民能够更好地享受数字金融所带来的普惠性。当然，在具体推进数字金融发展时，也需要提高甄别机制，确保有限资源的优化配置。

第四部分
中国数字金融发展：走过荆棘，未来可期

过去十年，数字金融一直是全球金融创新的前沿，并促进了金融普惠，使得金融服务平民化趋势更加显现，可以满足那些通常难以享受到金融服务的中小微企业和低收入群的需求。从中国的实践来看，中国的数字金融发展已经从最初的公益性小额信贷逐步扩展为支付、信贷等多业务的综合金融服务，并由于网络和移动通信等技术的广泛应用而得到长足发展。有鉴于此，本书从学术视角出发，试图全面评估数字金融发展对中国经济增长的影响，从中我们可以知悉中国数字金融发展的重要性，以及它所存在的局限。

最后一个部分回顾了本书的主要研究发现和结论。在对数字金融发展进行测度之后，我们对中国数字金融高速发展的原因进行了探索。紧接着，我们利用中国数字普惠金融指数评估了数字金融发展的经济增长效应和涓滴效应，并讨论了数字金融在客观上存在的局限性。必须强调，数字金融并不是中国经济发展的全部故事，还需要多种政策的配合，才能打出漂亮的组合拳，合力推进中国经济发展。在本部分的第二个章节中，我们从新发展格局的视角，对数字金融发展的评估研究进行了展望。

在本书的最后一章，我们探讨了数字金融发展过程中可能面临的风险。虽然数字金融有诸多突出优势，但也带来了许多不确定性。随着一些负面信息的不断出现，市场情绪产生较大的波动。近年来，金融科技行业风险事件频发，新金融业态存在新的风险隐患。在本书的最后，我们对数字金融发展面临的挑战进行讨论，试图分析这种挑战的背后根源，以及可能的应对方案。不过，我们始终相信，用前沿的数字技术去赋能有助于实现资源优化配置的金融服务，其必定会有无限的发展空间。

第十二章
数字金融研究的主要结论和政策意涵

过去10年,数字金融一直是全球金融创新的前沿。移动支付服务不仅极大地提高了经济交易的效率,而且也极大地改变了数百万人的生活。各种形式的数字货币,包括加密货币、稳定货币和中央银行数字货币,都有可能彻底改变金融结构。数字金融发展最显著的特点之一就是促进金融普惠,因为数字技术与金融服务的跨界融合使得金融服务可以渗透经济相对落后地区。从覆盖的社会群体来看,数字金融的产品创新降低了客户准入门槛,使得金融服务平民化趋势更加显现。与传统金融机构的排他性对比,数字金融可以满足那些通常难以享受到金融服务的中小微企业和低收入群的需求。

从中国的实践来看,中国的数字金融发展已经从最初的公益性小额信贷逐步扩展为支付、信贷等多业务的综合金融服务,并由于网络和移动通信等技术的广泛应用而得到长足发展。当前,以互联网科技企业提供金融服务为代表的新型数字金融业务,通过信息化技术及产品创新,降低金融服务产品的成本,扩大金融服务的覆盖范围。从移动支付到在线投资,从大型科技企业贷款到数字保险,从开放银行到数字货币/电子支付,中国在许多业务领域一直并将持续处于这场新革命的前沿。中国的移动支付及其生态圈、互联网银行以及大科技公司全方位的金融服务成为具有全球影响力的数字金融业务。有鉴于此,本书从学术视角出发,试图全面评估数字金融发展对中国经济增长的影响,从中我们可以知悉中国数字金融发展的重要性,以及它所存在的局限性。

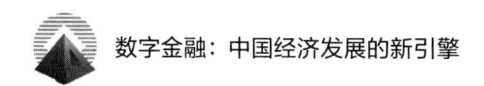

一　主要结论

在讨论政策意涵以及展望未来之前，我们先将读者置于"上帝视角"，从纷繁复杂的计量模型和统计分析中抽离出来，回顾一下主要的研究发现和结论。

首先，我们构建了测度中国数字金融发展状况的中国数字普惠金融指数。从指数呈现的趋势看，中国的数字金融从2011年到2018年实现了跨越式发展。从数字金融发展的结构看，数字金融使用深度强化，并逐步成为驱动数字普惠金融指数增长的重要力量，中国的数字金融已经走过了粗放式的"圈地"时代，进入了深度拓展的新阶段、新时代。从地区差异看，中国数字金融的发展表现出很强的地区收敛性，不同地区数字普惠金融发展差距大幅缩小，这为经济落后地区实现普惠金融赶超提供了可能，并为广大中低收入者和弱势群体获得可靠的众多金融服务奠定了基础，进而有助于缓解中国经济发展中存在的不平衡问题。

其次，我们分析了中国数字金融跨越式发展的原因。研究发现，大科技平台的长尾效应在中国的数字金融发展中起到关键性作用：人口规模越大，数字产业的边际成本越低，数字金融发展程度也越高，验证了数字金融发展的大国效应。此外，中国国内金融抑制和包容性监管等特点，也是数字金融获得跨越式发展的重要原因。

再次，在本书的第二部分，我们从收入和消费两个方面探讨了数字金融的经济增长效应。我们发现，数字金融发展能够提升居民平均收入和消费水平，具有可观的经济增长效应。从传导机制上看，数字金融发展主要通过提供更多的增收机会，影响居民收入；数字金融发展尤其可以带来创业机会的均等化，从而有助于居民收入均等化及包容性增长。数字金融还可以通过改善支付便利化增加居民消费，带动居民消费率的提升。综合来看，数字金融发展为中国经济增长注入了新的活力。

最后，在认识到数字鸿沟可能会削弱数字金融发展的效果之后，本书的

第三部分探讨了数字金融发展的涓滴效应,即给定数字鸿沟的现实,数字金融发展能否以及在多大程度上可以缓解数字鸿沟的负面影响。我们的研究显示,数字金融在一定程度上具备涓滴效应,数字金融发展所带动的区域经济增长产生了两方面的效果。第一,提供了更多的农产品销售渠道,提升了农村居民的收入水平;第二,提供了更多的非农就业机会,带动了农业劳动力向非农部门的转移,推动经济结构转型。这些作用,不需要居民接触互联网便可以实现,从而导致了涓滴效应。

当然,数字金融发展所具备的涓滴效应并不是万能的,它具有一定的局限性。当数字鸿沟影响的是极度贫困且本身不能接触互联网的家庭时,数字金融能发挥的作用有限,因为这一类家庭既无法享受互联网的直接红利,又没有足够的物质资本和人力资本去应对数字金融浪潮,或享受数字金融的涓滴红利,甚至于他们原本拥有的机会也可能被剥夺。因此,虽然本书的研究对象是数字金融,但我们必须强调,数字金融并不是中国经济发展全部的故事,我们还需要多种政策的配合,打出漂亮的组合拳,合力推进中国经济发展的2.0时代。

二 政策意涵

我们相信,在互联网、5G引领的新基建时代,数字金融发展必将成为中国经济发展的重要引擎。为了发挥好这个引擎功能,我们认为数字金融发展需要注重以下几个方面的问题。

第一,我们的研究证实,数字金融发展可以带来经济增长效应和涓滴效应,因此,不断推动数字金融发展,尤其注重其普惠性,是实现经济包容性增长、解决人民日益增长的美好生活需要和不平衡不充分发展之间主要矛盾的重要手段。

第二,运用数字技术甄别金融服务对象的风险,有效地缓解借贷约束,使金融资源的配置更加合理,推动创业等增收机会均等化,是推动包容性增长的重要抓手。

第三，充分发挥数字金融的支付便利性特点，可以降低实体经济中金融交易的成本，提升居民的边际消费倾向，最终为扩大内需、应对去全球化及重大公共风险所导致的经济危机做好充分准备。

第四，数字金融的保险业务发展仍然不够，还没有成为增收入、促消费的重要手段，这客观上反映出互联网保险业务与居民的真实需求仍然存在差距，需要持续推动市场化改革，使互联网保险业务真正成为缓解养老危机的关键举措。

不言而喻，数字金融不可能孤立发展。为了充分发挥数字金融的作用，推动中国经济的持续增长，还需要多种政策相互配合。为此，我们提出以下几点政策建议。

第一，为了充分分享数字金融发展的成果，需要着力提升贫困人口的人力资本水平，以提高其信息获取和处理的能力，努力缩小其与能够接触互联网居民之间的二级数字鸿沟，这是数字金融发展能够带来包容性增长的关键。

第二，研究发现，数字金融发展能更多地使农村居民获益，却无法促进他们的消费；相反，数字金融对城市居民收入提升作用有限，却通过提升支付便利性带来了城市居民消费的提升。因此，加快城镇化和市民化进程、无条件消除城乡分割不仅可以改善收入分配，而且也是提升消费的前提条件。只有在彻底打破城乡分割后，数字金融发展才能促进农村居民的消费增长，才有助于更好地提振内需。

第三，位于贫困线以下且无法接触互联网的家庭应被重点关注，尤其是女性、中年以及人力资本较低的群体，应设法帮助他们提升获取数字红利的技能，特别需要防止他们因数字金融发展而丧失就业机会，进而引发社会不稳定。

第十三章
数字金融的研究展望：新发展格局的视角

本书用大量的篇幅展示了笔者团队进行的一系列关于数字金融的研究。我们的基本研究思路是探讨数字金融发展促进经济增长的效应，以及可能存在的涓滴效应。将这两方面结合起来看，我们便可以对数字金融发展对广义上的经济包容性增长影响有比较明确的判断。不过，也必须承认，本书的研究具有一定的局限性。例如，本书主要的研究对象集中在家庭，主要是从家庭的视角探讨数字金融的影响，尽管这很重要，但并不完全，也不直接。事实上，数字金融发展能够产生本书所阐述的经济效应，最直接的原因首先应该是其对传统金融产生作用，因而这些经济效应应当被解读为数字金融发展在对传统金融影响的基础上所产生的溢出效应。但是，本书尚缺乏对数字金融发展与传统金融关系的探讨。此外，除了探讨数字金融对家庭的影响，研究数字金融对企业的影响也很重要。这可以分为两个层面：一是对于中小企业的影响，数字金融或许能解决中小企业融资难的问题，从而促进中小企业的发展；二是对于大企业来说，数字金融发展或许还能够通过对传统金融的冲击对大企业的运营产生影响。总而言之，数字金融的影响面很广，值得研究的问题还有很多。

要想完整地评估数字金融发展的影响，必须将数字金融发展置于更加宏大的背景之下，对经济社会发展的各个关键词进行分拆来讨论数字金融发展的潜在作用。习近平总书记在中国共产党第十九次全国代表大会报告中强调："中国特色社会主义进入了新时代，这是我国发展新的历史方位。"[①] 中

[①] 习近平：《决胜全面建成小康社会 夺取新时代中国特色社会主义伟大胜利——在中国共产党第十九次全国代表大会上的报告》，人民出版社，2018，第7页。

国经济发展也进入了新时代，新时代中国经济发展的特征，是中国经济已由高速增长阶段转向高质量发展阶段，这是保持经济持续健康发展的必然要求，也是适应中国社会主要矛盾变化和全面建成小康、全面建设社会主义现代化国家的必然要求，更是遵循经济规律发展的必然要求。

因此，未来关于数字金融的相关研究，可以从数字金融如何促进经济高质量发展的角度进行。那么，高质量发展的目标是什么呢？党的十九届五中全会通过的《中共中央关于制定国民经济和社会发展第十四个五年规划和二〇三五年远景目标的建议》中提出，要加快构建以国内大循环为主体、国内国际双循环相互促进的新发展格局。新发展格局是对"十四五"和未来更长时期我国经济发展战略、路径做出的重大调整和完善，是党中央着眼于中国长远发展和长治久安做出的重大战略部署，对于我国实现更高质量、更有效率、更加公平、更可持续、更为安全的发展，对于促进世界经济繁荣，都会产生重要而深远的影响。

新发展格局与高质量发展的关系是什么呢？事实上，高质量发展是能够很好满足人民日益增长的美好生活需要的发展，是体现新发展理念的发展。新发展格局以国内大循环为主体，但也不是关起门来封闭运行，而是通过挖掘内需潜力，使国内市场和国际市场更好地联通，更好地利用国际国内两个市场、两种资源，实现更加强劲可持续的发展。新发展格局是高质量发展的内在要求、重要条件和重要标志。建立强大的内需体系和国内市场，是实现高质量发展并增强中国国际影响力的重要条件。完成"十四五"发展规划乃至到2035年的远景目标，都需要我们立足新发展阶段，贯彻新发展理念，构建新发展格局，推动高质量发展。

接下来，笔者想从新发展格局的具体要求出发，谈一谈未来数字金融研究可能的着力点。

第一，新发展格局要求推动科技创新在畅通循环中发挥关键作用。加快科技自立自强是畅通国内大循环、塑造中国在国际大循环中主动地位的关键。要强化国家战略科技力量，发扬科学家精神，鼓励大胆探索和合理质疑，加强基础研究，注重原始创新。要坚持问题导向，面向国民经济和社会

第十三章 数字金融的研究展望：新发展格局的视角

发展重大问题，加强应用研究。要强化企业创新主体地位，集中力量打好关键核心技术攻坚战，锻造产业链供应链长板，补齐产业链供应链短板。要发挥我国市场优势，促进新技术产业化规模化应用，发展先进适用技术，实现技术沿着从可用到好用的路径发展。创新驱动最终取决于人才和教育水平。要充分激发人才创新活力，全方位培养、引进、用好人才，造就更多国际一流的科技领军人才和创新团队，培养具有国际竞争力的青年科技人才后备军。要建设高质量教育体系，推动全社会加大人力资本投入，加强基础研究人才培养，加强创新型、应用型、技能型人才培养。要加强国际科技交流与合作，在开放条件下促进科技能力提升。

我们认为数字金融发展可以起到促进创新创业的作用。事实上，由于中国的银行业仍然处在不完全竞争状态，一方面，因为创新企业缺乏经营信息和抵押物，出于对风险的规避，在信息不对称且难以通过抵押物对冲风险的情况下，缺乏竞争的传统金融机构往往对创新企业的资金需求采取惜贷拒贷政策；另一方面，尚不健全的资本市场和证券市场也对尚处于起步阶段、风险较大的创新企业有所歧视，这些现实因素的存在使融资难、融资贵成为阻碍创新创业的重要因素之一。以大数据、云计算为代表的数字技术迅速发展，并不断与传统行业交叉融合。由于门槛低、速度快、交易便捷，数字金融的出现为创新企业获得更多资金支持提供了新的可能，使金融重新回归服务大众的本质。并且，借助数字技术，创新企业可以方便地实现在线营销、展示、支付、结算，降低了创新企业的搜寻成本、交易成本，促成了大量原来在线下的由于远程、烦琐、耗时和信息不对称等问题而被抑制的交易，提高了交易速度和资金周转速度，进一步促进了创业。因此，通过对数字金融发展和创新创业的关系及背后机制的详尽分析，能够为推动形成新发展格局发挥重要作用

第二，新发展格局要求推动供给创造和引领需求，实现供需良性互动。畅通国民经济循环要着力优化供给结构，改善供给质量，坚定不移建设制造强国、质量强国、网络强国、数字强国，优先改造传统产业，发展战略性新兴产业，加快发展现代服务业。微观市场主体活力在优化供给体系中处于核

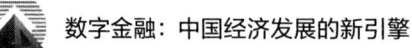

心地位。要依法平等保护产权，为企业家捕捉新需求、发展新技术、研发新产品、创造新模式提供良好环境，提升企业核心竞争力。要加快培育完整内需体系，完善扩大内需的政策支撑体系。增强消费对经济发展的基础性作用，全面促进消费，提升传统消费，培育新型消费，发展服务消费。发挥投资对优化供给结构的关键作用，拓展投资空间，优化投资结构，推动企业设备更新和技术改造，推进一批强基础、增功能、利长远的重大项目建设。

在推动国内循环中，探讨数字金融发展对创新创业的发展，有助于理解数字金融发展在创造供给方面的作用。在引领需求方面，我们可以进一步探讨数字金融发展对消费乃至消费不平等的作用，进而实现供需良性互动。正如本书前文所分析，数字金融发展可以通过改善支付的便利性来促进居民消费。我们还需要关心数字金融发展与消费不平等的关系，因为消费不平等的缓解有助于实现供需良性互动，进而促进经济增长。然而，数字金融发展并不会天然带来消费不平等的降低，尽管数字金融发展所带来的支付便利性，使信息更加对称，消费更加便捷，可能有助于缓解消费不平等，但数字金融对消费不平等的作用还取决于数字鸿沟的程度，如果数字鸿沟程度很严重，那么数字金融发展还可能拉大消费不平等。总之，需要对数字金融发展与消费不平等，乃至供需良性互动等进行科学评估。

第三，新发展格局要求推动金融更好服务实体经济，健全现代流通体系。金融是实体经济的血脉，必须坚持以服务实体经济为方向，对金融体系进行结构性调整，大力提高直接融资比重，改革优化政策性金融，完善金融支持创新的政策，发挥资本市场对于推动科技、资本和实体经济高水平循环的枢纽作用，提升金融科技水平。流通是畅通经济循环的重要基础。要构建现代物流体系，完善综合运输大通道，综合交通枢纽和物流网络；要实施高标准市场体系建设行动，健全要素市场运行机制，加强社会信用体系和结算体系建设，降低制度性交易成本。

这方面的关键在于分析数字金融与传统金融的关系。从理论上看，数字金融与传统金融存在一定程度上的替代效应，尤其从服务覆盖的视角上来看。由于银行网点的开设和运营成本较高，传统金融难以渗透经济相对落后、人口密度较低的地区，即便可以覆盖这些地区，银行网点运营效率也会偏低，因为这些银行网点难以形成人口或经济上的规模效益。而数字技术与金融服务的跨界融合克服了这一弊端，一些地区即便没有银行网点、ATM等硬件设施，客户仍能通过电脑、手机等终端设备享受相关金融服务。从覆盖的社会群体来看，数字金融的产品创新降低了客户准入门槛，使金融服务更加平民化。总而言之，数字金融在一定程度上能够替代传统金融，特别是在一些经济落后的地区可以弥补银行网点运营的不足，进而提升金融资源的配置效率。

第四，推动新型城镇化和城乡区域协调发展。我国正处于城镇化快速发展时期，这个过程既能创造巨大需求，又需要提升有效供给。要发挥中心城市和城市群带动作用，实施区域重大战略，建设现代化都市圈，形成一批新增长极。城乡区域经济循环是国内大循环的重要方面。要推动农业供给侧结构性改革，确保粮食等重要农产品安全，将经济发展的底盘做大。要全面实施乡村振兴战略，强化以工补农、以城带乡，释放农村农民的需求。要推动城乡要素平等交换、双向流动，增强农业农村发展活力。要推动城市化地区、农产品主产区、生态功能区三大空间格局发挥各自比较优势，提供优势产品。要健全区域战略统筹、市场一体化发展等机制，优化区域分工，深化区域合作，更好地促进发达地区和欠发达地区共同发展。

事实上，既有的研究已显示，数字金融发展能够促进城镇化。从背后机制看，数字金融发展提升了农业经营性收入，提升了劳动生产率，从而推动了城镇化。中国在这方面进行了丰富的实践。例如，中国有农业合作社120多万家，农业合作社主要是从生产和市场销售两个层面使加入农业合作社的农民获益。在市场销售层面，农业合作社为农产品拓展销售渠道，使农产品获得更高的价格。农业合作社就相当于农村的电商平台。对于无法上网的家庭，可以借助农业合作社的电商平台来提高收入，提升生产率，促进城镇化。这显然是一种新型的城镇化，数字金融发展促进了城乡要素平等交换、双向流动，增强了农业和农村发展的活力。

第五，推动扩大就业和提高收入水平。要坚持经济发展就业导向，扩大就业容量，提升就业质量，促进更充分就业。中等收入群体的扩大对于形成强大的国内市场、拉动需求结构升级具有基础性作用。要坚持共同富裕的方向，改善收入分配格局，扩大中等收入群体，努力使居民收入增长快于经济增长。要坚持以按劳分配为主体、多种分配方式并存的分配制度，提高劳动报酬在初次分配中的比重，着力提高低收入群体收入。完善再分配机制，加大税收、社会保障、转移支付等调节精准度，改善收入和财富分配格局。健全多层次社会保障体系，支撑投资和消费。要贯彻尊重劳动、尊重知识、尊重人才、尊重创造的方针，健全各类生产要素由市场评价贡献、按贡献决定报酬的机制，完善按要素分配政策制度，多渠道增加城乡居民财产性收入。完善营商环境，促进中小微企业和个体工商户健康发展。

数字金融发展在促进就业方面能够发挥重要作用。2018年，我国数字经济领域的就业岗位为1.91亿个，占当年总就业人数的24.6%，同比增长11.5%，显著高于同期全国总就业规模增速。其中，第三产业劳动力数字化转型成为吸纳就业的主力军，而第二产业劳动力数字化转型吸纳就业的潜力也非常巨大。数字经济对非农就业的吸纳作用不仅体现在滴滴司机、淘宝店主等传统职业的数字化转型中，而且体现在数字经济对新兴职业的催化作用方面，物联网工程技术人员、人工智能训练师、无人机操作员等职业在数字化浪潮下逐渐涌现。因此，对数字金融促进就业和提高收入水平的评估，也是探讨数字金融发展推动新发展格局的重要方向。

第六，推动更高水平的对外开放，更深度融入全球经济。要进一步扩大市场准入，创造更加公平的市场环境，在更高水平上引进外资。要加快推进贸易创新发展，提升出口质量，扩大进口，促进经常项目和国际收支基本平衡。推进共建"一带一路"高质量发展，实现高质量引进来和高水平走出去。要用顺畅联通的国内国际循环，推动建设开放型世界经济，推动构建人类命运共同体，形成更加紧密稳定的全球经济循环体系，促进各国共享全球化深入发展的机遇和成果。不过，关于数字金融发展与对外开放水平的关系，目前尚无明确的理论探讨。在后续的研究中，笔者的团队将持续关注这一方面的进展。

第十四章
数字金融发展的挑战与展望

数字金融摆脱了对金融实体网点的依赖,使金融服务可以触达乡村、偏远地区的中小微企业和低收入人群。数字金融利用科技平台的长尾效应,能够以零边际成本快速地服务数以亿计的客户,而以大数据替代抵押资产做风险评估,则能够在为无数普惠金融客户提供服务的同时控制住风险。可以说,数字金融改变了很多人的生活。对于普通人来讲,移动支付已成为日常生活的一部分。移动支付所带来的实体经济的发展,使很多人看到了商机,农民也有可能创业,转变成个体经营户,本书第二部分的研究,已对这一点做出证实,凸显了数字金融在服务实体经济时所扮演的重要角色。

虽然数字金融有诸多突出优势,但在发展过程中也带来了许多不确定性。早期人们对金融科技市场十分看好,但随着一些负面信息的不断出现,市场情绪产生了非常大的波动。近年来金融科技行业风险事件频发,新金融业态也存在新的风险隐患。在本书的最后,我们对数字金融发展面临的挑战进行讨论,试图分析这种挑战的背后根源,以及可能的应对方案。

一 数字金融发展的挑战

首先,数字金融发展过程中面临一系列挑战,我们对其中两个最具代表性的事件进行介绍。

(一)P2P兴衰史

P2P(个体对个体网络借贷)行业的兴衰史可能是中国数字金融发展过程

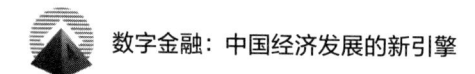

中遭受的第一个重大挫折。从2007年开始，中国的P2P开始快速发展，到2017年底，网络借贷规模约为短期个人贷款的6.9%，市场份额很高。P2P行业的发展，对推动经济转型与金融体系升级换代、促进普惠金融和经济可持续发展是具有重要意义的。事实上，高质量的经济增长是创新驱动的增长，新金融业态的出现和成长促进了商业模式的创新，网络借贷有助于资金的有效配置，促进经济增长由要素驱动转向创新驱动。此外，正如前文所论述的，P2P等数字金融的发展，对创新创业、居民消费等的促进作用在落后地区和农村地区表现得更加突出，有利于减少收入不均等。P2P等新金融业态的发展所产生的竞争效应也促进了金融业的变革，提高了金融运行效率，可为高质量经济增长提供更为优质的金融保障（李苍舒和沈艳，2019）。

不过，P2P在运行过程中也遇到了很大的问题。P2P平台的官方定位是信息中介，但当前的中国信用文化环境实际上不适合发展纯信息中介业务。2007年第一家P2P平台上线之后，直到2016年出台暂行管理办法，P2P行业基本处于监管空白的状况。许多平台实际上成为信用中介，逆向选择与道德风险的问题不断放大。当然，P2P的问题也跟数字金融基础设施不足、民众缺乏风险自担意识和企业风控能力不够等相关。根据网贷之家数据，到2018年底，累计出现的P2P平台达6622家，但其中超过85%的平台已退出市场，这也使整个行业走到了转型的路口。一旦相关风险得不到妥善处置和化解，就可能向正规金融体系蔓延，增加防范系统性金融风险的难度。2019年10月以来，随着全国多地取缔网贷业务，P2P的这一轮发展在中国基本宣告终结。

（二）蚂蚁集团暂缓IPO事件

正如我们在前言当中所提到的，目前来看，中国数字金融发展在全球处于相对领先的地位。根据H2 Ventures和毕马威联合发布的2019年全球金融科技100强，蚂蚁金服冠全球之首。然而正当蚂蚁金服A+H股同步上市进展得如火如荼时，中国人民银行、中国银保监会、中国证监会、国家外汇管理局在2020年11月2日对蚂蚁集团（2020年7月13日，蚂蚁金服正式更名为蚂蚁科技集团股份有限公司,简称蚂蚁集团)的相关负责人进行了约谈,随后暂停了蚂蚁集团的上市计划。回顾此次事件,能够帮助我们理解数字金融发展面临的挑战以及可以得到的教训和经验。

让我们回顾一下蚂蚁集团的整个上市历程。2020年7月13日,蚂蚁金服更名为蚂蚁科技集团有限公司,即"蚂蚁集团"。经营范围增加了工程和技术研究及试验发展、企业总部管理、控股公司以自有资金从事投资活动等。而"接受金融机构委托从事金融信息技术服务外包、金融业务流程外包、金融知识流程外包、投资管理、投资咨询"则从其经营范围内去除。这似乎意味着蚂蚁集团希望尽量弱化金融业务在整个集团中扮演的角色。7月20日,蚂蚁集团官宣A+H同步上市计划。集团方面表示,此举是为了进一步支持服务业数字化升级,做大内需,加强全球合作助力全球可持续发展,以及支持蚂蚁集团加大技术研发和创新。

2020年8月,重庆蚂蚁消费金融有限公司成立,并拿下消费金融牌照。值得指出的是,小额贷款公司的杠杆率通常为2~3倍,但消费金融公司的贷款规模可以达到其注册资本的10倍。8月25日,蚂蚁集团向上交所、港交所递交上市招股文件。文件的主要内容包括:(1)蚂蚁集团的收入主要来自三块,即数字支付与商家服务、数字金融科技平台、创新业务及其他,其中超六成营收来自数字金融服务;(2)2019年度蚂蚁集团实现营业收入1206亿元,实现净利润180.72亿元,支付宝年活跃用户超10亿,活跃商家逾8000万,数字金融服务占总营收超六成;(3)截至2020年6月30日,蚂蚁集团促成的消费信贷余额达17320亿元、小微企业经营者信贷余额为4217亿元;(4)蚂蚁集团促成的资产管理规模达40986亿元,并与约170家资产管理公司合作开展业务,其中包括中国绝大部分的基金公司、领先的保险公司、银行和证券公司。截至6月30日,与蚂蚁集团合作的保险机构约90家;近12个月内,支付宝促成的保费及分摊金额达518亿元。

8月30日和9月9日,蚂蚁集团被上交所两次问询,主要内容涵盖股权结构、员工激励、业务模式、合规风险、数据安全、同业竞争等诸多问题。上交所尤其关心监管政策变化对蚂蚁集团公司业务模式的影响。2020年以来,

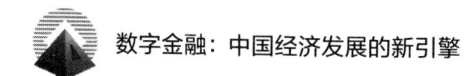

最高人民法院修改民间借贷最高利率、金融控股公司准入规定、商业银行互联网贷款管理办法等，都与蚂蚁集团现存的重点业务休戚相关。9月18日，上交所同意蚂蚁集团发行上市。这距离蚂蚁集团递交招股书仅过去25天，被称为"火速"过会。10月21日，证监会同意蚂蚁集团科创板IPO注册。

不过，在此过程中，中央高层开始意识到数字金融运行过程中可能产生的一系列问题。10月31日，国务院金融稳定发展委员会召开专题会议。此次会议强调，当前金融科技与金融创新快速发展，必须处理好金融发展、金融稳定和金融安全的关系。10月31日至11月2日，《金融时报》陆续发表三篇评论。核心观点有三个。其一，任何金融企业都希望无限制扩张且不承担后果，但监管部门尤其是央行要考虑全局风险；如果一家金融企业的业务规模和关联性都很大，就需要对其实施宏观审慎监管；面对类似影子银行的创新业务，必须要强调监管的一致性，特别要重视《新巴塞尔资本协议》的作用和实施。其二，对进入金融领域系统的重要性互联网科技企业，应"明确其金融企业属性"，将其纳入金融控股公司监管框架，"对所有金融业务进行严格穿透式监管"，因为"大数据模型尚存在理论基础不完善、稳健性较差等问题，一旦发生失误，触发金融风险，或进一步增加风险处置难度"，大型互联网企业"大而不能倒"，一旦出现风险暴露，将引发严重的风险传染，引发用户群体性非理性行为，最终形成系统性金融风险。其三，需要将蚂蚁集团内的持牌金融机构纳入金融控股公司框架，还应将所有类金融机构和业务，如支付宝、小贷公司以及由其交叉融合形成的类信用卡产品（花呗、借呗），全部纳入金融控股公司框架。11月2日晚间，四部门联合约谈蚂蚁集团高层。从公开的约谈文件来看，数字金融企业在正当竞争、个人数据隐私、金融监管、公司治理以及合规开展证券基金业务五个方面需要进行整改。随后，11月3日，蚂蚁集团科创板上市计划被暂缓。

值得一提的是，在约谈蚂蚁集团高层的同时，《网络小额贷款业务管理暂行办法（征求意见稿）》也随之出炉，明确网络小额贷款业务应当主要在注册地所属省级行政区域内开展；小额贷款公司应与借款人明确约定贷款用途，并且按照合同约定监控贷款用途。征求意见稿也对网络小贷公司在经营过程中的风控体系、单户上限、信息披露等问题做出详细规范，规定联合贷款出资不低于30%，加大了对金融消费者的保护力度。

二 数字金融发展存在的问题

回顾这两次数字金融面临暂时性挫折的代表性事件，我们可以看到数字金融在发展过程中也暴露出一系列亟待解决的问题。

第一，不正当竞争方面。我们知道，信息不对称始终是金融中介要处理的核心问题，而互联网平台在收集和分析数据的过程中，能够利用客户的非财务性数据来提高风险评估以及信贷供给和定价的效率，特别是能服务一些因为财务制度不健全，不能提供抵押品的小微企业。因此，数字金融平台能够更好地评估客户的信用风险，缓解信息不对称的问题。但由于网络效应的存在，通常会形成"赢家通吃"，造成市场垄断和不公平竞争。例如，通过"烧钱"进行直接补贴或利用其他业务盈利进行交叉补贴等方式抢占市场份额使自己成为"赢家"，然后再把其他竞争对手打掉或兼并，最终形成垄断。此外，数字金融平台也可能对客户具有垄断力量，因为客户一旦违约，就有可能被平台排除在外，从而丧失从平台获利的便利性，体现了数字金融平台相对客户的强势地位。实际上，电商平台有不断拉长应付账款周期、加剧小微企业资金紧张的情况。电商平台的收费项目也会加大小微企业的经营成本，从而为电商平台的金融业务创造需求。总而言之，数字金融平台在运营过程中，由于其网络效应的特征，非常容易形成垄断力量，这反过来不利于数字金融服务实体的可持续性。

第二，个人数据隐私方面。数字金融平台在采集客户数据的时候，也有可能侵犯客户的隐私。2016~2017年，我国在现金贷高速增长期间，就出现了借款人信息被买卖的情况。以现金贷为代表的部分互联网消费金融机构，普遍利用了网络小额贷款公司监管尚不明确的漏洞，在开展业务过程中介入灰色地带，造成了较大负面影响。一些数字金融公司利用技术优势抢占市场，并将用户数据在不同产品条线混用，也加大了隐私保护的难度。因此，在采集和使用大数据时，应注意对数据进行相应的脱敏处理。此外，如果将客户个人信息用于信用评估时，可能会涉及对某些人群的歧视，同样需要小心处理。中共中央和国务院在2020年3月30日发布的《关于构建更加完善的要素市场化配置体制机制的意见》中明确了数据的生产要素地位，在充分培育挖掘数据要素市场的同时，也要保护数据安全和个人隐私，防止利用或滥用数据垄断来营利。

第三，金融监管方面。由于2019年之前中国关于数字金融的监管体制不太健全，导致了P2P网贷风险集中暴露。在网络小额贷款公司制度规则尚未明确之时，各地已批设网络小贷公司近300家。当然，监管上的包容也给数字金融创造了一个很大的发展空间。不过，对于数字金融，我们认为必须要强调监管的一致性，特别要重视《新巴塞尔资本协议》的作用和实施。签署《新巴塞尔资本协议》的目的就是要保障银行业监管在国际上的标准一致，强调对于银行业务要有同样的监管标准。《新巴塞尔资本协议》也是逐步演进的，近年来结合2008年国际金融危机的教训，强调了资本吸收损失的能力，新增了流动性、杠杆率等监管要求。如果对多年来已形成共识的监管要求进行放松，必然会导致金融风险。不管是传统金融机构，还是数字金融机构，本质上都是在经营金融相关业务。因此，对于数字金融而言，如果其涉足类似银行的存贷款业务，对于类似的业务必须要有准备金、资本金、杠杆率、流动性等监管要求，而且要保持监管的一致性。

第四，公司治理方面。事实上，在监管宽松时期，数字金融业务的确存在较大风险隐患。例如，允许小贷公司通过互联网在全国范围内经营，但配套监管手段缺失，风险防控难度加大。互联网金融的本质依然是金融，既具有传统金融行业的风险，又因借助互联网等信息化技术，使其跨行业跨地域活动变得更加便利，同时也使风险更具隐蔽性、传染性、广泛性和突发性。再如，部分省市已突破小贷公司外源融资不超过实收资本50%的规定，小贷公司还通过资产转让、资产证券化等方式进一步加杠杆，但大部分产品仍是小贷公司的负债。如阿里小贷的资本金为18亿元，其资产证券化产品在2016年的发行量为335亿元，2017年更是上升到1279亿元，存量资金1538

亿元，杠杆达 85 倍（徐忠和邹传伟，2021）。更严重的是，近年来，一些小贷公司借助互联网技术变相吸收公众存款，业务范围迅速覆盖到全国，一旦爆发风险，很可能是系统性风险。因此，监管部门尤其是中央银行要考虑全局风险，需要按照审慎监管要求严格整改违规信贷、保险、理财等金融活动。

第五，合规开展证券基金业务方面。2008 年金融危机表明，面对金融创新，金融监管缺乏制度性机制，没有前瞻性考虑，对证券化产品的复杂化、底层资产混杂缺乏认识，最终带来了巨大的灾难。吸取危机教训后，国际上对包括金融创新在内的金融业务形成了一些监管理念。这些理念对数字金融业务也是适用的。蚂蚁集团在设立之初并不需要接受审慎监管，但后来开始吸收公众存款，拿到了金融业务牌照，可以进行与银行类似的存贷款业务。这时候，根据蚂蚁集团的招股说明书，其信贷资金中只有 2% 来自自有资金，剩下的 98% 均来自金融机构合作伙伴或者资产证券化，实际上是加了杠杆，这就存在信贷风险向银行业传导的问题。因此，必须更加清楚地认识"影子银行"链条并对此加以监管，特别需要强化证券类机构治理，合规开展资产证券化业务。

三 数字金融的未来展望

近年来，在金融管理部门和财税部门引导下，中国多层次的金融机构体系初步建立，尤其是数字金融的发展，使普惠金融发展水平有了很大提高。可以说，数字金融的发展在全球已是一个普遍趋势。数字金融的影响已经开始从支付、身份管理、征信、信息安全等金融基础设施领域，深入风险管理、金融资源配置等核心业务环节。与金融科技有关的运营风险、技术风险以及模型和算法风险将在金融监管中越来越受到重视。未来的数字金融可能会出现金融与技术既分工又合作的状态。数字金融很多业务模式尚未成熟，也会形成新的风险，但在智能投顾、跨境支付、数字货币等领域，更多的改变即将开始。对此，我们需要平衡好创新和风险防范。

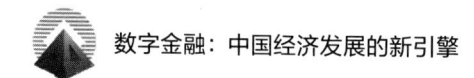

在风险的防范方面，与以往的金融创新一样，创新和监管永远是一对矛盾体。数字金融创新是重要的，金融监管制度也需要跟进，在数字金融发展过程中，要不断完善相关法律和监管制度。在当前数字金融发展不可逆转的趋势下，金融监管机构需要考虑如何既促进创新又防范风险。特别是随着数字金融的发展，金融风险的形式发生了变化，监管需要与时俱进。

不过，正如黄益平教授在2020年北京大学数字金融公开课上所说的，数字金融确实是一场革命，而中国在这场革命中走在了前面。世界各国都在纷纷迎头赶上，虽然最后谁能胜出还很难说，但数字金融的很多原创型的实验和创新都发生在中国，这是一件令人感到非常振奋的事情。数字技术不会改变金融的本质，但可能会改变传统金融的运行方式与风险特征。传统监管方式可能不适应数字金融传播广、速度快、复合度高的风险特征。对于尚看不清楚的数字金融创新业务，可以通过监管沙箱限定风险范围。对于那些看得清楚的数字金融创新业务，则需要解决监管不平等的问题，让同等性质的金融业务接受同样的监管。同时，对于创新要保持监管警觉，加强预判。

参考文献

[1] Acemoglu D and Autor D. Skills, 2011. Tasks and Technologies: Implications for Employment and Earnings. Handbook of Labor Economics, 4, 1043 – 1171.

[2] Alkire S, 2011. Foster J. Counting and Multidimensional Poverty Measurement. Journal of Public Economics, 95 (7 – 8), 476 – 487.

[3] Amrhein, C G., 1985. Interregional Labor Migration and Information Flows. Environment and Planning A, 17 (8), 1111 – 1126.

[4] Anderson, J. and E. Wincoop, 2004. Trade Costs. Journal of Economic Literature, 42 (3), 691 – 751.

[5] Angrist J D and Pischke J S., 2008. Mostly Harmless Econometrics: An Empiricist's Companion. New Jersey: Princeton University Press.

[6] Angrist, J. and J. Pischke, 2009. Mostly Harmless Econometrics: An Empiricist's Companion. Princeton University Press, London, UK.

[7] Atkinson, A. and F. Messy, 2013. Promoting Financial Inclusion through Financial Education: OECD/INFE Evidence, Policies and Practice. OECD Working Papers.

[8] Bakos, Y., 1997. Reducing Buyer Search Costs: Implication for Electronic Market-places. Management Science, 43 (12), 1676 – 1692.

[9] Balkenhol, B., 2007. Microfinance and Public Policy: Outreach, Performance and Efficiency. Palgrave Macmillan.

[10] Banerjee, B., 1984. Information Flow, Expectations and Job Search.

Rural-to-urban Migration Process in India. Journal of Development Economics, 15 (1-3), 239-257.

[11] Barnett, V. and T. Lewis., 1994. Outliers in Statistical Data. Chichester: John Wiley. [Previous editions 1978, 1984.]

[12] Barrios, S., L. Bertinelli, and E. Strobl, 2006. Climatic Change and Rural-urban Migration: The Case of Sub-Saharan Africa. Journal of Urban Economics, 60 (3), 357-371.

[13] Barro, R. J., and X. Sala-i-Martin, 1992. Convergence. Journal of Political Economy, 100 (2), 223-251.

[14] Baumol, W. J., 1968. Entrepreneurship in Economic Theory. American Economic Review, 58 (2), 64-71.

[15] Beals, R. E., M. B. Levy, and L. N. Moses, 1967. Rationality and Migration in Ghana. Review of Economics and Statistics, 49 (4), 480-486.

[16] Bernanke, B. S., M. Gertler, and S. Gilchrist, 1999. The Financial Accelerator in a Quantitative Business Cycle Framework. Handbook of Macroeconomics, 1, 1341-1393.

[17] Bhuller, M., T. Havnes, E. Leuven, and M. Mogstad, 2013. Broadband Internet: An Information Superhighway to Sex Crime? Review of Economic Studies, 80 (4), 1237-1266.

[18] Bianchi, M., 2010. Credit Constraints, Entrepreneurial Talent, and Economic Development. Small Business Economics, 34 (1), 93-104.

[19] Black, D. and V. Henderson., 1999. A Theory of Urban Growth Urban Growth. Journal of Political Economy, 107 (2), 252-284.

[20] Bloom, D. E., Canning, D., Fink, G., Khanna, T., and Salyer, P., 2010. Urban Settlement: Data, Measures, and Trends. In J. Beall, B. Guha-Khasnobis and R. Kanbur (eds.), Urbanization and development, Oxford University Press, Oxford.

[21] Blum, B., and A. Goldfarb, 2006. Does the Internet Defy The Law of

Gravity? Journal of International Economics, 70 (2), 384 - 405.

[22] Bonfadelli, H., 2002. The Internet and Knowledge Gaps: A Theoretical and Empirical Investigation. European Journal of Communication, 17 (1), 65 - 84.

[23] Brito, D. L. and P. R. Hartley, 1995. Consumer Rationality and Credit Cards. Journal of Political Economy, 103 (2), 400 - 433.

[24] Caballero, R. J., 1990. Consumption Puzzles and Precautionary Savings. Journal of Monetary Economics, 25 (1), 113 - 136.

[25] Campbell, J. Y. and N. G. Mankiw, 1991. The Response of Consumption to Income: A Cross-Country Investigation. European Economic Review, 35 (4), 723 - 767.

[26] Carrington, W. J., E. Detragiache, and T. Vishwanath., 1996. Migration with Endogenous Moving Costs. American Economic Review, 86 (4), 909 - 930.

[27] Carroll, C. D., 1994. How Does Future Income Affect Current Consumption? . Quarterly Journal of Economics, 109 (1), 111 - 147.

[28] Chen, B., M. Lu, and N. Zhong, 2015. How Urban Segregation Distorts Chinese Migrants' Consumption. World Development, 70, 133 - 146.

[29] Chen, L., 2016. From Fintech to Finlife: The case of Fintech Development in China. China Economic Journal, 9 (3), 225 - 239.

[30] Choi, C., and M. Yi, 2009. The Effect of Internet on Economic Growth: Evidence from Cross-Country Panel Data. Economics Letters, 105 (1), 39 - 41.

[31] Clark C. and P. Gorski, 2002. Multicultural Education and the Digital Divide: Focus on Socioeconomic Class Background. Multicultural Perspectives, 4 (3), 25 - 36.

[32] Comin, D., B. Hobijn, and E. Rovito., 2006. Five Facts You Need to Know about the Techology Diffusion. NBER Working Paper.

[33] Czernich, N., O. Falck, T. Kretschmer, and L. Woessmann, 2011. Broadband Infrastructure and Economic Growth. Economic Journal, 121 (552), 505–532.

[34] Dardanoni, V., 1991. Precautionary Savings under Income Uncertainty a Cross-sectional Analysis. Applied Economics, 23 (1), 1104–1113.

[35] Davis, J. C. and V. Henderson., 2003. Evidence on the Political Economy of the Urbanization Process. Journal of Urban Economics, 53 (1), 98–125.

[36] De Mel, S., D. Mckenzie, and C. Woodruff, 2008. Returns to Capital in Microenterprises: Evidence from a Field Experiment. Quarterly Journal of Economics, 123 (4), 1329–1372.

[37] Demirguc-Kunt, A. and L. Klapper, 2012. Measuring Financial Inclusion: The Global Findex Database. Policy Research Working Paper Series, No. 6025.

[38] Dijk J. V. and K. Hacker, 2003. The Digital Divide as a Complex and Dynamic Phenomenon. The Information Society, 19 (4), 315–326.

[39] Djankov, S., R. La Porta, F. Lopez-de-Silanes, and A. Shleifer, 2002. The Regulation of Entry. Quarterly Journal of Economics, 117 (1), 1–37.

[40] Dollar, D., A. Kraay, 2002. Growth Is Good for the Poor. Journal of Economic Growth, 7 (3), 195–225.

[41] Evans D. S., and B. Jovanovic, 1989. An Estimated Model of Entrepreneurial Choice under Liquidity Constraints. Journal of Political Economy, 97 (4), 808–827.

[42] Fay, M., and C. Opal, 2000. Urbanization without Growth: A Not-So-Uncommon Phenomenon. The World Bank Policy Research Working Paper Series, 2412.

[43] Fink, C., A. Mattoo, and C. Neagu, 2005. Assessing the Impact of Communication Costs on International Trade. Journal of International Economics, 67 (2), 428–445.

［44］Gaspar, J, and E. Glaeser, 1998. Information Technology and the Future of Cities. Journal of Urban Economics, 43 (1), 136 – 156.

［45］Geroski, P., 2000. Models of Technology Diffusion. Research Policy, 29 (4 – 5), 603 – 625.

［46］Ghani, E., W. Kerr, and S. O'Connell, 2014. Spatial Determinants of Entrepreneurship in India. Regional Studies, 48 (6), 1071 – 1089.

［47］Glaeser, E. and W. Kerr, 2009. Local Industrial Conditions and Entrepreneurship: How Much of the Spatial Distribution Can We Explain?. Journal of Economics and Management Strategy, 18 (3), 623 – 663.

［48］Goldsmith, R. W., 1969. Financial Structure and Development. New Haven, CN: Yale University Press.

［49］Gollin, D., R. Jedwab, and D. Vollrath, 2016. Urbanization with and without Industrialization. Journal of Economic Growth, 21 (1), 35 – 70.

［50］Greenwood, M., J., 1997. Internal migration in developed countries, in M. R. Rosenzweig and O. Stark (eds.), Handbook of Population and Family Economics, Vol. 1B, North-Holland, Amsterdam.

［51］Griliches, Z., 1957. Hybrid Corn: An Exploration in the Economics of Technological Change. Econometrica, 25 (4), 501 – 522.

［52］Gross, D. B. and N. S. Souleles, 2002. An Empirical Analysis of Personal Bankruptcy and Delinquency. Review of Financial Studies, 15 (1), 319 – 347.

［53］Guo, F., S. T. Kong, and J. Wang, 2016. General Patterns and Regional Disparity of Internet Finance Development in China: Evidence from the Peking University Internet Finance Development Index. China Economic Journal, 9 (3), 253 – 271.

［54］Harris, J. R. and M. P. Todaro, 1970. Migration, Unemployment and Development: A Two-Sector Analysis. American Economic Review, 60 (1), 126 – 142.

［55］Harris, R., 1998. The Internet as a GPT: Factor Market Implications.

General Purpose Technologies and Economic Growth, 145 – 166.

[56] Hermes, N. and R. Lensink, 2011. Microfinance: Its Impact, Outreach, and Sustainability. World Development, 39 (6), 875 – 881.

[57] Ho C. and S. Tseng, 2006. From Digital Divide to Digital Inequality: The Global Perspective. International Journal of Internet and Enterprise Management, 4 (3), 215.

[58] Hoffman D, T. Novak, A. Scholsser, 2001. The Evolution of the Digital Divide: Examining the Relationship of Race to Internet Access and Usage over Time. MIT Press.

[59] Hofmann, A., and G. Wan., 2013. Determinants of Urbanization. ADB Economics Working Paper, 355.

[60] Hsiao, C., 2003. Analysis of Panel Data. Cambridge University Press.

[61] Hurst, E. and A. Lusardi, 2004. Liquidity Constraints, Household Wealth, and Entrepreneurship. Journal of Political Economy, 112 (2), 319 – 347.

[62] Jedwab, R., L. Christiaensen, and M. Gindelsky., 2017. Demography, Urbanization and Development: Rural Push, Urban Pull and... Urban Push? Journal of Urban Economics, 98, 6 – 16.

[63] Jorgenson, D., M. Ho, and J. Stiroh, 2008. A Retrospective Look at the US Productivity Growth Resurgence. Journal of Economic Perspective, 22 (1), 3 – 24.

[64] Kantorowicz, E. H., 2010. Selected Studies in International Migration and Immigigrant Incorporation. IMISCOE reports, 41 (3).

[65] Kapoor, A., 2014. Financial Inclusion and the Future of the Indian Economy. Futures, 56, 35 – 42.

[66] Karaivanov, A., 2012. Financial Constraints and Occupational Choice in Thai Villages. Journal of Development Economics, 97 (2), 201 – 220.

[67] Karlan, D. and J. Zinman, 2010. Expanding Credit Access: Using Randomized Supply Decisions to Estimate the Impacts. Review of Financial

Studies, 23 (1), 433 – 464.

[68] Kazarosian, M., 1997. Precautionary Savings: A Panel Study. Review of Economics and Statistics, 79 (2), 241 – 247.

[69] Kiiski. S, M. Pohjola M., 2002. Cross-country Diffusion of the Internet. Information Economics and Policy, 14 (2), 297 – 310.

[70] Kimball, M. S., 1990. Precautionary Savings in the Small and in the Large. Econometrica, 58 (1), 53 – 73.

[71] King, R. G., and R. Levine, 1993. Finance, Entrepreneurship and Growth. Journal of Monetary Economics, 32 (3), 513 – 542.

[72] Krugman P., 1991. Geography and Trade. Cambridge: MIT Press.

[73] Kuznets Simon, 1971. Economic Growth of Nations: Total Output and Production Structure. Cambridge: Belknap Press of Harvard University Press, 1 – 50.

[74] Lazear, E., 2005. Entrepreneurship. Journal of Labor Economics, 23 (4), 649 – 680.

[75] Leland, H. E., 1968. Saving and Uncertainty: The Precautionary Demand for Saving. Quarterly Journal of Economics, 82 (3), 465 – 473.

[76] Levin, J., 2011. The Economics of Internet Market. NBER Working Paper, No. 16852.

[77] Levine, R. E., 2005. Finance and Growth: Theory and Evidence. Handbook of Economic Growth, 1, 865 – 934.

[78] Ljungqvist, L. and T. J. Sargent, 2004. Recursive Macroeconomic Theory. MIT Press.

[79] Lucas, R. E., 1988. On the Mechanics of Economic Development. Journal of Monetary Economics, 22 (1), 3 – 42.

[80] Marshall, A., 1890. Principles of Economics. London: Macmillan.

[81] Martin, S., 2003. Is the Digital Divide Really Closing? . A Critique of Inequality Measurement in a Nation Online. IT & Society, 1 (4), 1 – 13.

[82] Massey, D. S., J. Arango, G. Hugo, A. Kouaouci, A. Pellegrino, and J. E. Taylor, 1993. Theories of International Migration: A Review and Appraisal. Population and Development Review, 19 (3), 431-466.

[83] McKinnon, R. I., 1973. Money and Capital in Economic Development. Washington, DC: Brookings Institution.

[84] Miller, R. L., 1976. The Effect on Optimal Consumption of Increased Uncertainty in Labor Income in the Multi-period. Journal of Economic Theory, 13, 154-167.

[85] Munshi, K., 2003. Networks in the Modern Economy: Mexican Migrants in the U. S. Labor Market. The Quarterly Journal of Economics, 118 (2), 549-599.

[86] Nykvist, J., 2008. Entrepreneurship and Liquidity Constraints: Evidence from Sweden. Scandinavian Journal of Economics, 110 (1), 23-43.

[87] Oliner, S., D. Sichel, and J. Stiroh, 2008. Explaining a Productive Decade. Journal of Policy Model, 30 (4), 633-673.

[88] Parker, S., 1996. A Time Series Model of Self-Employment under Uncertainty. Economica, 63 (251), 459-475.

[89] Powell, D., 2010. Unconditional Quantile Regression for Panel Data with Exogenous or Endogenous Treatment Variables. RAND Working Paper, No. WR-710.

[90] Quibria, M. G, S. N. Ahmed, T. and Tschang T., 2003. Digital Divide: Determinants and Policies with Special Reference to Asia. Journal of Asian Economics, 13 (6), 811-825.

[91] Rajan, R. G. and L. Zingales, 1998. Financial Dependence and Growth. American Economic Review, 88 (3), 559-586.

[92] Rauch, J., 1996. Trade and Search: Social Capital, Soga Sosha and Spillovers. NBER Working Paper, No. 5618.

[93] Rauch, J., 1999. Networks versus Markets in International Trade. Journal

of International Economics, 48 (1), 7 – 35.

[94] Rees, H. and A. Shah, 1986. An Empirical Analysis of Self-employment in the UK. Journal of Applied Econometrics, 1 (1), 95 – 108.

[95] Roller, L. , and L. Waverman, 2001. Telecommunications Infrastructure and Economic Development: A Simultaneous Approach. American Economic Review, 91 (4), 909 – 923.

[96] Roodman, D. and J. Morduch, 2014. The Impact of Microcredit on the Poor in Bangladesh: Revisiting the Evidence. Journal of Development Studies, 50 (4), 583 – 604.

[97] Rosenthal, S. and W. Strange, 2012. Female Entrepreneurship, Agglomeration, and a New Spatial Mismatch. Review of Economics and Statistics, 94 (3), 764 – 788.

[98] Sahota, G. S. , 1968. An Economic Analysis of Internal Migration in Brazil. Journal of Political Economy, 76 (2), 218 – 245.

[99] Sala-I-Martin X. , 1996. The Classical Approach to Convergence Analysis. Economic Journal, 106 (437), 1019 – 1036.

[100] Samila, S. and O. Sorenson, 2011. Venture Capital, Entrepreneurship, and Economic Growth. Review of Economics and Statistics, 93 (1), 338 – 349.

[101] Sarma, M. , 2012. Index of Financial Inclusion-A measure of financial sector inclusiveness. Berlin Working Papers on Money, Finance, Trade and Development No. 07/2012.

[102] Schwartz, A. , 1973. Interpreting the Effect of Distance on Migration. Journal of Political Economy, 81 (5), 1153 – 1169.

[103] Sen A K. , 1976. Poverty: An Ordinal Approach to Measurement. Econometrica, 44 (2), 219 – 231.

[104] Sjaastad, L. A. , 1962. The Costs and Returns of Human Migration. Journal of Political Economy, 70 (5), 80 – 93.

[105] Soman, D. and A. Cheema, 2002. The Effect of Credit on Spending

[106] Stevenson, B., 2008. The Internet and Job Search. NBER Working Paper, No. 13886.

[107] Todaro, M. P., 1969. A Model of Labor Migration and Urban Unemployment in Less Developed Countries. The American Economic Review, 59 (1), 138–148.

[108] Toffler A., 1990. Powershift: Knowledge, Wealth and Violence at the Edge of the 21st Century. New York: Bantam Books.

[109] United Nations., 2014. World Urbanization Prospects: The 2014 Revision, Highlights. New York.

[110] Van Ark, B., M. Mahony, and P. Timmer, 2008. The Productivity Gap between Europe and the United States: Trends and Causes. Journal of Economic Perspective, 22 (1), 25–44.

[111] Vanderkamp, J., 1971. Migration Flows, Their Determinants and the Effects of Return Migration. Journal of Political Economy, 79 (5), 1012–1031.

[112] Venables, A., 2001. Geography and International Inequalities: The Impact of New Technologies. Journal of Industry, Competition and Trade, 1 (2), 135–159.

[113] Wan, G., 2007. Understanding regional poverty and inequality trends in China: methodological issues and empirical findings. Review of Income and Wealth, 53 (1), 25–34.

[114] Wan, G., 2008a. Inequality and Growth in Modern China. Oxford University Press.

[115] Wan, G., 2008b. Understanding Inequality and Poverty in China: Methods and Applications. Palgrave Macmillan.

[116] Winters, P., Sadoulet, E., and A. de. Janvry., 2001. Family and Community Networks in Mexico-U. S. Migration. The Journal of Human

Resources, 36 (1), 159 – 184.

[117] Yushkova, E., 2014. Impact of ICT on Trade in Different Technology Groups: Analysis and Implications. International Economics and Economic Policy, 11 (1), 165 – 177.

[118] Zhang X., J. Zhang, G. Wan, and Z. Luo, 2020. Fintech, Growth, and Inequality: Evidence from China's Household Survey Data, Singapore Economic Review.

[119] Zhang, X., X. Zhang, X. Chen, 2017. Happiness in the Air: How Does a Dirty Sky Affect Mental Health and Subjective Well-being?. Journal of Environmental Economics and Management, 85, 81 – 94.

[120] 北京大学数字金融研究中心课题组:《中国数字普惠金融指标体系与指数编制》,北京大学数字金融研究中心工作论文,2019。

[121] 陈银娥、孙琼、徐文赟:《中国普惠金融发展的分布动态与空间趋同研究》,《金融经济学研究》2015年第6期。

[122] 陈钊、陆铭:《从分割到融合:城乡经济增长与社会和谐的政治经济学》,《经济研究》2008年第1期。

[123] 陈宗胜、杨思飞、张伟:《"精准扶贫"的精髓是"多维扶贫"和彻底脱贫——建议尽快明确公布中国的"多维扶贫"标准和思路》,《全球化》2018年第2期。

[124] 崔艳娟、孙刚:《金融发展是贫困减缓的原因吗?——来自中国的证据》,《金融研究》2012年第11期。

[125] 樊纲、王小鲁:《消费条件模型和各地区消费条件指数》,《经济研究》2004年第5期。

[126] 高颖、李善同:《基于CGE模型对中国基础设施建设的减贫效应分析》,《数量经济技术经济研究》2006年第6期。

[127] 郭峰、孔涛、王靖一、张勋、程志云、阮方圆、孙涛、王芳:《中国数字普惠金融指标体系与指数编制》,北京大学数字金融研究中心工作论文,2016。

[128] 郭峰、王靖一、王芳、孔涛、张勋、程志云：《测度中国数字普惠金融发展：指数编制与空间特征》，《经济学（季刊）》2020年第4期。

[129] 郭峰、王瑶佩：《传统金融基础、知识门槛与数字金融下乡》，《财经研究》2020年第46卷第1期。

[130] 郭熙保、周强：《长期多维贫困、不平等与致贫因素》，《经济研究》2016年第6期。

[131] 胡鞍钢、李春波：《新世纪的新贫困：知识贫困》，《中国社会科学》2001年第3期。

[132] 胡鞍钢、周绍杰：《新的全球贫富差距：日益扩大的"数字鸿沟"》，《中国社会科学》2002年第3期。

[133] 胡金焱、张博：《社会网络、民间融资与家庭创业——基于中国城乡差异的实证分析》，《金融研究》2014年第10期。

[134] 黄益平：《数字金融是一场革命》，北京大学数字金融公开课，2020。

[135] 黄益平、黄卓：《中国的数字金融发展：现在与未来》，《经济学（季刊）》2018年第17卷第4期。

[136] 江小涓：《网络空间服务业：效率、约束及发展前景——以体育和文化产业为例》，《经济研究》2018年第4期。

[137] 焦瑾璞：《移动支付推动普惠金融发展的应用分析与政策建议》，《中国流通经济》2014年第7期。

[138] 焦瑾璞、黄亭亭、汪天都、张韶华、王瑱：《中国普惠金融发展进程及实证研究》，《上海金融》2015年第4期。

[139] 焦瑾璞、孙天琦、黄亭亭、汪天都：《数字货币与普惠金融发展——理论框架、国际实践与监管体系》，《金融监管研究》2015年第7期。

[140] 金文朝、金钟吉、张海东：《数字鸿沟的批判性再检讨》，《学习与探索》2005年第1期。

[141] 李继尊：《关于互联网金融的思考》，《管理世界》2015年第7期。

[142] 李坚飞、欧阳峣：《大国经济发展优势的形成机理及实证研究——基

于中国 1979~2015 年发展数据》,《湖南师范大学社会科学学报》2018 年第 3 期。

[143] 李君华、欧阳峣:《大国效应、交易成本和经济结构——国家贫富的一般均衡分析》,《经济研究》2016 年第 10 期。

[144] 李涛、徐翔、孙硕:《普惠金融与经济增长》,《金融研究》2016 年第 4 期。

[145] 李由:《大国经济论》,北京师范大学出版社,2000。

[146] 刘冲、周黎安、徐立新:《高速公路可达性对城乡居民收入差距的影响:来自中国县级水平的证据》,《经济科学》2014 年第 2 期。

[147] 刘穷志:《公共支出归宿:中国政府公共服务落实到贫困人口手中了吗?》,《管理世界》2007 年第 4 期。

[148] 卢盛峰、卢洪友:《政府救助能够帮助低收入群体走出贫困吗?——基于 1989—2009 年 CHNS 数据的实证研究》,《财经研究》2013 年第 1 期。

[149] 罗廷锦、茶洪旺:《"数字鸿沟"与反贫困研究——基于全国 31 个省市面板数据的实证分析》,《经济问题探索》2018 年第 2 期。

[150] 罗知、万广华、张勋、李敬:《兼顾效率与公平的城镇化:理论模型与中国实证》,《经济研究》2018 年第 7 期。

[151] 马光荣、周广肃:《新型农村养老保险对家庭储蓄的影响:基于 CFPS 数据的研究》,《经济研究》2014 年第 11 期。

[152] 马振邦、陈兴鹏、贾卓等:《人穷还是地穷?空间贫困陷阱的地统计学检验》,《地理研究》2018 年第 10 期。

[153] 聂辉华、方明月、李涛:《增值税转型对企业行为和绩效的影响——以东北地区为例》,《管理世界》2009 年第 5 期。

[154] 欧阳峣、罗富政、罗会华:《发展中大国的界定、遴选及其影响力评价》,《湖南师范大学社会科学学报》2016 年第 6 期。

[155] 欧阳峣、汤凌霄:《大国创新道路的经济学解析》,《经济研究》2017 年第 9 期。

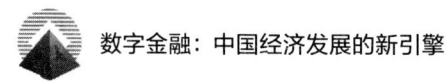

[156] 彭非、袁卫、惠争勤：《对综合评价方法中指数功效函数的一种改进探讨》,《统计研究》2007年第12期。

[157] 彭红枫、林川：《言之有物：网络借贷中语言有用吗？——来自人人贷借款描述的经验证据》,《金融研究》2018年第11期。

[158] 〔美〕钱纳里、〔以〕塞尔昆：《发展的型式：1950—1970》,李新华等译,经济科学出版社,1988。

[159] 邱泽奇、张树沁、刘世定、许英康：《从数字鸿沟到红利差异——互联网资本的视角》,《中国社会科学》2016年第10期。

[160] 沈扬扬、詹鹏、李实：《扶贫政策演进下的中国农村多维贫困》,《经济学动态》2018年第7期。

[161] 施建淮、朱海婷：《中国城市居民预防性储蓄及预防性动机强度：1999—2003》,《经济研究》2004年第10期。

[162] 世界银行：《2014年全球金融发展报告：普惠金融》,王佐发等译,中国财政经济出版社,2015。

[163] 帅传敏、李文静、程欣等：《联合国IFAD中国项目减贫效率测度——基于7省份1356农户的面板数据》,《管理世界》2016年第3期。

[164] 宋晓玲：《数字普惠金融缩小城乡收入差距的实证检验》,《财经科学》2017年第6期。

[165] 宋铮：《中国居民储蓄行为研究》,《金融研究》1999年第6期。

[166] 万广华：《解释中国农村区域间的收入不平等：基于一种回归方程的分解方法》,《经济研究》2004年第8期。

[167] 万广华：《2030年：中国城镇化率达到80%》,《国际经济评论》2011年第6期。

[168] 万广华：《城镇化与不均等：分析方法和中国案例》,《经济研究》2013年第5期。

[169] 万广华、张茵、牛建高：《流动性约束、不确定性与中国居民消费》,《经济研究》2011年第11期。

[170] 汪三贵、胡联：《产业劳动密集度、产业发展与减贫效应研究》，《财贸研究》2014年第3期。

[171] 王春超、叶琴：《中国农民工多维贫困的演进——基于收入与教育维度的考察》，《经济研究》2014年第12期。

[172] 王戴黎：《外资企业工作经验与企业家创业活动：中国家户调查证据》，《管理世界》2014年第10期。

[173] 王靖一、黄益平：《金融科技媒体情绪的刻画与对网贷市场的影响》，《经济学季刊》2018年第17卷第4期。

[174] 王伟、田杰、李鹏：《我国金融排除度的空间差异及影响因素分析》，《西南金融》2011年第3期。

[175] 王小林、Sabina Alkire：《中国多维贫困测量：估计和政策含义》，《中国农村经济》2009年第12期。

[176] 王颖、陆磊：《普惠制金融体系与金融稳定》，《金融发展研究》2012年第1期。

[177] 吴晓瑜、王敏、李力行：《中国的高房价是否阻碍了创业？》，《经济研究》2014年第9期。

[178] 吴雨、李洁、尹志超：《房价上涨对P2P网络借贷成本的影响分析——来自"人人贷"的经验证据》，《金融研究》2018年第11期。

[179] 伍旭川、肖翔：《基于全球视角的普惠金融指数研究》，《南方金融》2014年第6期。

[180] 谢绚丽、沈艳、张皓星、郭峰：《数字金融能促进创业吗？——来自中国的证据》，《经济学（季刊）》2018年第17卷第4期。

[181] 熊伟：《短期消费性贷款与居民消费：基于信用卡余额代偿的研究》，《经济研究》2014年增1期。

[182] 许竹青、郑风田、陈洁：《"数字鸿沟"还是"信息红利"？信息的有效供给与农民的销售价格——一个微观角度的实证研究》，《经济学（季刊）》2013年第12卷第4期。

[183] 徐忠、邹传伟：《金融科技：前沿与趋势》，中信出版集团，2021。

[184] 杨汝岱、陈斌开：《高等教育改革、预防性储蓄与居民消费行为》，《经济研究》2009年第8期。

[185] 杨艳琳、付晨玉：《中国农村普惠金融发展对农村劳动年龄人口多维贫困的改善效应分析》，《中国农村经济》2019年第3期。

[186] 姚耀军、施丹燕：《互联网金融区域差异化发展的逻辑与检验——路径依赖与政府干预视角》，《金融研究》2017年第5期。

[187] 易行健、王俊海、易君健：《预防性储蓄动机强度的时序变化与地区差异——基于中国农村居民的实证研究》，《经济研究》2008年第2期。

[188] 易行健、周利：《数字普惠金融发展是否显著影响了居民消费——来自中国家庭的微观证据》，《金融研究》2018年第11期。

[189] 张川川：《出口对就业、工资和收入不平等的影响——基于微观数据的证据》，《经济学（季刊）》2015年第14卷第4期。

[190] 张海洋、蔡航：《头衔的价值——来自网络借贷的证据》，《经济学（季刊）》2018年第17卷第4期。

[191] 张皓星、黄益平：《情绪、违约率与反向挤兑——来自某互金企业的证据》，《经济学（季刊）》2018年第17卷第4期。

[192] 张勋、王旭：《基础设施建设的大国效应及其作用机制》，《湖南师范大学社会科学学报》2017年第3期。

[193] 张勋、刘晓光、樊纲：《农业劳动力转移与家户储蓄率上升》，《经济研究》2014年第4期。

[194] 张勋、万广华：《中国的农村基础设施促进了包容性增长吗？》，《经济研究》2016年第10期。

[195] 张勋、万广华、张佳佳、何宗樾：《数字经济、普惠金融与包容性增长》，《经济研究》2019年第8期。

[196] 章元、万广华、史清华：《暂时性贫困与慢性贫困的度量、分解和决定因素分析》，《经济研究》2013年第4期。

[197] 中国网络空间研究院：《中国互联网发展报告2019》，电子工业出版

社，2019。

[198] 中国人民银行金融消费权益保护局：《2017年中国普惠金融指标分析报告》，中国人民银行研究报告，2018。

[199] 中国银行业统计协会：《中国银行卡产业发展蓝皮书2016》，中国金融出版社，2016。

[200] 周广肃、李力行：《养老保险是否促进了农村创业》，《世界经济》2016年第11期。

[201] 周广肃、谭华清、李力行：《外出务工经历有益于返乡农民工创业吗?》，《经济学（季刊）》2017年第16卷第2期。

[202] 周广肃、谢绚丽、李力行：《信任对家庭创业决策的影响及机制探讨》，《管理世界》2015年第12期。

[203] 周强、张全红：《中国家庭长期多维贫困状态转化及教育因素研究》，《数量经济技术经济研究》2017年第4期。

[204] 朱家祥、沈艳、邹欣：《网络借贷：普惠？普骗？与监管科技》，《经济学（季刊）》2018年第17卷第4期。

[206] 朱一鸣、王伟：《普惠金融如何实现精准扶贫?》，《财经研究》2017年第10期。

图书在版编目(CIP)数据

数字金融:中国经济发展的新引擎/张勋,万广华,郭峰著.--北京:社会科学文献出版社,2021.9(2021.12重印)
 ISBN 978-7-5201-8531-8

Ⅰ.①数… Ⅱ.①张…②万…③郭… Ⅲ.①数字技术-应用-金融业-研究-中国 Ⅳ.①F832-39

中国版本图书馆 CIP 数据核字(2021)第 114633 号

数字金融:中国经济发展的新引擎

著　　者 / 张　勋　万广华　郭　峰
出 版 人 / 王利民
责任编辑 / 张苏琴　仇　扬
责任印制 / 王京美

出　　版 / 社会科学文献出版社·当代世界出版分社(010)59367004
　　　　　地址:北京市北三环中路甲29号院华龙大厦　邮编:100029
　　　　　网址:www.ssap.com.cn
发　　行 / 市场营销中心(010)59367081　59367083
印　　装 / 唐山玺诚印务有限公司
规　　格 / 开本:787mm×1092mm　1/16
　　　　　印　张:18.5　字　数:281千字
版　　次 / 2021年9月第1版　2021年12月第3次印刷
书　　号 / ISBN 978-7-5201-8531-8
定　　价 / 98.00元

本书如有印装质量问题,请与读者服务中心(010-59367028)联系

▲ 版权所有 翻印必究